U0907618

江蘇大學

江苏大學

《润物无声——思政课程与课程思政“江大元素”汇编》

编审委员会

主任

袁寿其 江苏大学党委书记

颜晓红 江苏大学党委副书记、校长

副主任

李洪波 江苏大学党委副书记

田立新 江苏大学党委常委、副校长

成员

金丽馥 江苏大学党委常委、宣传部部长

王　谦 江苏大学教务处处长

杨道建 江苏大学学生工作处处长

任泽中 江苏大学校友会与对外联络办公室主任

王海军 江苏大学团委书记

李国昊 江苏大学教务处副处长

薛宏丽 江苏大学教务处副处长

王玉忠 江苏大学党委宣传部副部长

吴　奕 江苏大学党委宣传部副部长

主编

金丽馥　王玉忠　吴　奕　王雪娇

副主编

吴先琳　薛　萍　程　宸　郑礼月

润物无声

RUN WU WU SHENG

思政课程与课程思政
“江大元素”汇编

金丽馥　王玉忠　吴　奕　王雪娇
主编

镇　江

图书在版编目(CIP)数据

润物无声：思政课程与课程思政“江大元素”汇编 / 金丽馥等主编. — 镇江：江苏大学出版社，2021. 9
ISBN 978-7-5684-1643-6

Ⅰ. ①润… Ⅱ. ①金… Ⅲ. ①高等学校—思想政治教育—研究—江苏 Ⅳ. ①G649.285.3

中国版本图书馆 CIP 数据核字(2021)第 147076 号

润物无声：思政课程与课程思政“江大元素”汇编
Runwu Wusheng: Sizheng Kecheng yu Kecheng Sizheng “Jiangda Yuansu” Huibian

主　　编/金丽馥　王玉忠　吴　奕　王雪娇
责任编辑/李经晶
出版发行/江苏大学出版社
地　　址/江苏省镇江市梦溪园巷 30 号(邮编：212003)
电　　话/0511-84446464(传真)
网　　址/http://press.ujs.edu.cn
排　　版/镇江文苑制版印刷有限责任公司
印　　刷/江苏扬中印刷有限公司
开　　本/710 mm×1 000 mm　1/16
印　　张/15.25
字　　数/269 千字
版　　次/2021 年 9 月第 1 版
印　　次/2021 年 9 月第 1 次印刷
书　　号/ISBN 978-7-5684-1643-6
定　　价/26.00 元

前 言

2016 年 12 月，习近平总书记在全国高校思想政治工作会议上强调，高校思想政治工作关系高校培养什么样的人、如何培养人以及为谁培养人这个根本问题。要坚持把立德树人作为中心环节，把思想政治工作的中心贯穿教育教学全过程。2020 年 5 月，教育部印发的《高等学校课程思政建设指导纲要》中明确要求深入梳理专业课教学内容，结合不同课程特点、思维方法和价值理念，深入挖掘课程思政元素，有机融入课程教学中，达到润物无声的育人效果。高校加强和改进思想政治工作，要用好课堂教学这个主渠道，思想政治理论课坚持在改进中加强，提升思想政治教育的亲和力和针对性，满足学生成长发展需求和期待，其他各门课都要“守好一段渠、种好责任田”，使各类课程与思想政治理论课同向同行，形成协同效应。

“思政课程”承担着对大学生进行系统马克思主义理论教育的任务，是对大学生进行思想政治教育的主渠道。“课程思政”就是要发掘各门课程所蕴含的思想政治教育元素和所承载的思想政治教育功能，以实现思想政治教育与知识体系教育的有机统一；“课程思政”的“思政”侧重于思想价值引领，强调在各类各门课程中增强政治意识和思想价值引领，充分挖掘与利用专业课和通识课中隐性的思想政治教育元素，发挥其贴近学生专业、提供鲜活案例、促进思想政治教育渗透性等方面的独特优势。

我校于2019年入选教育部第二批“三全育人”综合改革试点高校，为江苏省属唯一试点高校，这是学校党委坚强领导、全校师生团结奋斗的结果，也是教育部、省教育厅对我校育人工作辛勤耕耘的充分肯定与极大鞭策，为学校思政工作的开展指明了方向，对学校来讲，承载的使命光荣、肩负的责任重大。为进一步推进落实我校“思政课程”和“课程思政”建设，党委宣传部策划了《润物无声——思政课程与课程思政“江大元素”汇编》，收纳的素材为国家发展大事、重要思想和理论，以及我校发展历程中的重要人、事、物等，旨在为教师提供课程教学时的思政教育参考案例，为学生提供学习资源素材，以师生喜欢和关注的身边鲜活案例、故事、人物为媒介，将“江大元素”有效融入思政课程，使每门课找到思政切入点，巧妙融入思政元素，寓教于情，寓学于乐，把价值观的培育和塑造融入教学之中，使其成为优质课程的催化剂，推进课程思政建设，让课程教学的“思政”更加接地气、更有针对性。

用心丈量江大，记录时代足音，凝聚精神力量。本书仅收录部分“江大元素”，后续将陆续补充完善，以期不断丰富“江大元素”素材，更为深入地推进我校“思政课程”与“课程思政”建设和内涵式发展，为助力学校“双一流”创建和高水平有特色国际化研究型大学建设凝聚起强大的江大力量。

目 录

实学江大

人文江大

人物春秋

毓秀江大

博学江大

求是江大

感动江大

榜样江大

活力江大

实学江大

习近平新时代中国特色社会主义思想
是我们党必须长期坚持的指导思想
脚踏实地，奋勇拼搏
实现中华民族伟大复兴

习近平新时代中国特色社会主义思想

中国共产党第十九次全国代表大会把习近平新时代中国特色社会主义思想确立为党必须长期坚持的指导思想并庄严地写入党章，实现了党的指导思想的与时俱进。新中国成立以来，特别是改革开放以来，我国生产力水平显著提高，国家经济实力、科技实力、国防实力、综合国力和国际影响力显著提升。中国共产党带领人民成功开创、发展了中国特色社会主义道路，创造了一个又一个举世瞩目的中国奇迹。

我国发展站到了新的历史起点上，习近平新时代中国特色社会主义思想，是新时代中国共产党的思想旗帜，是国家政治生活和社会生活的根本指针，是当代中国马克思主义、21世纪马克思主义。习近平总书记强调，“新时代是中国特色社会主义新时代，而不是别的什么新时代”。这个新时代，是承前启后、继往开来、在新的历史条件下继续夺取中国特色社会主义伟大胜利的时代。在教师、辅导员的教学和平时谈话中，都可以对比时代的发展变化，阐述本课程从理论到实践、从科学到技术在新时代取得的成果，引导学生思考取得成果的原因。当面对科研难题时，当实验屡次失败时，是什么让科学家、思想家继续坚持不懈、刻苦攻坚，是对未来的信心，是对中国发展的信心，是对中国共产党的信心。

社会主义核心价值观

社会主义核心价值观是社会主义核心价值体系的内核，体现了社会主义核心价值体系的根本性质和基本特征，反映了社会主义核心价值体系的丰富内涵和实践要求，是社会主义核心价值体系的高度凝练和集中表达。党的十八大提出，倡导富强、民主、文明、和谐，倡导自由、平等、公正、法治，倡导爱国、敬业、诚信、友善，积极培育和践行社会主义核心价值观，富强、民主、文明、和谐是国家层面的价值目标，自由、平等、公正、法治是社会层面的价值取向，爱国、敬业、诚信、友善是公民个人层面的价值准则，这24个字是社会主义核心价值观的基本内容。习近平同志在十九大报告中指出，要培育和践行社会主义核心价值观，要以培养担当民族复兴大任的时代新人为着眼点，强化教育引导、实践养成、制度保障，发挥社会主义核心价值观对国民教育、精神文明创建、精神文化产品创作生产传播的引领作用，把社会主义核心价值观融入社会发展各方面，转化为人们的情感认同和行为习惯。

任何科学技术和思想成就的获得都离不开正确的思想价值观引导。无论是学习科研，还是人际交往，都需要树立正确的价值观，而我们的一举一动其实就是核心价值观的表现。在实验课程时，教师可以结合“爱国、敬业、诚信、友善”对学生在实验中的表现提出要求，如节约爱惜器材就是爱国、认真实验就是敬业、不作假即为诚信、与同学和谐相处就是友善；在平常课堂上，教师可以结合“富强、民主、文明、和谐”讲解国家要求和个人目标的结合；开展社会活动时，可以对标“自由、平等、公正、法治”，对各项活动的开展提出标准、要求；等等。

中国梦

习近平同志在十九大报告中指出，实现中华民族伟大复兴是近代以来中华民族最伟大的梦想。中国梦的最大特点就是把国家、民族和个人作为一个命运共同体，把国家利益、民族利益和每个人的具体利益都紧紧地联系在一起。中国梦的本质是国家富强、民族振兴、人民幸福。中国梦是国家的梦、民族的梦，也是每一个中华儿女的梦。“得其大者可以兼其小。”习近平总书记强调：“中国梦不是镜中花、水中月，不是空洞的口号，其最深沉的根基在中国人民心中。”每一个人心中都有梦想，而每一个个体的梦想都与中国梦息息相关，每一个学生在学习中总有自己想要达到的目标，在课程教学中要引导学生将人生理想融入国家和民族的伟大梦想之中，把小我融入大我之中，敢于有梦、勇于追梦、勤于圆梦，就会汇聚起实现中国梦的强大力量。

实现中华民族伟大复兴是海内外中华儿女的共同梦想。今天，我们比历史上任何时期都更接近、更有信心和能力实现中华民族伟大复兴的目标。实现伟大梦想，必须建设伟大工程，推进伟大事业，这个过程是艰难而伟大的，需要每一个人贡献自己的力量，在学习中，要引导学生坚持实干兴邦的思想，树立伟大梦想，脚踏实地，奋勇拼搏。

爱国主义

爱国主义是指个人或集体对祖国的一种积极和支持的态度，揭示了个人对祖国的依存关系，是人们对自己家园以及民族和文化的归属感、认同感、尊严感与荣誉感的统一；集中表现为民族自尊心和民族自信心，为保卫祖国和争取祖国的独立富强而献身的奋斗精神。爱国主义不仅体现在政治、法律、道德、艺术、宗教等各种意识形态和整个上层建筑之中，而且渗透到社会生活的各个方面，成为影响民族和国家命运的重要因素。

2017 年 10 月 18 日，习近平同志在十九大报告中指出，要加强思想道德建设。人民有信仰，国家有力量，民族有希望。要提高人民思想觉悟、道德水准、文明素养，提高全社会文明程度。广泛开展理想信念教育，深化中国特色社会主义和中国梦宣传教育，弘扬民族精神和时代精神，加强爱国主义、集体主义、社会主义教育，引导人们树立正确的历史观、民族观、国家观、文化观。

2019 年 11 月，中共中央、国务院印发了《新时代爱国主义教育实施纲要》，并发出通知，要求各地区各部门结合实际认真贯彻落实。

爱国主义是中华民族精神的核心，是激励各族人民自强不息的强大力量。新时代要大力弘扬爱国主义精神，在各类课程教学中，教师可以结合课程内容，充分利用我国改革发展的伟大成就、重大历史事件纪念活动等来增强学生的爱国主义情怀，让爱国主义精神在学生心中牢牢扎根，成为每一个学生的坚定信念和精神依靠，坚持爱国、爱党、爱社会主义，维护祖国统一和民族团结，使学生培养爱国之情、砥砺强国之志、实践报国之行，让爱国主义精神发扬光大。

四个自信

四个自信即中国特色社会主义道路自信、理论自信、制度自信、文化自信，由习近平总书记在庆祝中国共产党成立 95 周年大会上提出，是对党的十八大提出的中国特色社会主义“三个自信”的创造性拓展和完善。“四个自信”是一个有机统一体，既相对独立，又相辅相成。“四个自信”的重要论述，创造性地拓展了党的十八大提出的中国特色社会主义“三个自信”的谱系，凸显了中国特色社会主义的文化根基、文化本质和文化理想，标志着我们党对中国特色社会主义有了更加明确而开阔的文化建构。

道路自信是对发展方向和未来命运的自信。坚持道路自信就是要坚定走中国特色社会主义道路，这是实现社会主义现代化的必由之路，是被近代历史反复证明的客观真理，是党领导人民从胜利走向胜利的根本保证，也是中华民族走向繁荣富强、中国人民实现幸福生活的根本保证。

理论自信是对马克思主义理论，特别是中国特色社会主义理论体系的科学性、真理性的自信。坚持理论自信就是要坚定对共产党执政规律、社会主义建设规律、人类社会发展规律认识的自信，就是要坚定实现中华民族伟大复兴、创造人民美好生活的自信。

制度自信是对中国特色社会主义制度具有制度优势的自信。坚持制度自信就是要相信社会主义制度具有巨大优越性，相信社会主义制度能够推动发展、维护稳定，能够保障人民群众的自由平等权利和人身财产权利。

文化自信是对中国特色社会主义文化先进性的自信。坚持文化自信就是要激发党和人民对中华优秀传统文化的历史自豪感，在全社会形成对社会主义核心价值观的普遍共识和价值认同。

中国精神

一个民族的复兴不仅需要强大的物质力量，也需要强大的精神力量。在几千年的历史流变中，中华民族生生不息、绵延发展，饱受挫折又不断浴火重生，其中很重要的一点就是我们的民族积淀了自身最深沉的精神追求，它有着独一无二的理念、智慧、气度，增添了中国人民内心深处的自信和自豪。这种强大的精神支撑，成为中华民族奋发进取的动力之源。

古有“天行健，君子以自强不息”的奋斗精神，“天下兴亡，匹夫有责”“先天下之忧而忧，后天下之乐而乐”的爱国情怀，“人生自古谁无死，留取丹心照汗青”“舍生取义”的牺牲精神，“革故鼎新”“立木为信”的创新思想，“老吾老以及人之老，幼吾幼以及人之幼”“扶危济困”的公德意识等，这些千百年传承下来的价值理念，早已悄无声息地沁入人们心中，成为日用而不觉的价值观。这些精神所体现出的信念的能量、大爱的胸怀、忘我的境界、进取的锐气，大力激发社会正能量，为实现“中国梦”提供了强大的精神动力。

五四精神：爱国　进步　民主　科学

五四风雷，激荡百年；五四精神，薪火相传。

五四运动爆发于民族危难之际，以磅礴之力鼓动了中国人民和中华民族实现民族复兴的志向和信心。

以五四运动为新起点，中国人民一路披荆斩棘、跋山涉水，经历无数坎坷，付出巨大努力，创造了一个又一个人间奇迹，书写了一部感天动地的奋斗史诗。

1919 年 5 月 4 日，北京大学、北京高等师范学校等学校的 3000 余名学生举行游行示威，抗议巴黎和会承认日本接管德国侵占中国山东的各种特权的无理决定，他们高呼“外争主权，内除国贼”等口号，聚集到天安门前，举行抗议集会。一场震惊中外的反帝爱国运动在北京爆发。北京各校学生纷纷走上街头，开展反帝爱国演讲，遭到反动当局逮捕。

消息传到上海，工人阶级挺身而出，投入反帝爱国斗争的行列，发起了影响深远的“六五”政治大罢工。随后几天，工人罢工、学生罢课、商人罢市，上海出现了声势浩大的“三罢”高潮。

北京、上海的反帝爱国运动迅速发展到全国各地，形成前所未有的反帝爱国浪潮。北洋政府迫于压力，不得不宣布罢免曹、章、陆的职务，五四运动取得了初步胜利。

五四精神的核心，是爱国主义精神。青春之火，为民族而燃烧；青年之心，为祖国而跳动。

新时代的中国青年赓续五四运动的光荣传统，传承五四精神的时代伟力，在实现中国梦的奋进中绽放青春光芒，交出无愧于祖国和人民的新时代的答卷。

红船精神：小小红船承载千钧

早春时节，浙江嘉兴南湖，烟雨迷蒙。红船静卧碧波之上，从各地赶来瞻仰的游客络绎不绝。

1921 年 7 月，正在上海召开的中共一大因遭到上海法租界巡捕袭扰，紧急转移到浙江嘉兴南湖一条小船上继续进行。代表们用 7 个小时讨论通过了中共第一个纲领和第一份决议，选举产生了中国共产党第一届中央局，在红船上完成了大会的全部议程。

一叶红船，见证了中国历史上开天辟地的大事变，成为中国革命源头的象征。从此，中国共产党引领革命的航船，劈波斩浪。

从上海石库门到嘉兴南湖，小小红船承载着人民的重托、民族的希望，越过急流险滩，穿过惊涛骇浪，成为领航中国行稳致远的巍巍巨轮。正如习近平总书记所说："只要我们团结一心、苦干实干，就一定能乘风破浪……""从小船一直划到巨轮上，驶向光辉的彼岸。"

百年风华，红船精神昭示着永不褪色的精神丰碑。

共产党人的初心和使命，始终映照在红船起航地。

井冈山精神：星星之火　可以燎原

滔滔赣江，巍巍井冈。

井冈山是中国革命的摇篮。1927 年 10 月，毛泽东同志率领湘赣边界秋收起义的工农革命军进入井冈山，创建了以宁冈为中心的井冈山农村革命根据地。

翌年 4 月，朱德等率领南昌起义、湘南起义的余部到达井冈山，与毛泽东领导的秋收起义部队会师，井冈山红色政权和革命力量得到加强。

井冈山革命根据地的创建，点燃了中国革命的星星之火，开辟了"农村包围城市、武装夺取政权"的道路，成为中国革命不断走向胜利的光辉起点。

2016 年 2 月，习近平总书记在江西考察时说："今天，我们要结合新的时代条件，坚持坚定执着追理想、实事求是闯新路、艰苦奋斗攻难关、依靠群众求胜利，让井冈山精神放射出新的时代光芒。"

一座山，辉映历史；一种精神，照耀未来。

2017 年 2 月，井冈山在全国率先宣布脱贫，成为我国贫困退出机制建立后首个脱贫摘帽的贫困地区。

一路走来，中国共产党以初心使命为火炬，点亮了一个个精神坐标。赓续红色基因，凝聚时代力量。井冈山精神在理想教育的传承中历久弥新，在实现中华民族伟大复兴的实践中薪火相传。

长征精神：每一代人都要走好自己的长征路

江西赣州，于都河畔，中央红军长征出发纪念碑巍然矗立。

1934 年 10 月，中央红军主力 8.6 万人集结于都，长驱两万五千里，两年后在甘肃会宁胜利会师。

面对生死存亡的严峻考验，英雄的红军，血战湘江，四渡赤水，巧渡金沙江，强渡大渡河，飞夺泸定桥，鏖战独树镇，勇克包座，转战乌蒙山，击退上百万穷凶极恶的追兵阻敌，横跨空气稀薄的冰山雪岭，穿越渺无人烟的沼泽草地，纵横十余省。

"平均每 300 米就有一名红军牺牲"，"红军将士同敌人进行了 600 余次战役战斗，跨越近百条江河，攀越 40 余座高山险峰，其中海拔 4000 米以上的雪山就有20余座……”一连串惊心动魄的数字，尽显长征历时之长、规模之大、行程之难、环境之险恶、战斗之惨烈。

1936年10月，红军第一、二、四方面军在以甘肃会宁县城为中心的地域胜利会师，标志着万里长征的胜利结束。

甘肃会宁，黄土高原的“红色坐标”。古城一角，红军三大主力会师纪念塔静静矗立。

伟大的长征精神，作为中国共产党人红色基因和精神族谱的重要组成部分，已经深深融入中华民族的血脉和灵魂，成为社会主义核心价值观的丰富滋养，成为鼓舞和激励中国人民不断攻坚克难、从胜利走向胜利的强大精神动力。

精神所在，就是血脉所在，就是力量所在。一个时代有一个时代的主题，一代人有一代人的使命。新长征路上，我们每一个中国人都要弘扬伟大的长征精神。

延安精神：继续从延安精神中汲取力量

几回回梦里回延安，双手搂定宝塔山。

在位于西北黄土高原的延安，中国共产党人引领民族独立和人民解放事业实现了伟大转折，我们的党走向成熟，我们的军队走向壮大，在这里孕育了伟大的延安精神。

习近平总书记指出，延安精神培育了一代又一代中国共产党人，是我们党的宝贵精神财富。

巍巍宝塔山，滚滚延河水。延安是革命圣地，更是革命者的精神家园。

1935年10月，从江西于都出发的中央红军，历尽千辛万苦，付出巨大牺牲，终于抵达陕北，开启了党中央在延安的13年光辉历程。

延安时期，来自五湖四海的革命青年和有识之士，以“只要还有一口气，爬也要爬到延安城”的毅力，冒着生命危险长途跋涉奔向延安，这是因为延安窑洞里有马克思主义和革命必胜的理想信念，代表着中华民族前进的方向。

延安，成为中共中央和红军长征的“落脚点”，是全民族抗日战争的“出发点”，是中国共产党进行新民主主义建设的“试验区”，也是解放全中国解放战争的“转折点”。

13年延安峥嵘岁月，中国共产党由小到大、由弱到强，从低谷走向高峰，最终扭转了中国的乾坤。

站在“两个一百年”的历史交汇点，“要继续从延安精神中汲取力量”，习近平总书记的谆谆教诲激励着我们不断前行。

西柏坡精神：以“赶考”的清醒和坚定答好新时代的答卷

低矮的土房，狭小的院落，作战室里用废旧的红蓝毛线在作战地图上做出的标记……

1948 年 5 月至 1949 年 3 月，中共中央在河北省平山县西柏坡办公，这里成为党中央解放全中国的“最后一个农村指挥所”。西柏坡见证着“新中国从这里走来”，以“两个务必”为核心的西柏坡精神，成为党和国家的宝贵精神财富。

1949 年 3 月 23 日，土坯房前，老槐树下，握别依依不舍的父老乡亲，毛泽东率领中共中央机关自西柏坡动身前往北平。

在革命即将取得全国胜利，进入繁华城市、执掌全国政权的历史条件下，如何始终保持党的先进性和纯洁性？怎样跳出“其兴也勃焉、其亡也忽焉”的历史周期性？在动身“进京赶考”前，党中央在西柏坡召开了七届二中全会。

西柏坡中共中央旧址西北角，一间简陋的长条形土坯房是会场，毛泽东在会上向全党发出“两个务必”的号召：“务必使同志们继续地保持谦虚、谨慎、不骄、不躁的作风，务必使同志们继续保持艰苦奋斗的作风。”

实践证明，我们党在“进京赶考”这场历史性的考试中取得了优异成绩。

“这场考试还没有结束，还在继续。今天，我们党团结带领人民所做的一切工作，就是这场考试的继续。”2016 年 7 月，习近平总书记在庆祝中国共产党成立 95 周年大会上继续警醒大家。

9100 多万名党员，牢记习近平总书记“我们决不能骄傲自满、止步不前，要继续谦虚谨慎、戒骄戒躁，继续艰苦奋斗、锐意进取”的叮嘱，昂首阔步走在新时代的“赶考”路上。

脱贫攻坚精神：上下同心　尽锐出战　精准务实
开拓创新　攻坚克难　不负人民

2021 年 2 月 25 日，习近平总书记在全国脱贫攻坚总结表彰大会上庄严宣告，经过全党全国各族人民共同努力，在迎来中国共产党成立一百周年的重要时刻，我国脱贫攻坚战取得了全面胜利。

“上下同心、尽锐出战、精准务实、开拓创新、攻坚克难、不负人民”——在全国脱贫攻坚总结表彰大会上，习近平总书记生动阐释了脱贫攻坚精神。

为了打赢脱贫攻坚战，全国累计选派25.5万个驻村工作队、300多万名第一书记和驻村干部，同近200万名乡镇干部和数百万村干部一道奋战在扶贫一线。

“只要我还干得动，我都永远为村里的老百姓做事！带上我们村的老百姓，过上更美好的生活。”“我是一个共产党员，我必须带领群众，拔掉老百姓的穷根。”……

在脱贫攻坚这个没有硝烟的战场上，广大扶贫干部舍小家为大家，他们爬过最高的山，走过最险的路，去过最偏远的村寨，住过最穷的人家，哪里有需要，他们就战斗在哪里。

要建档立卡摸清每户致贫原因，不能“手榴弹炸跳蚤”，要下一番“绣花”功夫。2013年11月，习近平在湖南西部贫困的十八洞村考察时，首次提出精准扶贫。“六个精准”“五个一批”，精准扶贫方略为打赢脱贫攻坚战提供了制胜法宝。

“治国之道，富民为始。”8年来，中央、省、市（县）财政专项扶贫资金累计投入近1.6万亿元，其中中央财政累计投入6601亿元。我们发挥政府投入的主体和主导作用，宁肯少上几个大项目，也要优先保障脱贫攻坚资金投入。

“人民对美好生活的向往，就是我们的奋斗目标。”2012年11月，面向中外记者，习近平总书记的一句话掷地有声。

完成了消除绝对贫困的艰巨任务，创造了又一个彪炳史册的人间奇迹，这正是以人民为中心发展思想的生动体现。

抗疫精神：生命至上　举国同心　舍生忘死　尊重科学　命运与共

2021年3月6日，习近平总书记参加全国政协十三届四次会议的医药卫生界、教育界联组会时指出，要大力弘扬伟大抗疫精神。

艰难困苦、玉汝于成。在过去的一年多时间里，以习近平同志为核心的党中央领导全国各族人民，进行了一场惊心动魄的抗疫大战，经受了一场艰苦卓绝的历史大考，创造了人类同疾病斗争史上又一个英勇壮举。

人民至上、生命至上。在这场同严重疫情的殊死较量中，从出生仅30多个小时的婴儿到100多岁的老人，从在华外国留学生到来华外国人员，每一个生命都得到全力护佑，人的生命、人的价值、人的尊严得到悉心呵护。

346支国家医疗队、4万多名医务人员毅然奔赴前线，很多人在万家团圆的除夕之夜踏上征程。

460多万个基层党组织冲锋陷阵，400多万名社区工作者在全国65万个城乡社区日夜值守，各类民营企业、民办医院、慈善机构、养老院、福利院等积极出力，广大党员、干部带头拼搏，人民解放军指战员、武警部队官兵、公安干警奋勇当先，广大科研人员奋力攻关，数百万快递员冒疫奔忙，180万名环卫工人起早贪黑，一大批新闻工作者深入一线，千千万万志愿者和普通人默默奉献……

“天使白”“橄榄绿”“守护蓝”“志愿红”……长城内外、大江南北，全国人民心往一处想、劲往一处使，14亿中国人绘就了团结就是力量的时代画卷。

人类命运共同体

人类只有一个地球，一个世界。2012年11月，中共十八大明确提出要倡导“人类命运共同体”意识。习近平就任总书记后首次会见外国人士就表示，国际社会日益成为一个你中有我、我中有你的“命运共同体”，面对世界经济的复杂形势和全球性问题，任何国家都不可能独善其身。“命运共同体”是中国政府反复强调的关于人类社会的新理念。2011年《中国的和平发展》白皮书提出，要以“命运共同体”的新视角，寻求人类的共同利益和共同价值的新内涵。人类命运共同体这一全球价值观包含相互依存的国际权力观、共同利益观、可持续发展观和全球治理观。

“让和平的薪火代代相传，让发展的动力源源不断，让文明的光芒熠熠生辉，是各国人民的期待，也是我们这一代政治家应有的担当。”人类命运共同体理念是习近平总书记判明时代主题，洞察世界发展趋势，在深刻总结国内外历史经验、准确把握人类社会发展规律基础上提出的重要思想。

2013年3月，习近平在莫斯科国际关系学院首次向国际社会提出命运共同体理念。

2015年9月，习近平在联合国发表重要演讲，向国际社会全面阐述了人类命运共同体“五位一体”的内涵，呼吁构建以合作共赢为核心的新型国际关系，打造人类命运共同体。

2017年1月，习近平在日内瓦万国宫发表主旨演讲，主张共同推进构建人类命运共同体的伟大进程，坚持对话协商、共建共享、合作共赢、交流互鉴、绿色低碳，建设一个持久和平、普遍安全、共同繁荣、开放包容、清洁美丽的世界。

2017 年 10 月，十九大报告指出，坚持和平发展道路，推动构建人类命运共同体。

十八大以来，这一理念指导中国特色大国外交在维护世界和平、促进共同发展的道路上不断前进，成为新时代中国特色大国外交的总目标，被写入《中国共产党章程》《中华人民共和国宪法》，成为中国共产党和全体中国人民的共同意志。

“根之茂者其实遂，膏之沃者其光晔。”人类命运共同体理念蕴含着传承千年的中华优秀传统文化，酝酿于新中国外交不断探索的实践，是马克思主义中国化的体现，是新时代应运而生的中国智慧。

当今世界面临着百年未有之大变局，政治多极化、经济全球化、文化多样化和社会信息化潮流不可逆转，各国间的联系和依存日益加深，面临诸多共同挑战。粮食安全、资源短缺、气候变化、网络攻击、人口爆炸、环境污染、疾病流行、跨国犯罪等全球非传统安全问题层出不穷，对国际秩序和人类生存都提出了严峻挑战。不论人们身处何国、信仰如何、是否愿意，实际上已经处在一个命运共同体中。与此同时，一种以应对人类共同挑战为目的的全球价值观已开始形成，并逐步成为国际共识。

“一带一路”国际合作

“一带一路”（The Belt and Road，简称 B&R）是“丝绸之路经济带”和“21 世纪海上丝绸之路”的简称，2013 年 9 月和 10 月由中国国家主席习近平分别提出建设“新丝绸之路经济带”和“21 世纪海上丝绸之路”的合作倡议。依靠中国与有关国家既有的双多边机制，借助既有的、行之有效的区域合作平台，“一带一路”旨在借用古代丝绸之路的历史符号，高举和平发展的旗帜，积极发展与沿线国家的经济合作伙伴关系，共同打造政治互信、经济融合、文化包容的利益共同体、命运共同体和责任共同体。

2015 年 3 月 28 日，国家发展改革委、外交部、商务部联合发布了《推动共建丝绸之路经济带和 21 世纪海上丝绸之路的愿景与行动》。截至 2021 年 1 月 30 日，中国与 171 个国家和国际组织签署了 205 份共建“一带一路”合作文件。

历史上的丝绸之路主要目的是商品互通有无，今天“一带一路”交流合作的范畴要大得多，优先领域和早期收获项目可以是基础设施互联互通，也可以是贸易投资便利化和产业合作，当然也少不了人文交流和人员往来。各类合作项目和合作方式，都旨在将政治互信、地缘毗邻、经济互补的优势转化为务实合作、持续增长的优势，目标是物畅其流，政通人和，互利互惠，共同发展。

在共建“一带一路”过程中，中国将坚持正确的义利观，道义为先、义利并举，向发展中国家和友好邻国提供力所能及的帮助，真心实意帮助发展中国家加快发展。中国将不断增大对周边的投入，积极推进周边互联互通，探索搭建地区基础设施投融资平台。中国不仅要打造中国经济的升级版，也要通过“一带一路”等途径打造中国对外开放的升级版，不断拓展同世界各国特别是周边国家的互利合作。

“一带一路”不是中国一家的事，而是各国共同的事业；不是中国一家的利益独享地带，而是各国的利益共享地带。“一带一路”建设，包括前期研究都是开放的，中国欢迎其他国家提出建设性意见建议，不断丰富和完善“一带一路”的理念、构想和规划，集思广益，群策群力，共同谱写丝绸之路的新篇章，共同建设利益和命运共同体，共同创造美好幸福的未来。

生态文明

生态文明是人类为保护和建设美好生态环境而取得的物质成果、精神成果和制度成果的总和，是贯穿于经济建设、政治建设、文化建设、社会建设全过程和各方面的系统工程，反映了一个社会的文明进步状态。生态文明建设是中国特色社会主义事业的重要内容，关系人民福祉，关乎民族未来，事关“两个一百年”奋斗目标和中华民族伟大复兴中国梦的实现。党的十八大以来，以习近平同志为核心的党中央高度重视生态文明建设，把生态文明建设作为统筹推进“五位一体”总体布局和协调推进“四个全面”战略布局的重要内容，相继出台《加快推进生态文明建设的意见》《生态文明体制改革总体方案》等顶层设计文件。习近平总书记在出席重要会议、考察地方时，多次就“推进生态文明建设”作出重要指示。教师在教学过程中可培养学生树立尊重自然、顺应自然、保护自然的生态文明理念，使学生在工作和生活中确立生态意识，自觉承担保护生态环境的责任和义务。

乡村振兴战略

党的十九大提出实施“乡村振兴”战略，是决胜全面建成小康社会需要坚定实施的七大战略之一，是农业农村发展的重大机遇。十九大报告指出，农业农村农民问题是关系国计民生的根本性问题，必须始终把解决好“三农”问题作为全党工作的重中之重，实施乡村振兴战略。乡村是具有自然、社会、经济特征的地域综合体，兼具生产、生活、生态、文化等多重功能，与城镇互促互进、共生共存，共同构成人类活动的主要空间。乡村兴则国家兴，乡村衰则国家衰。我国人民日益增长的美好生活需要和不平衡不充分的发展之间的矛盾在乡村最为突出。全面建成小康社会和全面建设社会主义现代化强国，最艰巨最繁重的任务在农村，最广泛最深厚的基础在农村，最大的潜力和后劲也在农村。实施乡村振兴战略，是解决新时代我国社会主要矛盾、实现“两个一百年”奋斗目标和中华民族伟大复兴中国梦的必然要求，具有重大的现实意义和深远的历史意义。

江苏大学作为江苏省人民政府和教育部、农业农村部共建高校，在农业工程学科领域有着良好基础和突出优势，我们要紧紧围绕十九大提出的重大战略和学校“双一流”建设方案，结合学校实际，找准特色和路径，积极主动与农业农村部、省市农委对接，打造亮点，扎实推进乡村振兴战略落地落实。

农业机械化与智能化

农业机械化是实现农业、农村和农民生活现代化的关键手段，是提高劳动生产率、土地产出率和农产品质量的重要保证。农业机械化和农机装备是转变农业发展方式、提高农村生产力的重要基础，是实施乡村振兴战略的重要支撑。没有农业机械化，就没有农业农村现代化。习近平总书记指出，要大力推进农业机械化、智能化，给农业现代化插上科技的翅膀。党的十八大以来，我国农业机械化和农机装备产业保持较快的发展态势。2017 年，全国农机总动力达到 9. 88 亿千瓦，全国农作物耕种收综合机械化率超过 66%，规模以上农机企业发展到 2500 多家。我国已成为世界第一农机生产大国和使用大国，农业生产方式实现了从主要依靠人力畜力到主要依靠机械动力的历史性转变。党的十八大以来，江苏省深入开展粮食生产全程机械化整省推进行动，加快实施设施农业“机器换人”工程、绿色环保农机装备与技术示范应用工程，农业物质技术装备水平不断提高。

1959 年 4 月，毛泽东主席在党内通讯中强调指出：“农业的根本出路在于机械化。”江苏大学以毛泽东主席重要论断发表 60 周年为新的起点，全面贯彻落实习近平总书记“大力推进农业机械化、智能化”的重要指示精神，主办“耒耜国际论坛”，统筹深化农村改革创新和农业机械化高质量发展，为我国农业农村现代化建设提供强大动力。

食品安全问题

目前，经济全球化进程不断加快，科学技术也在不断进步，但食品安全问题却并没有减少的趋势，国内外食品安全恶性事件的发生接连不断，食品安全问题成为一个全球性的大问题。食品安全关系到人们的健康和生命安全，关系到民族素质，关系到本国农产品、食品在国际市场上的竞争力及国际形象，关系到食品行业能否健康稳定地发展，因此，食品安全问题受到各国政府的高度重视。我国对食品安全问题也越来越关注，十八届三中全会中共中央第一次把“食品安全”写进中央全会的决定，国务院多次协调进一步加强食品安全的监督管理问题，各职能部门也加大检查监督力度，舆论对食品安全问题的报道明显加强了，这些都是社会进步的表现，我国的食品安全状况较之过去有了明显的改善。

人文江大

博学　求是　明德

江苏大学在百余年的办学过程中铸就了深厚的文化底蕴

站在新的历史起点

承载新的使命

江苏大学校训

博学　求是　明德

博学——广博精深；求是——实事求是；明德——明懂道德，这是做人之本，更是为师之本。

博学——这是对知识的强烈愿望，也是对每个人自身发展和完善的客观要求。早在两千多年前，我国大教育家孔子对学习就给予了高度重视，认为君子应“博学于文，约之以礼”。孔子说：“玉不琢，不成器，人不学，不知义。”“学然后知不足，教然后知困。知不足，然后能自反也；知困，然后能自强也。”因此，每个师生员工都要有强烈的求知欲望，广泛涉猎，使自己具有宽广的知识面和渊博的学识。

求是——这是学习过程中的重要阶段。学习的目的是为了获得知识，求得创新。毛泽东同志在《改造我们的学习》一文中指出：“‘是’就是客观事物的内部联系，即规律性，‘求’就是我们去研究。”他认为，认识事物要从“实际情况出发，从其中引出其固有的而不是臆造的规律性，即找出周围事物的内部联系，作为我们行动的向导”。要使学习取得实效，就必须紧密联系我国改革开放和现代化建设的实际、紧密联系高校改革和发展的实际、紧密联系个人工作的实际，对事物本质进行思考，弄清楚影响事物发展的多方面之间的相互联系及其客观规律。这样才能有所发现、有所发明、有所创造，增强正确观察、分析、处理问题和辨别是非的能力。

明德——这是学习的升华。《大学》开宗明义：“大学之道，在明明德，在亲民，在止于至善。”寥寥数语，充分反映了学习的本质和深刻的内涵。学习的目的就是为了正心、修身，为了齐家、治国，为了美好的未来。要通过学习，树立科学的正确的世界观、人生观和价值观，不断提高道德修养，与自然、与社会、与他人建立融洽和谐的关系，在推动社会发展的同时不断完善自己。

江苏大学校标

校标整体图案呈圆形，由两个同心圆组成，寓意江苏大学师生同心同德，同舟共济。外环上半部分为“江苏大学”四个字的书法体，下半部分为方正大标宋体江苏大学英文名称“JIANGSU UNIVERSITY”，中英文校名均为白色镂空阴文。中间主体图案上方的“1902”表明学校的建校时间，我校历史源远流长，可以追溯到1902年张之洞等创办的三江师范学堂。

标识的主体部分为中间变体的“U”。图形构成元素是江苏大学英文名称“JIANGSU UNIVERSITY”的首字母J和U的完美结合。三条飘带灵动飘逸，打破了左右对称的结构，使图案敦实而不乏生动。

主体图案左侧的三条飘带形似泛起的浪花，寓意丰富。它既点明江苏大学源于三江师范学堂的悠久历史，又说明原江苏理工大学、镇江医学院、镇江师范专科学校三校合并的现实由来。三条飘带还似一条拧成的绳索，盘旋上升，意寓三校合并互融，学校事业蒸蒸日上。

主体图案右侧的“J”位于三个飘带之上，似一艘在长江上远航的帆船，二者结合，勾勒出壮美的大江行船图，展现出“潮平两岸阔，风正一帆悬”的气势，意寓江苏大学这艘航船正劈波斩浪，沿着科学发展的正确航道，扬帆驶向美好的未来。

校标的颜色以绿色为主色调，三个飘带呈渐变色，依次为草绿、淡绿、淡黄，各不相同，整体又和谐统一于绿色，寓意江苏大学作为一所综合性大学学科专业众多，而又重点突出，特色鲜明；校园文化百花齐放，校园精神兼容并包，和谐共生，和而不同。绿色象征朝气与活力，也体现了江苏大学生机勃勃的发展势头，寓意江苏大学具有旺盛的生命力。

江苏大学精神

“大学精神”是大学在自身存在和发展中形成的、具有独特气质的精神形式的文明成果。江苏大学从19世纪三江师范学堂起步，伴随着新中国的发展而展翅高飞，在百余年的办学过程中铸就了深厚的文化底蕴，也凝练了“自强厚德、实干求真”的江苏大学精神。这八个字中，“自强”“实干”体现了创造精神，是行为表现；“求真”体现了批判精神，是态度风范；“厚德”则体现了社会关怀精神，是大学气质和内在素养。两句话八个字完全符合大学精神的本质特征，且表述简约流畅、逻辑缜密、一气呵成，具有整体之美，是融入几代江大人骨子里的精神气质。

自强厚德　实干求真

江大精神是中国传统文化的精髓传承，是江大快速发展的真实写照，是江大人生涯发展的基本遵循，是研究型大学建设的动力源泉。在这一奋斗过程中，特别需要一种信念、一种精神、一种勇气和一种斗志。面对高水平研究型大学建设的巨大挑战，必须“自强厚德”，不能有一点点妄自菲薄；面对高水平研究型大学建设的艰巨任务，必须“实干求真”，不能有一丝丝的放松懈怠。

站在新的历史起点，承载新的使命。现实和未来都将见证，“自强厚德，实干求真”的江大精神必将是激发全校师生矢志推进国家“双一流”和高水平研究型大学建设的不竭动力和力量源泉。

江苏大学校歌

百年辉煌向未来

词：葛逊　　曲：邹建平

百年风雨，我们一同起航，
三山如画，我们阅尽沧桑。
悠悠长江在这里奔涌，
绵绵文脉在这里激扬。

博学奠基石，求是谱华章，
明德镌心灵，教学共相长。
江苏大学，啊江苏大学，
我们为你骄傲，
继往开来创造新的辉煌！

欢迎扫码欣赏
江苏大学校歌

百川融汇，我们一起飞翔，
薪火相传，我们超越梦想。
棵棵栋梁在这里成才，
灿灿桃李在这里绽放。

博学奠基石，求是谱华章，

明德镌心灵，教学共相长。
江苏大学，啊江苏大学
我们为你骄傲，
继往开来创造新的辉煌！

文心书屋

我校校友、原中共中央政治局常委、国务院副总理李岚清同志先后4批次向学校图书馆捐赠文献资源，共计捐赠8000余件（册），分为李岚清同志本人专著、各界知名人士签名本、精品文献等三大类，涵盖政治、经济、法律、文学、艺术、历史、哲学等领域。

为妥善保存、集中展示、充分利用好这些珍贵文献资源，学校于2013年在校图书馆“江大文库”内辟出场地，筹建了“文心书屋”，对所有文献资源进行分类收藏和展示，同时对部分重要资源进行了数字化加工。其中有李岚清同志的著作13种，最早的是1964年的《机器制造工厂的经济核算》；有稀有资源，如老子《道德经》木刻微雕；有线装书、作者签名本及珍贵书籍；还有镇江的地方文化及绘画、书法、音乐作品等。同时，对李岚清同志转赠镇江篆刻博物馆和米芾书法公园的图书进行了无损数字化处理，全部上传至江苏大学数字图书馆。

梦溪印社

学校于1989年创立梦溪印社，印社印稿、教学研讨曾编入1993年版中国印学史第一部印学专业年鉴《中国印学年鉴》。为贯彻中共十八大提出的文化大发展大繁荣精神，落实李岚清同志关于推广与普及篆刻艺术的意见，将思想政治教育贯穿于篆刻艺术推广，2012 年，学校成立篆刻艺术研究会，组建教职工篆刻艺术协会、大学生篆刻艺术社团和浮玉印社，并成为镇江地区篆刻艺术推广示范点高校。为保证篆刻文化传承过程规范、可持续发展，学校建立健全了篆刻艺术推广机制，先后出台《江苏大学篆刻艺术研究会章程》《江苏大学大学生篆刻协会章程》等规定，明确各类社团的功能定位、主要职责、运作模式，制定了《江苏大学篆刻艺术推广实施方案》，明确我校篆刻艺术推广工作的任务表和路线图。学校始终坚持“古为今用、推陈出新，有鉴别地加以对待，有扬弃地予以继承”的方针，推动篆刻艺术的创造性转化与创新性发展，引导师生树立和坚持正确的历史观、民族观、国家观、文化观，增强中国人的骨气和底气，增强中国特色社会主义的道路自信、理论自信、制度自信、文化自信，既继承中华传统优秀文化又推进特色校园文化建设。

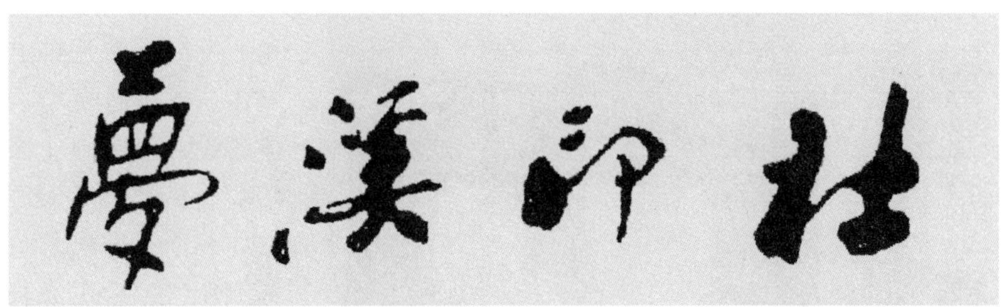

戏曲传承基地

2020 年 5 月 28 日，由江苏大学和镇江市文化广电和旅游局联合成立的戏曲传承基地揭牌仪式，在江苏大学会议中心举行，这是驻镇高校中成立的首个戏曲传承基地。

戏曲传承基地的成立，旨在建立艺术传承发展的长效工作机

制，持续开展“戏曲进校园”活动，让戏曲传承基地真正成为加强大学生戏曲通识教育，树立正确的审美观念、陶冶高尚的道德情操、培育深厚的民族情感，促进学生全面发展、传承传播中华优秀文化的载体。以成立戏曲传承基地为契机，江苏大学全力推进“戏曲进校园”活动的开展，积极为广大学生提供表演教学及展示交流的平台。

镇江市文广旅局委派由国家一级演员、梅花奖得主龚莉莉带队的戏曲大师团队来校指导教学，江苏大学依托艺术学科特色优势和大学生艺术团戏曲社，定期在学校开展精品戏曲欣赏、经典戏曲教学、展示交流等活动。通过学校戏曲通识教育，在广大学生中掀起看戏曲、爱戏曲的热潮，并在全社会营造关心、支持戏曲进校园的良好氛围。

校园热点面对面

江苏大学正处于事业发展的快速推进期，高水平研究型大学建设、创新创业人才培养、高层次人才培养和引进、思想政治工作、大学生成长成才等，都是校园师生非常关注的热点话题。自 2017 年 6 月起，党委宣传部策划主办开展“校园热点面对面”系列活动，通过对话和访谈的形式，让学校管理者与师生员工面对面，探讨学校发展规划、开展管理制度解说、进行基层疑惑解答，双方探讨与交流学校发展过程中的热点问题，为“双一流”创建和高水平研究型大学建设营造同心协力、和谐奋进的校园文化氛围。

截至 2020 年 12 月，活动分别聚焦“双抓双促”“大学教学”“学习贯彻十九大精神”“学科建设”“中国高等教育”“本科教育”“江大文化与江大精神”“校院两级管理办法”等主题，已成功举办 8 期。

辉煌一课

“辉煌一课”是面向青年教师和学子的大型公益课程。为深度挖掘、广泛宣传教师中的先进典型，充分发挥校内专家、名师、学者典型示范和带动作用，努力营造“学无止境，教无止境，教书育人无止境”的浓厚教学氛围，不断丰富校园文化建设内容，自2016年起，江苏大学党委宣传部、教务处、人事处、工会、图书馆等部门联合举办“辉煌一课”活动。活动邀请知名老教授讲授治学为师心得，分享执业经历与教学经验，帮助青年教师不断提升教育教学水平，努力打造一支高素质的专业化教师队伍。截至2020年12月，已成功举办4期，分别围绕“精彩人生辉煌一课”“农机情怀科教人生”“情系泵业科教报国”等主题，邀请退休教师戴立玲、赵杰文、李德桃、关醒凡等现场传授宝贵教学经验。

人文大讲堂

为培育大学生人文精神，营造浓郁的校园文化氛围，提升校园文化层次与水平，用一流的文化精品来影响人、感染人、教育人，经过长期策划与精心筹备，2009年4月16日，江苏大学人文大讲堂在校大礼堂正式推出。首场报告会“创新——民族灵魂、核心能力”由中国演讲与口才协会副会长、南京大学兼职教授丁建明先生主讲。人文大讲堂开办至今（2021年6月），已成功举办19场。作

为一所综合性大学，培育大学生“科学与人文交融”“以创新为使命”的综合素质显得尤为重要，学校推出人文大讲堂，就是力求以高端学术精品为载体，拓宽大学生的人文视野，丰富大学生的精神文化。

五棵松讲坛

人文教育是高等教育的基石。加强大学生人文素质教育，促进科学精神与人文精神的融合，是培养创新型人才的必然要求。为进一步浓郁学校人文教育氛围，引导广大师生丰富人文知识、拓宽人文视野、提升人文素养，自 2012 年起江苏大学开办了“五棵松讲坛”，年均举办 40~50 场，讲坛选题内容涵盖校园意识形态、哲学社会科学、政治经济形势、历史文学艺术、励志心理教育、法律伦理问题、科普文化知识、科技发展知识、健康养生知识等方面，旨在依托校内人文教育资源，提供丰富的人文讲座，搭建人文教育平台，提升校园文化品位，并将这一活动培育成学校的文化品牌活动。

人物春秋

百年江大砥砺奋进
一个个国之栋梁
以爱国兴国为己任，以科教育人为本心
为学校的创建和发展贡献毕生心血

陈云阁：镇江农业机械学院第一任院长

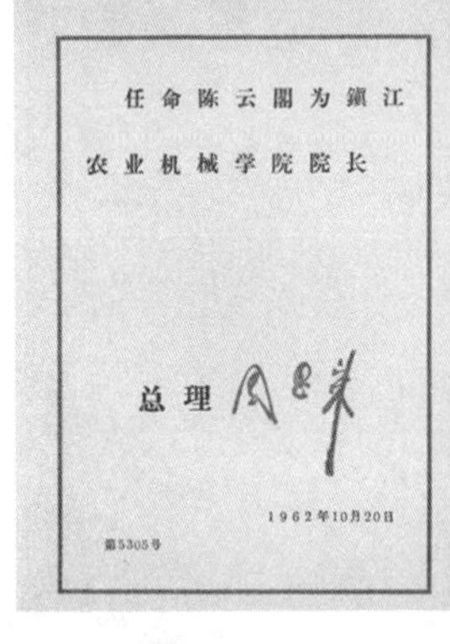
任命陈云閣为镇江农业机械学院院长

总理 周恩来

1962年10月20日

第5305号

陈云阁（1910—1989），丹阳人。1932 年创办文社，试行学塾改革，并举办成人识字班，推进社会教育，宣传抗日救亡和爱国进步思想。1937 年，陈云阁参加了管文蔚领导的抗日自卫团，任胡桥区自卫团指导员、团长。1939 年加入中国共产党，任中共丹阳县工委书记、山北县县长、山南县县长、中共山南县委书记、京沪路北特委宣传部部长、江镇县委书记、苏中五地委组织部部长、华中十地委代理书记等职。新中国成立后，历任中共苏南区镇江地委组织部部长、地委副书记，江苏省卫生厅副厅长，江苏省劳动局局长，中共江苏省委交通工作部副部长，镇江专署专员，江苏教育学院党委书记、院长等职。

1962 年，陈云阁被任命为镇江农业机械学院党委书记、院长，是镇江农业机械学院第一任院长。他虽长期担任领导职务，但平易近人、艰苦朴素、清正廉洁，与广大师生员工同心协力，筚路蓝缕，为国家培养了一批建设人才。

戴桂蕊：勇于科技创新的老校长

戴桂蕊教授曾任原镇江农业机械学院副院长，他是我国著名的农业机械专家、内燃机专家，排灌机械事业的创始人，是江苏大学国家重点学科——流体机械及工程学科的奠基人。

戴桂蕊于 1910 年 3 月 12 日生于湖南省双峰县青树坪相思桥，1928 年，他以优异的成绩被选入湖南大学电机系学习，1933 年赴英国考察公路并进入伦敦英国皇家学院学习航空机械，1936 年学成回国，任湖南大学教授。1940 年，在任中国煤气车营运公司主任工程师期间，戴桂蕊所设计的普用煤气车备受各界赞许。为解决发动机活塞环依赖进口、供不应求的矛盾，他与同仁共同试验活塞环制造工艺，终于获得成功，随后创办了“正圆涨圈制造厂”。该厂后来从贵阳迁往长沙，新中国成立后，在党和政府的关怀下，从一个小厂发展成具有 2000 余人规模的“长沙正圆动力配件厂”，成为我国内燃机重点配件厂之一。

1944 年，戴桂蕊教授在任中国农业机械公司技术处处长期间曾选拔优秀青年数人送往美国学习农业机械，为我国农机化事业的发展培训了骨干。1947 年，他受聘担任联合国救济总署湖南邵阳乡村工业示范处总工程师，主持所属的 10 个工厂的技术和科研工作。1948 年复任湖南大学教授兼中国农业机械公司顾问。1949 年新中国成立后，历任湖南大学工学院院长，华中工学院（现华中科技大学）内燃机教研室主任、教授，吉林工业大学教授、科研处处长等职。

1956 年，为减少现有排灌机械多次能量转换的损耗，提高机组效率，戴桂蕊教授开始研究内燃水泵理论，样机于 1958 年试制成功。该泵省去了传统排灌机组中的活塞、连杆、曲轴等运动件，由煤气在水管中直接爆炸提水，实现了热能到水位能的一次能量转换提水。该泵在全国农业机械展览会上获特等奖，展览会期间刘少奇主席、周恩来总理等中央领导同志亲临现场参观。《人民日报》1958 年 5 月 22 日曾以《排灌机械的大革命》为题进行了报道，并发表了长篇访问《访戴桂蕊教授》。此后，苏联、罗马尼亚、波兰、印度等国先后派员参观并来函索取资料。

20 世纪 50 年代，根据当时的特殊情况，急需解决农业旱涝保收的问题。鉴于此，戴桂蕊教授进行了全国排灌机械生产和使用情况的调查，并依此向国家科委提交了专题调查报告。报告从我国农业生产需要出发，指出发展排灌机械事业的紧迫性，并建议成立排灌机械研究机构，开办农田水力机械专业以培育专门人才。他的建议受到了党和政府的重视，时任国家科委主任的聂荣臻元帅亲自作了批示，责成农业机械部办理。1962 年，经国家科委批准，在农机部所属吉林工业大学内建立了排灌机械研究室，试办了农田水力机械专业。

1963 年，排灌机械研究室和农田水力机械专业南迁镇江农业机械学院，戴桂蕊教授任副院长兼任排灌机械研究室主任和动力系主任。在排灌机械研究室内，戴桂蕊教授主持了 3 个研究方向：一个是内燃水泵的理论研究和结构设计；二是中低速内燃机的研究设计；三是动力水泵的研究。这 3 个研究方向都是针对当时农业机械发展的需要而提出的。戴桂蕊教授患有高血压、支气管炎等多种疾病，但为了完成任务，经常带病工作，有时睡到半夜突然想出一个新结构，立即起床伏案画草图，并请保姆找来技术负责人，交代第二天要画出正式工作图交工厂试制。由于当时物资紧张，买不到好的橡胶和牛皮，为了解决内燃水泵进气阀门漏气的问题，他就拿自己的皮鞋充当原材料。为保证科研工作的质量和进度，他还不辞辛苦，亲自深入工厂、农村，遗著达 39 种之多。

戴桂蕊教授毕生致力于教育、科研事业，后半生为我国排灌机械事业的发展呕心沥血，作出了重大贡献。他高度的责任感和强烈的事业心为中青年科技教育工作者树立了光辉的榜样。

戴桂蕊教授在我国航空界、汽车界、内燃机界，特别是农机界具有广泛而深远的影响，他所创建的我校流体机械及工程学科和流体机械工程中心一直保持在国内先进行列。

高良润：农业机械学科奠基人

高良润，1918 年 10 月 5 日生于江苏省常州市的一个小商人家庭。1935 年考入国立中央大学机械工程系，毕业后留校任助教。大学四年级时，他根据读书心得写成论文《列车配合法新建议》，为列车配合提出了科学、经济、实用、简便的方法，并刊于《机工》杂志，在 1943 年中国工程师学会兰州年会上宣读，受到专家们的重视和会议表彰。他在教学中结合资料和经验，写成《木工》一书，被评为“部定大学用书”，1942 年由正中书局出版，1950 年由人民出版社再版，更名为《木模制造》。1941 年参加国家机械工程类建设人员高等考试，名列榜首。

1942 年，他进入中央工业试验所，任技术室设计组组长。由于当时我国后方受敌人封锁，他自行设计小型企业所需各类机器并编写实用科研资料，为发展后方经济建树殊多。1945 年他考取“教育部公费留美研究生”，进入美国明尼苏达大学研究生院，主修农业工程，辅修机械工程，假期在美国大型机械化农场实习。1947 年 6 月获得科学硕士学位。他先后在美国万国农业机械公司（International Harvester Company，IHC）、伯克利（Berkley）泵厂、赫尔斯卡特（Hall Scott）发动机厂实习，加入了美国农业工程师学会。在明尼苏达大学学习期间，他与同时考取"教育部公费留美研究生"的其他中国研究生都非常关心国家前途，他们利用课余时间编译农业机械名词，调查美国工业建设，订阅中国共产党发行的报刊图书，希望能为国家发展贡献一分力量。他们将学习心得体会整理成《为中国农业试探一条出路》一文，阐述知识分子只有与工农结合才有出路，只有发展农业机械化和乡镇工业才能振兴中国农业。此文发表在《观察》杂志上，由 8 人联合署名。文章发表后，引起国内广大知识分子的共鸣，纷纷投函响应。1948 年 6 月，高良润回国，在国立中央大学机械工程系任副教授，并在中央大学和金陵大学农业工程系兼课。此时，正值新中国成立前夕，他与学校进步人士一道反对将中央大学迁往台湾并参加了护校活动。1949 年 4 月 23 日南京解放后，他参与了学校的接管工作。

1952 年，院系调整后，他任南京工学院教授。1955 年，因国家迫切需要农业机械设计制造人才，学校增设了农业机械专业，他担任了农业机械教研室主任。1960 年，镇江农业机械学院（以后先后更名为江苏工学院、江苏理工大学、江苏大学）成立，他调任该校农业机械工程系教授，并先后任排灌机械研究所所长、高等教育研究室主任、学位委员会主席、镇江农业机械学院副院长等职。

发展农业机械学科

中国设置农业机械学科后，高良润为组织完成新专业的教学计划、教学大纲、课程设计和毕业设计指导书、实验指导书、农业机械教材等呕心沥血。他担任全国农业机械专业教学指导委员会主任委员，组织推进全国农业机械专业人才的培养。他在教学过程中，处处以身作则，言传身教，深受学生爱戴。

1981 年，他当选为中国首批博士生导师，在培养方向方面，除农业机械外，又拓展了流体机械、农产品加工、农机机构和材料等，为后来建立新博士点奠定了基础。1980 年初，学校应联合国工业发展组织、亚洲太平洋地区经济社会委员会农机网（以下简称亚太农机网）的要求，设立了农业机械高级人员培训班，接纳培训亚非拉国家大学毕业以上程度的高级科技人员，由他担任培训班主任，为亚非拉国家培养了一批农业机械专业的高级人才，增进了国际友谊，加强了国际学术交流，扩大了我校农业机械专业的国际影响。

对植保机械的创新

高效、经济、安全地使用农药，需要有先进、可靠的植保机械，而研发植保机械的关键在于其工作部件。为此，1960 年，高良润和本专业的师生一道创制了试验台，对植保机械的喷头部件和液泵进行了长时间、大规模的试验，并把试验研究成果发表在学报上；还将国内外植保机械发展动态和科研成果引入国内，编译出版了 30 期《植保机械情报资料》，分送各有关单位参考。为了创制新型机具，他在 1978 年开始对静电喷雾理论及其测试技术、荷电雾滴两相流、荷电微粒两相流、低污染植保工程的基础及应用、流变热力学在果品保鲜中的应用等方面进行研究。其中“静电喷雾理论及其测试技术”和“静电微量喷雾机具研制”两项分别于 1986 年和 1990 年获得机电部科技进步奖，“荷电微粒两相流的理论、测试及应用研究”和“荷电气固两相流在植保机械中的应用研究”两项研究获得了国家教委博士点科研专项基金的资助，并分别于 1990 年和 1994 年通过部级鉴定；“群体荷电微粒场与植保机械工程研究”和“荷电两相流理论及应用”两项研究获得了国家自然科学基金的资助，前者于 1994 年获得机械部科技进步奖，后者则在同年通过部级鉴定。这些研究都属于在国际上具有开创性意义的项目，其成果为该领域的发展提供了新的理论，引起了国内外学术界的广泛关注。这些成果的应用亦显现出巨大的经济效益和社会效益。例如，“静电喷雾治虫实验”经众多单位使用，通过较大面积试验，表明对草原治蝗和卫生防疫方面有提高功效、节省药剂、减少污染、降低成本的作用，具有较大的经济和社会效益，居当时国际领先水平。

为材料科学奠基，开拓排灌机械应用领域

新中国成立初期，机械工业的工艺和材料非常薄弱，迫切需要材料科学等方面的专业人才。1950 年，高良润开设了金属工学、金相热处理、焊接学等新课程。可是，当时没有这方面的教材，他一面讲课，一面编写教材，为这方面的专业建设奠定了基础。之后，在培养研究生的过程中，他还开展了农业机械等方面的专题研究。在排灌机械研究所工作时，除开展各项专题研究工作外，他还着重进行调查研究，探讨如何拓展排灌机械的应用领域及其规律，撰写了排灌事业与三峡工程、黄河治理、南水北调、农田水利、环境工程、节约用水等方面的论文，为开拓排灌机械的应用领域及探索其规律提供了依据，供国家决策参考。

为社会服务，不断奉献

高良润于 1952 年 5 月加入中国民主同盟，先后任民盟南京工学院小组组长、支部委员，民盟镇江市委副主委、顾问，民盟江苏省委委员等职，1983 年始当选为第五届、第六届中国民主同盟中央委员、第三届中国民主同盟中央参议委员会委员，并当选第六届、第七届全国政协委员。

1951 年，江苏省为了向广大群众普及科学知识，筹建了“江苏省科学技术普及协会”。高良润积极参加筹建工作，并担任了该会的常务委员长。1957 年，他又参加了“江苏省农业机械学会”的筹建工作，并担任该会的副理事长。1983 年以后，他又相继担任中国农业机械学会和中国农业工程学会的常务理事，中国排灌机械学会和全国植保机械协会的理事长。1990 年开始，他还担任了江苏省残疾人基金会的理事。

高良润教授从事高等教育和科研工作 60 年来，为国家培养了大量优秀的高级专门人才，其中包括一大批教师，19 名博士研究生和 28 名硕士研究生，2008 年他被评为“江苏大学研究生教育 30 年杰出导师”；完成了 12 项科研项目，出版或发表教材、论文、译著、词典、手册、标准、史志、百科全书等共计 2500 万字以上，其中包括大学教材 12 种、学术论文 180 余篇。他知识渊博，十分重视学科的交叉、渗透和创新以形成自己的特色，在植保机械、排灌机械、农产品加工工程以及农机机构和材料方面都有较深的造诣。

1987 年，他获得国家机械工业委员会授予的“教书育人优秀教师”称号，1990 年，获国家教委“从事高校科技工作 40 年成绩显著的先进工作者”称号，享受国务院政府特殊津贴。英国剑桥世界名人传记中心将他列入《世界名人录（23 版）》和《世界知识分子名人录（11 版）》。1995 年 10 月，美国明尼苏达大学认为，50 余年来，在促进中美学术和人员交往中，高良润教授为国际计划的实施和国际友谊的增进，作出了学术的、领导的和卓越的贡献，特授予其“金花鼠奖状”。

（袁寿其，原载于《中国科学技术专家传略》，1990 年，略有变动）

钱定华：农业机械专业的第一代领导人

中华人民共和国成立初期，正在美国攻读博士学位的钱定华教授毅然放弃前景远大的钛合金研究课题和优越的生活环境，与一批对祖国怀有挚爱之情的优秀中华民族知识分子一起，举家返回祖国，全身心投入祖国的社会主义建设。

钱定华教授是镇江农业机械学院的创建者之一，也是学校重点学科——农业机械专业的第一代领导人。他参与了建校选址和学校成立的组织工作，为我

校农机专业的建立和发展作出了不可磨灭的奠基性贡献。

钱定华教授学识渊博，勤于教学。他几乎亲自教过农机专业的所有课程，包括数学、力学、金属材料热处理、机械设计、农业机械等。他在教学上认真严谨，与其他老教授一起，带出了农机专业教学工作的好风气，为培养农机专业的学生，特别是专业师资力量作出了重要贡献。

他组织了农业机械教学大纲和专业培养规划的制订以及农业机械专业教材的编写工作，使我校的农机专业成为全国的重点专业。

1982 年，钱定华教授和高良润教授经国务院批准，成为我校乃至全国第一批博士生指导教师。他们当之无愧地成为学校学位建设的带头人。

钱定华教授依据多年的研究积累和不断探索，并结合江苏省农业机械的需求，确立了“土壤和农业机械的黏附和摩擦”的研究方向，并开始带研究生。钱定华教授不顾自己每况愈下的身体状况，亲自指导并参与在苏州和无锡等地进行的犁耕试验。他和学生一起在乡下田间获取第一手试验数据，指导设计和制造了测试仪器设备，进行实验室试验工作。他提出，要将“土壤和金属表面的相互作用”作为理论探讨的方向。这一研究方向目前在中国已经形成仿生学的研究学科。钱定华教授提出的研究思路一直是其后研究者的主要参考。

1983 年，钱定华教授不幸被查出患有胰腺癌（晚期），才不得不住院接受治疗。在生命最后的日子里，钱定华教授忍受着巨大的痛苦，顽强地与疾病作斗争，并且依然牵挂着学校的工作，对未竟的事业满怀无限眷恋。

他为学校的创建和发展所作的贡献已经成为永恒，将永远留在江苏大学的史册上，激励后人。

吴相淦：我国农业工程学科的创始人

吴相淦（1915—2005），湖南常德人，中国民主同盟盟员，我国农业工程学科的创始人之一，中国农业工程、农村能源专家。1915 年 5 月，吴相淦出生于湖南省常德市一个地主兼商人的大家庭中，后因家庭变故，其父留学日

本，回国后以办学任教为业。吴相淦自幼得到了良好的家庭教育，为其日后在学业上取得辉煌成就奠定了基础。在动荡的时局下，吴相淦毅然坚持走求学之路，1937 年毕业于南京金陵大学农学院后留校任教。1945 年赴美国爱荷华州立大学农业工程系学习，1947 年春获硕士学位。1948 年回国后在金陵大学农学院农艺系农业工程组任教，并筹建农业工程系。1948 年 12 月任金陵大学农业工程系主任、教授。1952 年全国高校院系调整后，历任南京农学院农业机械化系、农业机械化分院、镇江农业机械学院（现江苏大学）农业机械化系教授、名誉系主任。1985 年以后任南京农业大学农业工程学院教授兼农村能源研究室主任、博士生导师。历任中华农学会会员、美国农业工程师学会会员、南京市人民代表大会代表、镇江市人民代表大会代表、江苏省民盟代表大会代表、民盟江苏省委委员等。1985 年，吴相淦教授作为中国科协赴印度农业工程代表团团长，参加了中印农业工程学术研讨会。1991 年 7 月起享受国务院政府特殊津贴。他提出的拖拉机前、后双向行驶的原理获得美国专利，这是中国人首次在国外获得农业机械方面的专利。吴相淦教授在农业工程与农村能源领域的研究硕果累累，主要著作有《农业机械学》《农业拖拉机》《农业运用学》《耕作原理》《农村能源》《农村机械运用学原理》等，为中国农业工程事业发展作出了重大贡献。

成长在动乱年代的吴相淦先生，以其坚强的意志，坚持不懈地走在求学的路上。吴相淦的父亲吴其林为清末秀才，曾留学于日本宏文师范学校，归国后办学任教。在日本时，吴其林曾加入同盟会，后在谭延闿部任职，但因奔丧而错过参加北伐。父亲对吴相淦的影响很大，父亲不仅对他进行旧时代封建的道德训教，同时还结合自己的人生经历，要求他专心学习科学技术以求自立。

1919 年吴相淦进入湖南常德区立初级小学，1922 年父亲从日本回国后，举家迁至长沙，吴相淦也随即转入长沙楚怡小学，1926 年小学毕业后又升入楚怡中学，“马日事变”后楚怡中学停办，1927 年转入长沙明德中学继续学业，从初中一年二期读到 1933 年春季高中毕业。高中毕业后因无大学可考，吴相淦在家温习功课自修半年，于同年 9 月进入南京金陵大学农艺系农具组学习，1937 年夏肄业后留校任助教。但因日寇入侵南京，1938 年春随学校一起迁到汉口后被遣散返湘，任湖南高级农业学院作物教员兼农科主任。1940 年

2 月返回已迁至成都的金陵大学，任农具助教。期间返湘奔叔婶之丧，遭遇日寇侵占宜昌，不得返川，1940 年秋至 1942 年春只得在湖南安江国立十一中职业部任农业教员、教务主任。1942 年春至 1943 年 2 月仍回湖南高级农业学校任作物教员兼农科主任。1943 年春返回成都金陵大学后任讲师，1944 年起兼授华西大学、川端农工学院农具课程。

由于时任中国农业部驻美国代表、中国近代农学的先驱邹秉文先生促成了一项重要的美国向中国农业导入的农业工程教育计划，其主要内容之一就是设立奖学金，供 20 名中国研究生到美国学习农业工程，吴相淦就是其中之一。1945 年 5 月，吴相淦由重庆飞至印度再乘船赴美，在爱荷华州立大学农业工程系研究院学习，1947 年取得硕士学位后去各工厂、农场实习，于 1948 年 9 月返回南京金陵大学任教。同去的 20 人学成后大多回国，成为我国农业机械化领域第一代精英，吴教授就是这批精英中的佼佼者。

吴相淦教授学成归国后立即投身教育岗位。当时我国农业机械学科还基本处于空白状态，人才匮乏，他利用自身的专业优势，在金陵大学准备进行院系调整时，积极筹备建设农业工程系。农业工程系成立之初，主要经费来源为单位及个人捐款，较为紧张。吴相淦节俭使用，建设农工馆，并游说美国农机公司赠送教学用农业机具。同时，他利用展览会等多种形式，鼓励青年学子学习农业工程。在他的努力下，该专业报名人数由原先的 5 人一下扩大至近百人。

学生人数的激增凸显出教育内容的缺乏，当时真正用于高等院校农机教育的教科书微乎其微。新中国成立之初的 3 年中，吴相淦连续出版了 3 本书，很好地解决了教材问题。第一本书是与 1932 年就来金陵大学讲授农具课程的美国人林查理（C. H. Riggs）先生合著的《农业机械学》，该书于 1949 年问世，是一部重要的高等农机教科书，也是 20 世纪 40 年代我国早期农机学者对农机专著，特别是高校农机教科书的重大贡献。该书与刘仙洲先生的《农业机械》一书共同奠定了我国农业机械学科的基石。第二本书是 1950 年 5 月完成的《农业拖拉机》，该书主要内容是介绍欧美的农业动力机械，成为我国 20 世纪 50 年代重要的农机著作之一。该书出版当年即出了修订版，主要是增加了关于苏联拖拉机的介绍。第三本书是《耕作原理》，此书目前已绝版。此外，吴相淦教授于 1946 年主编的《农机运用学》成为重要的高校教材，1987 年主编出版的《农村能源》，1988 年与张松明合编的《农业机械运用学原理》充实了农业机械学科内容，传播了农业机械知识，促进了中国农业机械学科的发展。

吴教授一方面注重教书育人、著书立说、广泛传播知识；另一方面还十分注重实践发明。早在留美学习期间，他就提出了拖拉机前、后双向行驶的原理，获得“双向行驶拖拉机”专利，这是中国人第一次在国外获得农业机械专利。1987 年，在中国申请了“高力发电机组”实用新型专利。他积极研究我国水稻栽培机械化问题，并进行改进方法试验及水稻旱地移植机的设计与试制。

吴相淦教授多次参加国际性学术会议：1945 年至 1949 年参加美国农业工程师学会年会，1981 年以中方技术委员会成员身份在北京参加中美能源资源会议，1982 年在长沙参加国际支农会议，1983 年在杭州参加国际小规模农业机械化会议，1985 年作为中国科协赴印度农业工程代表团团长参加中印农业工程学术研讨会，为国际农业工程技术与知识交流作出了重要贡献。

吴相淦教授生活中平易近人、正直坦荡、敢于直言，积极为学校事业发展献计献策，深受学生爱戴和敬重。他热爱祖国，热爱教育事业，并为此奉献出宝贵的一生。吴相淦教授长期从事农业工程高等教育工作，为新中国培养了一批优秀的农机人才，为中国农业工程和农业工程教育事业的发展作出了巨大的贡献，被誉为“中国农业工程学科的创始人”“农村能源学科的奠基人”。

吴起亚：“沉默”的拖拉机研究“达人”

吴起亚，1939 年毕业于中央大学。1947 年 12 月毕业于美国爱荷华州爱荷华理工大学研究院，获理科硕士学位。历任中央大学副教授，南京农学院农业机械化分院教授、系主任，镇江农机学院教授、系教研负责人，江苏工学院教授、系主任。曾任江苏省农业机械学会顾问、江苏省科协常委、《中国农业机械学报》编委、中国农机学会地面机械系统研究会委员、中国农业机械学会顾问、中国农业工程学会顾问。主要论文有《拖拉机改装下水田的研究》《轮式拖拉机的振动与乘坐性能》《拖拉机和农业机械的模型试验》《机械船船体接地比压的选择》等。主要著作和参与编写的教材有《拖拉机学》《拖拉机汽车学》《拖拉机理论基础》《拖拉机理论》

《机械工程手册（拖拉机）》《拖拉机与农业机械的牵引力学》等。主要科研成果“江苏省土壤比阻研究”获江苏省科学技术进步奖。

吴起亚教授已经去世多年，但那个在中国空白的拖拉机领域执着开拓出希望的疆土，孜孜不倦地奋战在科研、教学岗位上的农机研究先驱者的形象，注定永远活在满天下的“桃李”心中。

专情拖拉机的农科“海归”

20 世纪 40 年代，在时任联合国粮农组织（FAO）副主席和中国农林部驻美代表邹秉文先生的倡议和支持下，美国万国公司提供包括学费、生活费、购置书籍仪器费和离校实习的差旅费等在内的全额奖学金，在中国国内公开招收 20 名学生赴美留学。“教育部”于 1945 年初在重庆、昆明、成都、西安 4 地同时招考，最终脱颖而出的 10 名农科学生和 10 名工科学生分别于同年 5 月和 8 月前往美国，并于 3 年后学成归来。中国农业机械和工程领域“无人问津”的状况被彻底打破，实现了从无到有的质变。这 20 名改写了中国农业现代化建设的骨干中，对拖拉机研究情有独钟的吴起亚也许算得上是成就显著却最为沉默寡言的人。

忧心于刚刚成立的新中国依然处于“牛耕”时代，吴起亚很快便将自己的研究方向锁定为拖拉机和地面力学研究。他认为，要实现农业机械化，“拖拉机取代牛”是最关键的一步。于是，他一边研究中国耕田土壤情况，一边学习研究国外先进的拖拉机技术，孜孜不倦地探求适合中国土壤耕种的拖拉机。他是我国拖拉机学的奠基者，在 20 世纪 50 年代初撰写出版了《拖拉机学》。60 年代初，吴起亚教授承担起我国农业机械化专业教学大纲的修订和教材编写工作，率青年教师先后撰写出版了《拖拉机理论基础》《拖拉机汽车学》，得到全国农业机械化专业教育界同行的好评。此后，吴起亚教授还翻译了苏联的《拖拉机理论》和美国的《越野行驶原理》等著作，成为中国农业机械研究的重要参考文献。

埋头耕耘不问收获的科研“达人”

从初涉拖拉机领域到针对不同耕作土壤情况进行拖拉机深入改良研究，一路走来，不管是坎坷艰辛，还是鲜花掌声，吴起亚始终抱着“早日找到最适合中国的拖拉机”“让拖拉机在中国普及”的梦想，只顾任劳任怨地埋头耕耘。尽管深知这样的梦不可能靠一己之力实现，但他坚持至少要将自己能做的都争取做到。

南方的耕田基本都是水田，拖拉机能否下水田耕作的疑惑让吴起亚寝食难安。他查阅了大量文献都没有发现丝毫相关的有用信息。于是，“拖拉机能否下水田”便自然成为这位遇到问题不找到解决方案誓不罢休的科研“达人”的又一个科研课题。他带领多位志同道合的青年教师和学生组成科研小组，为攻克这一课题四处奔波。没有经费，“口拙”的他硬着头皮与学校交涉；厂家不愿合作，不善游说的他竟跑到厂里“帮忙”，用实际行动恳求对方；组员没信心，他故意忽略他们的过错，却利用他们取得的一点点成绩不断进行表扬和鼓励。历经几年的研究探索，终于有了一定进展，发表了《拖拉机改装下水田的研究》《沤田拖拉机的机耕船体接地比压的选择》等阶段性研究成果。此时，有不少高校、研究所等科研单位也相继开始研究这一课题，而吴起亚却中断了自己的研究。很多人对他将快到手的荣誉让给别人很不理解，这位第一个“吃螃蟹”的人却毫不在意：“万事开头难，接下来的事便顺理成章，会简单很多，大家都研究（一件事）不是人才、资金的浪费吗?”

当然，这位科研“达人”不会因此而闲下来，在他敏锐的“慧眼”里，科研课题似乎无处不在。在研究“拖拉机能否下水田”时，他认为科学测试土壤比阻的测力仪器是研究开展的先决条件。他先后设计制造出“液压拉力计”“八角环比阻测力仪”等适用于测量土壤比阻的仪器，从而顺利完成了“江苏省土壤比阻研究”课题，并获江苏科技进步奖。随后他又研究设计出智能式土壤参数综合测定仪——BTY 型便携式综合测试仪，并于 1991 年向中国专利局申报了发明创造专利。

着装质朴而随意，头发花白而稀疏，面容憨厚而诚恳，留学 3 年未染一丝“洋味儿”，爷爷般和蔼可亲，却有着犀利的双眸，这就是吴起亚教授。这位中国拖拉机学科领域的铺路人，在拖拉机学科领域上下求索、孜孜不倦，于 1996 年 12 月默默走完了平凡而充实的一生，留下的不是惊天动地的磅礴伟业，而是使中国农业科技行业突飞猛进的济济人才和扎实贡献。

胡扬：校区建设的领头人

1960 年 11 月，江苏省委决定将原南京农业机械学院迁址镇江，并选定丹徒后官庄作为新院址。时任江苏省水利厅副厅长的胡扬同志，临时受命到学校主持工作，后被任命为校党委副书记、副院长。1961 年 6 月，因校址由南京迁往镇江，农业机械部决定改“南京农业机械学院”为“镇江农业机械学

院”。胡扬在建院初期的许多事迹值得我们回忆和学习。

胡扬同志重视学院的总体规划，但当年的设计任务是由农机部通过建设部下达至华东设计院的，设计单位受农机部委托，学校没有选择和决定权。为此，胡扬同志深入实际，走遍新校区的每个角落，察看周边的地形地貌，在充分调查研究的基础上，对设计院提供的学校总平面设计作了认真研究，提出了许多有见地的修改意见。例如新校址是一片“三山两洼”的丘陵荒地，平地属长江下游冲积带，含有泥炭层，土质复杂，不适宜作为建筑地基，需花费大量人力物力进行地基改善。原设计中，大部分建筑分布在平地，为了节省投资、降低造价，胡扬同志提出因地制宜，将建筑物采用不对称设计，依山坡而建造，避免因建在平地而花费较大的人工。华东设计院也赞同他的建议，于是修改了设计，把第一期工程的大部分房屋分布在三座山丘周围，并自然形成功能分区：中间为教学区，西山为实习实验区，东山为教工宿舍区。这样不仅改善了建筑物的地基条件，节省了投资，也使建筑高低错落有致，层次分明，使校园整体上更美观。第一期工程竣工验收时，得到了专家的好评，当年《中国建筑学报》还刊登了我校的设计方案和校园全景照片。

胡扬同志在工作中不唯书、不唯上，只唯实。当时学校要自建水厂，华东设计院原设计为从京杭大运河取水（当时运河的水质尚清），主要考虑施工方投资较少。为此，胡扬同志沿运河步行到镇江市区，沿途仔细察看后认为，眼前运河水质尚清，但若干年后，城市污水排放将日益严重，势必造成深度污染而无法饮用。因此，他坚决反对运河取水方案，力主从长江取水，但华东设计院认为长江河床不稳定，年年冲积长滩，投资大，施工困难，坚持不肯更改。最后双方同去北京向农机部领导汇报，胡扬同志坚持长江取水方案，并表示要对全体师生员工的健康负责，以至于会议形成僵持局面。后来胡扬同志到上海找设计院领导反复商谈，并邀请设计院总工实地察看，终于说服设计院改从长江取水。实践证明，胡扬同志的选择是正确和有预见性的。

胡扬同志对基建工程的质量抓得很严，他谆谆告诫基建干部要坚持“百年大计，质量第一”，力求做到“坚固、实用、经济、美观”。他领导基建工作的作风深入细致，经常参加基建处研究工作，在一期工程中，根据总平面图的坐标，测放的建筑位置和道路，他都要到现场察看，亲自把关。原基础课教学楼于 1961 年 1 月开工，当年 9 月新生进校时就要使用，工期非常紧张。在那个困难年代，计划分配的钢材、木材、水泥都非常紧张，连砖头、沙石也常常缺货，施工力量又严重不足，他既要落实施工队伍，还常要亲自去跑材料。当施工现场人力不足时，他组织在工地的职工配合施工单位一起连夜加班，进行搬运砖头等建筑材料的工作，以加速工程进度。在紧张的加班突击施工中，他对工程质量毫不放松。每当关键部位浇灌混凝土时，他都要到现场察看并检查质量。在他的协调指挥下，基础课教学楼虽然是突击施工完成的，但质量丝毫未受影响。到 1961 年 9 月中旬，在门窗还未装配的条件下就提前使用，接纳 1961 级新生入住和上课。虽然条件简陋，生活艰苦，但保证了当年按时招生开学。

胡扬同志对校园环境建设很有远见。当时在基建规划中就列有污水处理项目，拟在玉带河下游拐弯处建污水处理厂。对校园绿化他也抓得很紧，曾邀请南京的绿化专家帮助规划，分期实施绿化工程。他要求原基础课楼前山坡等处的绿地要做到“终年常绿、四季有花”。现在学校大门内的梧桐树、五棵松、桂花，玉带河边的柳树、桃花等都是 20 世纪 60 年代初他带领大家栽种的。他在选择行道树时曾把梧桐和银杏相间种植在体育场周围，他说：“梧桐长得快，可尽早成荫，银杏长得慢，但寿命长，可以百年长青。”每当我们走在大门口的林荫道上，就忆起当年胡扬同志在凛冽寒风中带领大家挖坑、浇水、抢栽梧桐的忙碌身影。

胡扬同志是 1932 年在盐城家乡经胡乔木、乔冠华等老一辈革命家推荐和介绍入党的老同志。第二次国内革命战争时期，他从事党的地下工作。抗日战争和解放战争期间，他曾在新四军中做政治工作。此后历任高邮、盐城县县长，苏北五地委敌工部部长。新中国成立后，历任苏南行署农林水利局局长，苏南海塘工程处处长，太湖工程处主任，江苏省治淮总指挥部秘书长、副总指挥，江苏省水利厅副厅长兼江苏水利学院党委书记、院长。1965 年调离我校后任江苏省监委驻水利厅监察组长、水利厅顾问。1982 年离休，1991 年 2 月 5 日病逝，终年 82 岁。

胡扬同志为中国革命和建设事业奋斗了一生。1960 年冬，正当国家严重困难时期，他受命主持镇江农业机械学院的创建工作，在建校初期极为艰苦的条件下，克服重重困难，在基本建设工程、师资和干部队伍建设、学科和专业设置、学校管理等方面做了大量的开创性工作，为镇江农业机械学院以后的发展打下了良好基础。他在工作中坚持原则、实事求是、善于联系群众、平易近人的优良作风受到广大师生的颂扬。睹物思人，看到今天学校的发展，我们更加怀念胡扬同志。

宋亚欣：不倦的“孺子牛”

1925 年 9 月，宋亚欣出生于江苏省武进县一个农民家庭。1939 年秋，他受到党的抗日救亡思想的影响，参加了乡抗日儿童团，并当上儿童团团长。他带领小伙伴积极进行抗日救亡的宣传工作，为党的地下组织传送情报，并破坏了敌人的电话和交通线路，称得上是少年英雄。

1941 年 5 月，他被党组织调到京沪路北特委干部培训班学习，并加入了中国共产党。自此，他真正走上了革命的道路，并一直忠诚地履行自己的入党誓言。

解放战争年代，苏南新四军部队和党政机关北撤，宋亚欣及少数同志在原地坚持斗争。他历任句容县武工队党支部书记兼指导员，宜、溧、广区工委书记和武工队负责人。在那个斗争残酷、战斗频繁的战争年代，他虽然先后两次负伤、两次与党组织失去联系，但从未退缩，仍无怨无悔地继续在敌后坚持斗争，直到 1949 年 4 月苏南全境获得解放。

新中国成立后，他先后担任苏南区党委和江苏省委纪律检查委员会（后称监察委员会）检查处副处长、处长，常州市委组织部部长，丹阳县委书记，武进县委书记，镇江地委副书记，江苏工学院党委书记并一度兼任院长。虽然职务时有变动，但他时刻牢记党的宗旨，不忘战争年代人民群众对他的恩情，始终保持共产党员的本色，严于律己、宽以待人，与人民群众心连心。

1958 年 9 月，他调任丹阳县委第一书记兼政协主席，一直到“文化大革命”被造反派罢了官，先后连任四届，实际挂帅长达八年之久。他凭着对党的无限忠诚，对人民群众的无限热爱，充分发挥自己的聪明才智，团结各界人士，调动一切积极因素，为恢复和发展丹阳的农业生产作出了积极的贡献。

在三年困难时期，宋亚欣同志带领大家认真贯彻中央“八字方针”和

“农业六十条”，并采取一系列有效措施：调整农村生产关系，实行“三级所有，队为基础”；调整农业与非农业的关系，实行“精兵简政”，减轻农民负担；调整有关政策，任用部分有真才实学的党外人士担任县政府，以及学校、医院等部门的领导职务；甄别部分被错划的“右倾”和“右派”，纠正部分错划的地主富农成分；退赔“一平二调”中钱物受损的农村集体和农民；大力发展农业生产，注重兴修水利，培育良种、增加有机肥和无机肥，提倡科学种田，发展农业机械化等；转变机关工作作风，深入农村，深入群众，做群众的带头人。在县委一班人的带领下，由于充分调动了各界人士和农民的积极性，丹阳县的农业生产年年上台阶，粮食总产量和生猪存栏量创造了新的历史纪录。

从全国、全省范围来看，当时丹阳的农业生产发展是比较快的，许多老人至今难以忘怀。1960 年 8 月，宋亚欣同志总结基层工作经验，写了题为《认真调查研究，深入基层解剖麻雀，合理安排劳动力》的文章，在《人民日报》头版头条刊发，时任江苏省委第一书记的江渭清看后，特地为此打电话给丹阳县委，对其工作表示充分的肯定。

改革开放后，宋亚欣同志调任江苏工学院（原镇江农机学院，现江苏大学）党委书记兼院长。

他在江苏工学院担任领导期间，认真执行党的十一届三中全会的路线方针以及党的十二大所确定的奋斗目标，尊师重教，在 4 年中，分期分批地选拔了一大批知识分子，充实了校系两级领导班子和院级职能部门，改变了长期以来外行领导内行的局面。

他重视落实党的知识分子的政策，注重改善知识分子的工作和生活条件，提出“先安居再乐业”的六字方针，集中力量大抓教职工宿舍、浴室、商店、菜场、供水、道路等生活设施的建设，大大改善了教职工的生活条件，稳定了教职工的情绪。同时，又大力推进教室和实验室的建设，大大改善了教师的工作条件，以便知识分子更好地发挥自己的才智。

他还大力恢复和整顿学院的各项管理制度，增加新的专业，使学院的教学和科研秩序逐步趋向稳定。为加强思想政治工作，他建立和充实了专职和兼职相结合的政工队伍。他充分发动师生投身到学院的改革工作中去，为学院的快速发展起到极大的推动作用。

宋亚欣同志在学院工作的几年时间里，由于充分调动了教职员工和学生的积极性，不仅培养了许多“四有”（有理想、有道德、有文化、有纪律）人才，而且取得了教学和科研双丰收，使学院呈现出生机勃勃的大好局面。

他一生都在坚守并践行着：理想永存、思想常新、严于律己、有所作为。

邵仲义：中国好人

邵仲义，男，汉族，1932 年 4 月生，生前系江苏大学退休教职工。

2007 年，邵仲义曾一次性捐资 50 万元，设立“爱生助学金”，用于资助江苏大学贫困大学生。去世前，他又立下遗愿，将遗体捐献给镇江市红十字会，用于祖国医学事业，把近 60 万元存款捐赠给学校，用于资助贫困大学生。2013 年 5 月，邵仲义入选中央宣传部、中央文明办主办的“中国好人榜”名单，同时获评第四届全国道德模范提名奖。

邵仲义一生未婚，一直租用单位 50 余平方米的公房。在邵仲义家中，橱柜上崭新的被子舍不得拆开来用，空空如也的冰箱里只摆放着腌豇豆，放衣服的箱子还是邵仲义的母亲在抗日战争年代遗留下来的，厨房里摆放的热水瓶外壳已经布满锈迹。自己的生活一切从俭，但邵仲义对学生却非常大方。他无儿无女，把学生视为子女。邵仲义常常说：“资助大学生，不是要锦上添花，而是要雪中送炭，把钱用到那些家庭真正贫困的孩子身上。”

他从不向单位组织提要求。在他生病住院期间，面对疾病造成的肢体疼痛，他都默默忍受，直到生命结束。邵仲义老人留给别人的始终是一张面带微笑、和蔼可亲、慈祥仁善的面容，丝毫看不出病痛带来的折磨。他待人热情诚恳，只要下楼散步，一路上都在热情地和别人打招呼，小朋友老远就会喊他“胖爷爷”，凡是认识他的人都评价“老邵是个好人”。

“生前勤俭关爱学子情深意切，身后捐躯造福人类博爱奉献。”这是邵仲义同志追思会上的一副挽联，也是他感动人生的真实写照。邵仲义同志不失为最美“爱心老人”，他以凡人善举为“大爱无声”做了最好的注解。这位寻常人的不凡事，传播了平凡而伟大的正能量，更以春风化雨润物无声的姿态温暖和感动了现世人心。

2015 年，江苏大学首届“江大之梦”微电影节系列影片之《背面》首映仪式举行。《背面》以全国道德模范“提名奖”获得者、江苏大学慈善楷模邵仲义老人为原型，艺术地再现了邵仲义大爱大善的高尚品质。

欢迎扫码观看《背面》

毓秀江大

地处江南

人杰地灵

不负天地钟灵毓秀之德

绽放璀璨光芒

艰苦奋斗　立业之本

柳营生活

1960年，时值三年困难时期，江苏大学的前身南京农业机械学院就筹备、诞生于这一时期，它担负着培养中国农机高级人才的重任。这是一个暂时没有校址的大学，夏末初秋，院领导一面忙于运筹建院的大事和选校址，一面筹划着新生入学事宜。上无片瓦遮风挡雨，下无立足之地，招生岂能纸上谈兵？在上级领导的关心和支持下，首届机械制造工艺及设备专业128名新生被安排到了南京东郊的柳营学习生活。

那一届以南京农业机械学院名义招收的新生共有278名，分别录取到农业机械设计制造、汽车与拖拉机、机械制造工艺及设备3个专业，其中农机、汽车和拖拉机专业的150名新生被安排在南京工学院内学习生活，其余128名新生则被安排在柳营的临时院部。虽然入学新生的人数不算多，却是一所新生的农机高等学府的开端，为我校将来的发展打下了第一根桩基。

9月下旬，秋高气爽，南京东郊柳营当时江苏省农科院柳营农中师资训练班校址的几栋平房内，迎来了128名新生。学生、教师都被安排在柳营的这几栋平房里学习、生活，厨房是用芦席临时搭建的棚子，吃饭定量，喝的是酱油汤，每人每月供应二两猪肉。有的同学饿了，就嚼几块咸菜或几根胡萝卜充饥，由于营养不良，不少师生患上了浮肿病。没有饭厅就在露天用餐，颇似军队的野营生活，有的同学风趣地称之为“秋高气爽月亮明，露天用餐似野僧”，初秋尚可坚持，进入深秋，热气腾腾的饭菜瞬间变得冰冷，实在难以下咽，特别是大城市来的同学更加不适应，但他们都毫无怨言。教室是简陋的平房，教师有的分散住在市区，新来的住在旅馆，少数住在临时院部，他们克服了交通和生活上的种种不便，早出晚归，上课从不迟到。如此艰苦的生活和学习条件，更激发了学生的学习热情，当时学习气氛浓厚，纪律良好，靠的是一个共同信念——振兴我国的农业事业，尽快把农业搞上去。

为加强师生教学和生活管理，院党委决定在柳营新生驻地设立临时院部，这是院本部派出的临时机构，同时组建了党支部。临时院部没有专门的办事机构，仅有一枚“南京农业机械学院临时院部”的公章，由支部负责管理使用，凡对外联系事宜均以临时院部的名义，其他事宜概由支部负责。支部由书记、组织委员、宣传委员、劳动委员4人组成，包括行政人员在内，总计10余人就是整班人马。遵照党委的指示，在十分困难的情况下，师生干群团结一心，克服了一个又一个前进中的困难，使教学、生活逐渐步入正轨。

1960 年底，进入隆冬季节，困难越来越多，在南京工学院的支持下，临时院部的师生告别了柳营，搬到该校实验室的平房，在那里开始了新的工作和学习，在柳营的“野营式生活”也就此画上了一个句号。

抬土　种树　建学校

艰苦奋斗是无形的精神财富，回顾江苏大学校本部（原镇江农机学院）的创业史，其催人奋进，激荡人心，可以说它是一本艰苦奋斗的“教科书”。

在镇江农业机械学院（本文为行文方便，有时简称镇江农机学院）早期基建过程中，所有的抬土、平地和种树任务几乎都是由师生人力完成。

1961 年 9 月，学校迎来迁入新址后的第一届 252 名新生，来自五湖四海的年轻人怀着满腔热情来到学校，到了才知道在这里学习和生活的艰苦。因学校处于初建时期，偌大的校园只有一栋马蹄形的基础课楼和几间简易的平房。宿舍没有玻璃窗，下雨的时候靠窗的同学要搬移床铺；没有卫生间，每个宿舍发一个木桶，一大早由值日的同学负责抬出倒掉；没有自来水，同学们从老远的井里用脸盆端水回基础课楼……生活很苦，但所有的师生都不叫苦，他们清楚幸福要靠自己的双手去创造。当时，从院领导到每一位任课教师、在校学生都投入了火热的劳动之中。

劳动是历练人生的课堂。1961 年进校工作、参加和见证了建校劳动的黄东山老师回想当年仍记忆犹新。当时学校没有运动场地，学生都是在黄泥地上进行体育活动，1961 年学校决定开工建设第一块田径场（现校本部东山操场所在地）。学校地处丘陵地带，属于“三山两洼”地形，田径场这片土地本来是一块生长水草的沼泽洼地，北高南低，相差近 2 米，于是师生一起开始了基建的最初工作——抬土平地。学校购置了铁锹、竹杠、箩筐等工具，全部工作都是靠人工肩挑手提。每周轮到哪个班劳动，就由该班的劳动委员带队集中到仓库前，先讲劳动内容，然后分配劳动任务。1961 年 9 月新学期开学，教学工作进入正轨，国庆节一过，抬土平地工作就开始了。

当时，同学们组织纪律性很强，大家争先恐后抢着干活，出现了许多感人的情景。刚开始，一些来自上海等大城市从没做过农活的孩子，一天下来肩膀就磨破了，但他们不叫一声苦，主动由抬土改挖土；挖土时间久了胳膊酸，就又改回抬土。有的女同学肩膀受不了，第二天就带上夜里睡觉的小枕头垫在肩膀上继续抬。参加过当时劳动的老师们回忆，即使是冬天，还有很多人穿着背心干活，有时背心湿得都能拧下水来。遇上天气热，烈日当头，汗衫上都结出盐巴。尽管如此，从院长、教师到学生，没有一个人抱怨，大家边劳动边交流，越干干劲越足，个个生龙活虎，你争我赶。

抬土现场，学生们还成立了啦啦队，“加油!”“加油!”的吆喝声不绝于耳，常常还会有同学唱歌给大家助兴。在劳动中涌现出的优秀班级和个人，会在学生宿舍楼（现校本部留学生公寓）前面一个不到 2 平方米的黑板上进行表扬，除此再无任何奖励或报酬。师生们回忆当年，一致反映：艰苦的生活和劳动环境没有挫伤大家的积极性，反而让大家更加坚毅、团结。劳动造就了那一代人吃苦耐劳的品质，培养了彼此间的深厚友谊。

田径场抬土平地的劳动持续了两年时间，同时进行建设的还有学生宿舍楼、教师宿舍楼（现校本部二区 1、2、3 栋）、基础课实验楼（现数学科学学院后楼）等，师生们的劳动加快了基建工程的进度，也为学校节省了一大笔开支。

罗兰说：“世间一切美味佳肴都没有劳动结出的果实更甜美。”1963 年冬，学校第一个标准田径场建成。1961 级学生谢福祺（后留校任教）回忆：“丘陵变操场，同学们别提多激动了，虽然还是煤渣跑道，但对于当时文娱活动单一的同学们来说，简直是个惊喜。天刚蒙蒙亮，同学们就早早来到操场上，跑步、踢球、锻炼，我们太珍惜这样的锻炼场地了，自己双手建设出来的，就更加感情深。”

当时师生劳动的内容还有一项，就是种树。1961 年冬开始，师生抬土方的同时也开始挖坑植树。现在校本部中门林荫道上茂盛的法国梧桐、东山操场四周的银杏、杨树，以及校园里的许多大树都是当年种植的。

几十年过去了，当年参加劳动、建设学校的老师们都已白发苍苍，很多学生已经成为各行各业的中坚力量。1961 级的校友再次相聚于母校，伴着老师漫步在校园里，古朴发黄的老建筑、郁郁葱葱的大树勾起了他们的青春记忆，难以磨灭的师生共同劳动建设学校的场景一下子全都涌现在眼前，不禁令人热泪盈眶。

基础课教学楼

1961 年，镇江农业机械学院在镇江建校，200 多位师生蜗居在尚未完工的基础课楼内，在那小小的方寸之地边工作，边教学，边生活。当年 10 月招收的农机、汽拖、机制、内燃机、铸造（后改为排灌）5 个专业的 224 名新生也被安排住进了基础课楼，女同学和女教师同住一室。当时，学校的教学办公室、教室、宿舍都安置在刚刚封顶的三层基础课楼里，后楼的图书馆、卫生所也都在基础课楼“安过家”。

当时的教学和生活条件十分艰苦，陈云阁书记常常说：“苦、苦、苦，比不过红军长征两万五。”基础课楼外体工程虽基本完成，但内部安装仍在继续施工，教师在讲台上讲课，工人在安装窗户上的玻璃，两边各干各的活儿，互不干扰。师生们经常一起参加义务劳动，吃的是井水，走的是泥巴路。没有自来水，卫生间不能使用，秋日里，大家早上洗漱都是在玉带河边进行。当时，大家有一个共同的信念：一切都会好起来的。

20 世纪末，为建造现在的三江楼，基础课楼被拆，那栋不高的红色小楼将永远静静地停驻在师生们的记忆中，它承载了那一代人太多的青春记忆。

室内喷灌实验室

自毛泽东主席“农业的根本出路在于机械化”著名论断发表以来，中国排灌机械事业从小到大、从大到强，得到了迅速发展，对我国农业乃至整个社会经济发展起到了巨大的推动作用。1963 年，原农业机械部决定将吉林工业大

学排灌机械专业及排灌机械研究室成建制转入镇江农业机械学院。戴桂蕊教授带领一干专家人才和一个班学生等100余人迁到了镇江。

建校之初，科研实验环境艰苦，而且国家燃油紧缺，排灌机械研究室日夜奋斗，集中力量搞内燃水泵研究，解决动力燃烧的问题，先后在镇江丹徒、常熟大义镇建立内燃水泵试验泵站。直至大庆油田被开发，汽油的供应状况逐渐改善。

1977年，研究室受原农机部和水利部的委托，首次组织全国摇臂式喷头系列联合设计组，开始了节水灌溉技术的研究。经过近一年的潜心研究，联合设计组在1978年设计出10种规格的摇臂式喷头系列——PY1系列，并在当年获得全国机械工业科学大会奖。接着，他们又继续研制了第二代低压系列和PY2系列金属摇臂喷头及全射流步进式喷头系列、轻小型低能耗喷灌机系列及喷灌用金属薄壁钢管系统，完善了喷灌设备及设施。

这项成果不仅为广大干旱地区解了燃眉之急，促进了农业生产的发展，还产生了巨大的经济效益。全国80%以上、200多家喷灌机厂都使用本校研究室提供的系列图纸技术进行生产，研究室研发的喷灌技术在20多个省（区、市）得到不同程度的应用和推广。20世纪70年代末80年代初，校园里的车水马龙多是奔着排灌机械研究室而来。80年代末90年代初，学校建成了世界一流、亚洲最大的室内喷灌试验厅，长期以来一直作为国家泵类产品生产许可证的定点检测单位，进行大量各种泵类产品的委托检验、生产许可证定点检验、监督检验等工作。

在几代人的不懈努力下，由排灌机械研究室发展而来的江苏大学流体机械学科已经成为国家重点学科，流体机械工程技术研究中心已经成为国家水泵及系统工程研究中心，拥有国内一流、国际先进的流体机械及工程试验条件和设备，在全国同类学科高校中处于领先地位。

江大小白楼

从20世纪50年代起，排灌机械学科创始人戴桂蕊教授就注意到国家的发展大计问题，开始研究内燃式水泵。60年代，我国由于严重的自然灾害导致严重缺水，而水是国家发展的命脉，因此，研究所迁往镇江并开始重点研究内燃水泵、中低速低脂燃料内燃机、动力水泵合理配套问题。70年代，“节水灌溉”成为国家面临的关键性问题，镇江农机学院研究者抓住研究契机进行攻关研究。80 年代，国家经济有了明显好转，学院也随之得到发展，科研领域稳中求进，根据实际问题不断创新。90 年代，国家任务又有了新的变化，研究领域也围绕着“环境保护”

做了相应的调整，为如今流体中心的研究成果“三无”——无堵塞、无泄漏、无过载打下基础。正是因为老一辈研究者把个人理想抱负融入国家的发展大计中，才推动了国家的发展。

1983 年，我校建造小白楼作为流体工程中心研究室，下设 4 个研究所——排灌机械研究所、流体机械研究所、质量工艺研究所、环境工程研究所，推动了整个流体工程中心的发展。在艰苦的光辉岁月中，流体中心与时俱进，无私奉献，不断沉淀出独一无二的江大精神。

王龙纪念亭

王龙，原名王隆恩，化名黄农，1908 年 12 月 28 日出生，1939 年参加新四军，同年加入中国共产党。1945 年 8 月，日本投降后任镇江市市长。1945 年 9 月 7 日，在丹徒县不幸牺牲。新中国成立后，人民为了纪念王龙，将他殉难处附近的一座小桥，命名为王龙桥。1985 年 10 月，镇江市人民政府在王龙桥附近的江苏工学院（即今江苏大学）后山建造了王龙纪念亭，以表达镇江人民对这位烈士的无限哀思和永远怀念之情。2014 年 4 月 1 日，“王龙英烈凭吊周”系列活动启动，王龙纪念亭被设立为江苏大学爱国主义教育基地，激励江大师生缅怀英烈、铭记历史，抒发爱国情怀，激励奋斗精神。此后，每年我校都会组织师生到王龙纪念亭开展爱国主义教育活动。学校各级党组织在 4 月 1 日至 9 日期间自行组织到王龙纪念亭开展听学先烈事迹、重温入党誓词、缅怀先烈祭扫、红色经典诵读等形式多样的凭吊先烈活动。

王龙烈士事迹：

王龙，原名王隆恩，出生于镇江扬中县三跃乡翁家塘一个书香之家。

青年时代的王龙，为人正直。1934 年，国民党扬中县三区区长鄂振声假借名义搜刮民财，中饱私囊，百姓怨声载道。血气方刚的王龙出于义愤，向县长告了鄂振声一状。鄂振声恼羞成怒，诬告王龙为 1933 年扬中农民暴动首犯之一。王龙遭到县政府的通缉，避难至靖江县教书。

抗日战争爆发后，王龙从靖江回到家乡。不久，上海、镇江、南京相继沦陷。扬中的大小官吏亦闻风逃遁。1938 年 2 月，日军开始骚扰扬中，国民党扬中县政府溃散，汉奸建立起伪维持会。王龙不顾个人安危，相约几位有志青年准备前往江南与新四军部队联系，请求出兵扬中，为民除害。后因被告密，未能成行，王龙因此被捕入狱，后经人多方营救获释。1939 年 4 月，王龙奔赴溧阳参加新四军一支队，不久加入中国共产党。他坚决执行党的有关政策，广泛开展统一战线工作，利用敌伪顽军相互间的矛盾，分化瓦解敌人。不少伪顽人员在他的教育下，有的起义，有的为抗日民主政府送情报，帮助营救被捕人员。对于顽固不化与人民为敌的汉奸，王龙则坚决予以打击、镇压；同时派遣一些意志坚定的抗日人员打入敌伪特机关，搜集敌方情报。

长期劳累和艰苦的斗争生活，王龙患上了严重的肺病和胃病。病痛中，他心里仍牵挂着党的工作，坚持战斗。1945 年 8 月，抗日战争胜利时，王龙被任命为镇江市市长，这是由中共委任的镇江历史上首任市长。他更加忘我地四处奔走，开展工作，为解放镇江城日夜奔波。同年 9 月 7 日，他在丹徒谏壁江畔遭遇大批顽化伪军，不幸被捕。面对敌人的刺刀，他毫无惧色，无比坚强，痛骂无耻的敌人，高呼“共产党万岁”，英勇牺牲在丹徒镇江边的芦苇滩上，年仅 37 岁。

戴家山遗址

戴家山遗址位于江苏大学校园东北角的戴家山上，北临禹山北路，东邻玉带河花园，南为江大教师宿舍楼，现地表被整理为小型公园。遗址形状为宁镇地区典型的台形遗址，高出周边地表约 20 米。1985 年，南京博物院考古人员对遗址试掘了 18 平方米，发现了灰坑一座，出土了石锛、铲、刀、斧、磨棒、砺石等细石器以及陶鼎、甗、釜、盆、碗等器物残片，判断遗址性质为居住遗址，时代为新石器时代良渚文化阶段。在镇江市政府公布的镇江市文物保护单位名单中，戴家山遗址排在第一位。

校史博物馆

江苏大学校史博物馆于 2012 年正式开馆。校史博物馆作为一所大学办学

精神、办学理念和校园文化的物化凝练和具体体现，是一所大学文化记忆、传承与创新的重要载体，它在留存历史、传承文脉等方面发挥着极其重要的作用。江苏大学校史馆坐落于学校会议中心，建筑面积约1500平方米，主要分为“百年英华”“三校共进”和“今日江大”三层展厅。置身江苏大学校史博物馆，可以感受到“百年芬芳”的厚重，体悟到“廿载辉煌”的振奋，透过展陈的每一张照片、每一件实物及每一组数据，看到的是江大人骨子里那种胸怀祖国、勇于担当、苦干实干的奋进精神，这正是江大百年传承的办学传统和千金难买的宝贵财富。作为我校文化基础设施的重要组成部分，校史博物馆还将更好地发挥收藏、教育、宣传功能，为我校高水平大学建设营造良好的人文环境。

中国农机文化展示馆

我国是一个农业大国，农业生产具有悠久的历史。随着社会的发展、科技的进步，特别是新中国成立以来，农业机械化发展突飞猛进，成为现代农业建设的重要物质基础。

为进一步学习贯彻习近平总书记“大力推进农业机械化、智能化”的重

要论述精神，深入落实习近平总书记给全国涉农高校书记校长和专家代表的回信精神，江苏大学作为一所为响应毛泽东主席“农业的根本出路在于机械化”重要指示精神而生的高校，建设一座以中国农机文化为主题的展示馆，具有其重要且不可替代的时代意义。

为此，江苏大学全力推进中国农机文化展示馆建设，使之成为我国重要的农机文化教育和交流中心，以进一步扩大学校农业装备学科群的品牌影响力，不断培育具有农机特色的一流大学文化，加速创建农机特色一流大学，更好服务国家战略和经济社会发展。

中国农机文化展示馆位于江苏大学校史馆四至六层，展馆面积约 1800 平方米，全馆以时间为轴线，通过“追寻历史　溯源农机”“时代变革　兴盛农机”“无界畅想　未来农机”三大版块全面展示中国农机文化的发展历程，以丰富的实物模型、图文资料、视频影像、互动体验等方式多角度、全方位还原中国波澜壮阔的农机发展历程，挖掘农机发展背后所蕴藏的精神文化内涵，构建农机人的使命感与自豪感，为中国农机事业发展贡献一份高校力量。

一站式学生事务与发展中心

江苏大学一站式学生事务与发展中心（以下简称“中心”）是实施学生事务公开，以学生事务管理服务专业化为基础的学生事务综合服务平台。2018 年 1 月，中心正式启用，将学校相关学生事务服务功能模块集中在中心大厅内，由派驻单位工作人员统一实施窗口服务。经过二年的发展，现已吸引 13 个部门单位入驻，建设形成窗口服务、线上服务和自助服务“三位一体”的智慧化服务平台，提供学生事务服务 339 项，累计服务学生 15 万人次。中心坚持“以生为本，服务至上”的工作理念，整合资源，优化流程，着力提升

服务效能和满意度，得到广大师生的积极关注与充分肯定。中心荣获江苏省“巾帼文明岗”、镇江市“巾帼文明岗”、江苏大学“巾帼文明岗”、江苏大学“青年文明号”、江苏大学“三全育人”管理服务示范岗等荣誉称号，相关做法多次受到中央人民政府网、教育部网站、江苏省教育厅网站、《中国教育报》和《人民日报》等主流媒体的关注和报道。

励志亭

2015 年 5 月 9 日，由江苏大学电气 1977 级校友捐建的“励志亭”落成。励志亭的捐建，重在感念师恩，激励后辈，期许代代莘莘学子弘扬励志精神。

励志亭记

1977 年我国恢复高考，意义重大。历经十年浩劫，阴霾初散，百废待兴，人才奇缺，亟须作育。当年 12 月，因“文革”停考而无缘继续深造的 12 届 570 多万考生同场应试。我们有幸与 27 万上榜考生同行，使命般地登上了破冰的航船。

特殊年代使我们成为特殊的群体：来自各行各业，既有应届少年，亦有年过而立、已为人父母的“老三届”。我们深知自己所担负的历史重任，格外珍惜来之不易的学习机会，如饥似渴地追求知识。苦战精神是我们终生的财富和动力。

恩师无私相授，学子寒窗苦读，教学相长，幼木成林。我们凭借从母校获得的知识与技能，不断追求进取，无私奉献于各行各业，亲身参与了中国改革开放的伟大事业；在见证中华民族腾飞的同时，我们也收获了丰硕的人生。

时光流逝，岁月如梭，人生代谢，能有几时？俊杰英才，磨难自勉，励志成才精神不灭。毕业 30 周年，重回母校，欢聚之日，回首往事，能不感慨系之？特捐建此亭，名以励志，期与后来无穷届之校友共勉。

（作者：杨建宁、赵德安）

汝山

江苏大学是一座高等学府，她不仅在学科设置、人才配备和物质条件方面具有很强的优势和潜力，而且学校所在的镇江市更是览胜东南、驰名全国的历史文化名城。朱方古邑、京口江山，一向被誉为“天下第一江山”（梁武帝语）、“江南第一州”（元代朝鲜诗人李齐贤语）。古代曾为浙西镇海军府，现代也做过江苏省省会。学校命名江苏大学，自是名实相符。

江苏大学校本部所在地汝山，位于镇江城东京岘山和古丹徒县城（今名丹徒镇）之间，是秦始皇最后一次东巡的驰道所经。秦始皇命令穿着赭色囚衣的三千刑徒开凿这段驰道，因而将原名谷阳的县治改称丹徒。旧有城池在北江（长江）之滨，早已坍没江中，后才移设于今丹徒镇。这座古丹徒县治一直存在，到唐代初年方才合并于西面的京口，即今天的镇江城区。

汝山之名早见于南朝宋人山谦之著《南徐州记》，又名女山（古代女、汝同音）。汝山虽是宁镇江山脉尾间的一座江滨小山（高仅 110 多米，面积约 0.4 平方公里），然而“山不在高，有仙则名”，它因三国时期名人孙策的行猎遇刺事件而名留史册。东汉末年群雄割据，孙坚父子崛起于江东。孙坚死后，其长子孙策年轻有为，英勇善战，人称“孙郎”，在其舅父丹阳太守吴景的支持下占领吴郡（今苏州），杀了原吴郡太守许贡，兵锋直达长江南岸。有一次，孙策为筹集军粮暂驻丹徒县城。那时候，这一带地方尚未完全开辟，森林覆盖，野兽出没。孙策喜爱打猎，一日只带少数随从出城行猎，为追赶一只大鹿独自骑行至汝山附近，突遇埋伏道旁的三个伪装成军士的刺客，自称是为许贡报仇。孙策猝不及防，竟被毒箭射中面庞。

孙策立即拔箭引弓射杀此人。孙策因伤重返回吴郡治疗，然终于毒发而亡，年仅二十六岁，临终前将军国大权交与其弟孙权继承。孙权虽更年轻，但稳健胜过乃兄，团结张昭、周瑜、鲁肃等一班英豪人物，平定江东各地，建立了京口铁瓮城，奠定了吴国的基础。

汝山第二次显名是在南宋末年出了位民族英雄陆秀夫。《京口山水志·汝山》记：“宋陆忠烈公秀夫宅在山下。”（现已不存）陆秀夫祖籍盐城，而他本人在丹徒成长。他自幼接受本地阵家湾（今妆山乡政府所在）的名师孟逢大、孟逢原兄弟俩的良好教育熏陶，品学兼优，后应科举考试，与状元文天祥同榜。陆秀夫始终忠于南宋王朝，坚决抵抗异族统治，他在宋元崖山战役宋方失败后，背负幼帝赵昺跳海而死，同时跳海殉国者10余万人，他们宁为玉碎，不为瓦全，可谓惊天地泣鬼神。当日，陆秀夫另一个儿子恰巧不在难中，日后回到汝山祖宅，所以丹徒一带至今仍有陆秀夫后裔绵延不绝。

明末遗民诗人谈允谦有诗咏赞汝山下的万寿寺说：“每看岘首云朝山，遥听焦严鹤夜鸣。陆相门前新海涨，宗丞墓上古松声。”（宗泽墓在京岘山，与陆秀夫故居相近）这些都表明了今日江苏大学汝山校本部邻近的风景名区之佳美和文化土壤之深厚。

五棵松

当你迈进江大的校门，穿过梧桐大道，走过江大的“金水桥”，一组五棵苍劲的松树便立在面前，使你忍不住驻足仔细端详一番。

她们没有长在黄山悬崖峭壁上的松树那样奇特并闻名于国内外。

她们不像高原的石松，苍凉而伟岸，峥嵘而森严，凝重而坦荡。

她们也没有故宫里那株在一个小瓦盆里已经生长了300年的老松树那样历史久远。

她们更没有李白笔下蜀道的松树“连峰去天不盈尺，

枯松倒挂倚绝壁”那样的意境。

她们只是几棵极普通可也并不失高大、挺拔之风范的雪松，但是，她们却是江大校园的历史见证。

在国家困难的时期，一群年轻的拓荒者扛着测绘的标杆，成日奔波于东山、西山之间，硬是在这曾经是野狼出没的荒山老岭里踏出了一条条山道。渴了，舀一杯玉带河里的水；饿了，拾一把山柴做饭。他们风餐露宿，废寝忘食，任劳任怨，无私奉献。

拓荒者在精心规划的时候，没有忘记要亲手栽种五棵松树，不仅作为拓荒的纪念，也作为学校发展的见证。

于是在校园的醒目之处出现了经过精心挑选的五棵松树。从此，五棵松作为学校发展的见证人，记下了学校发展的点点滴滴……

是她们，听见了打桩机的第一声轰鸣，不久，教学、实验、宿舍等大楼拔地而起，一组在当时来讲还算是十分现代的建筑群出现在镇江的东郊。

是她们，迎来了第一批人类灵魂的工程师，他们听从党的召唤，离开繁华的闹市，离开自己的亲人，扛着背包来到了这里。他们要在这里为人民的教育事业鞠躬尽瘁，并享受“桃李满天下”的喜悦。

是她们，亲眼看见第一届如饥似渴的求知者来到这知识的殿堂。朗朗的读书声打破了这千年沉睡的山野。

同样是她们，记载着学校在那“史无前例”的年代里尝到的艰辛。

但更使她们自豪的是，改革开放40多年来学校翻天覆地的变化：从一个一般性的工科院校发展为多科性的工科院校，在高校体制大变革的洪流中，学校又紧跟时代的脉搏，三校合并组建了江苏大学，从而使学校综合实力处于全国百强高校的行列之中。

五棵松感到无比的欣慰。是啊！三校合并，给学校的发展安上了腾飞的翅膀：讲堂群的投入使用、科技馆的落成、高标准体育馆的对外开放、玉带河的整治、校前区的绿化、炒货场职工公寓的竣工、一栋栋新的学生宿舍出现在西山、江滨医院成建制地并入学校、1200亩运动场完工，还有那学科、科研建设傲人的成果……一件件、一桩桩，令人振奋，催人奋进。

五棵松从未有像今天这样喜悦，因为经过几代江大人的辛勤劳作，她们身边的环境更美了，一个美丽的公园化校园出现在镇江的东郊。五棵松从来没有像今天这样高兴，因为校本部、中山校区、梦溪校区、北固校区、江滨医院五地校园文化逐渐融合，使江大人的精神面貌焕然一新，师生员工空前团结，心往一处想，劲往一处使，一个生机勃勃的江大展现在世人的面前。

如今，五棵松不仅成为学校发展的见证人，更是成为江大五地结合的象征。为了使她能依然挺拔地矗立在校园里，江大人给予了她太多的呵护和关爱。辛勤的园丁为她修剪、浇灌。当无情的风雨推毁了她们中的一员时，江大人立即补栽上，以始终保持她们那完美无缺的整体形象。五棵松与江大人息息相关，不是吗？

盛夏，她们为来往的学子遮阳。雨天，她们撑着“大伞”为大家挡雨。她们还成为学子们开展活动的集中点、出发地。当新生来到学校，总会和他的家人在五棵松下摄影留念，五棵松会再三嘱咐：“现在你已经成为江大的一员，在这里要为祖国而学习。”当老生毕业离开学校时，也会来到五棵松下与之告别，五棵松会给予美好的祝福：“不管你们走到哪里都要为江大争光。”

这，就是五棵松的情怀！

玉带河

玉带河，多么美丽动人的名字！一条小河流水潺潺，那般蜿蜒曲折，那般清澈飘逸，像玉带一样镶嵌在绿色的大地上，或许你在桂林、富春江某处曾见过、流连过，但我要告诉你：玉带河在我们的校园里流过。

让我们把脑海中存储的画面倒回到20世纪60年代初，站在校本部建成不久的基础课楼楼顶向南巡视，玉带河从西边的京岘山和汝山源头一路逶迤向东漂来，斗折蛇行地在当时不大的校园内流过，过不远转了一个九十度的大弯，穿过王龙桥，流入南边古老的京杭大运河中。初夏时节，河两岸阡陌纵横，南风吹来，郁郁葱葱的禾苗似绿色的天鹅绒在飘动。河畔数株垂柳，柳丝随风摇曳，如同临水梳妆的少女。这边高高的枫树杨树，枝叶葱茏，树上缀满了一串

串似炮仗的果实，近旁一座石拱小桥横枕在玉带河上，恰似一座绝佳的盆景小品。当你闲暇时信步于河畔小径，看到水草在河中缓缓地舞动时，才察觉清澈的河水在静静地流淌，偶尔还可看到河中一群游鱼。“皆若空游无所依，日光下澈，影布石上。佁然不动，俶尔远逝，往来翕忽，似与游者相乐。”（柳宗元《小石潭记》）倏忽，一只翠鸟从岸边草丛中鸣叫着像箭一般向远方飞去，这才划破了由禾苗树木和水草组成的宁静。每年汛期，大雨滂沱之后，玉带河河水随之猛涨，水流汹涌，也会漫过河的堤岸，一时淹没一些低洼的农田。那只不过是玉带河发了一次小小的脾气，不过几日又会恢复她美丽宁静的容颜。自然造化的玉带河，总长也不过三四千米，弯弯曲曲一直默默灌溉着两岸的土地，直到迎来了在她身边崛起的一座高等学府。

不知从什么时候起，农田改造把玉带河给裁直了，再也不见她那婀娜多姿的曲线。原来建校初期，曾有过污水处理的管道规划，现在的江堤旁仍可见到它的遗存。也不知道什么缘故，污水处理的管道被废除了，玉带河忍辱变成了全校污水汇聚的渠道，河中一片狼藉，而玉带河的源头又被一些建筑彻底阻断。玉带河成了死水一泓。

玉带河啊，多少人在为你扼腕叹息，叹惜你今日的蓬头垢面；又有多少人在将你期盼，期盼你有朝一日重现芳颜。

闪闪发亮的江苏大学校牌挂起来了，创建江苏省乃至全国一流大学的新征程已经开始。一号楼的设计蓝图为玉带河带来了希望的曙光！你看，一号楼通往校门的甬道上，五棵松葱茏苍翠，玉带河的清流做圆环状点缀其间，宛如一条玉带缠绕在江苏大学校园里。再喜看丹徒水闸重建，古老的运河又新生，玉带河又可以从南边古运河里获取源源不断的清流。再过三五年，玉带河必将崭露新颜。到那时，当我们徜徉在玉带河边，一定能见到，春有柳绿桃红，夏有浓荫鸟鸣，秋有枫红菊黄，冬有玉琢冰清。

梅园

江苏大学梅园位于江苏大学研究生公寓楼南侧，园内种植梅花上百种，有一千六百多棵，是江苏大学校园的重要景观之一。春暖花开时节，梅园内成百上千株梅花竞相绽放，吸引众多师生和市民来此“打卡”，梅园也一跃成为镇江市新晋“网红”景点。

牡丹园

静湖牡丹为河南科技大学所捐赠，品种繁多，汇聚了国内外 41 个品种，如重瓣复色的金阁牡丹、色泽艳丽稀有的绿幕隐玉、花型独特的银红巧对、仪态万千的虞姬艳妆等；色泽亦多，以黄、白、红、粉、紫、绿为主，牡丹园已成为校园的重要景观之一。

牡丹园记

小序：岁当庚子，江苏大学蒙河南科技大学友情馈赠名品牡丹。友于情深，事花惟谨，乃专辟牡丹园，勒石纪之。

名花佼佼，四时争妍。铁骨迎春，冬梅斗寒挺立；幽栖山林，春兰馥郁飘香；不妖不染，夏荷冰清玉洁；抱茎不屈，秋菊傲雪凌霜。品格高标，各擅胜场，昔人以王者高士誉之。

然则足令众芳宾服，独占花魁者，非牡丹其谁？姹紫嫣红逢谷雨，倾城倾国赏花。世人争道：雍容华贵，姚黄魏紫婀娜；国色天香，豆绿赵粉妩媚。二乔青龙墨池卧，洛阳红醉酒杨妃。芍药虽好，略输茎软，更欠一缕香。

噫！一枝独秀，孰若群芳争艳；万紫千红，欢如交响钧天。乃当深植厚培，恩谢灌园之叟；赏花怀友，情传河洛弟兄情。愿和风拂煦愿和，四时寰宇常春！

（作者：笪远毅）

樱花友谊园

樱花友谊园位于江苏大学本部新校区园丁林东侧、梅花园西侧，是在镇江市对外友好协会的积极协调与 KYB 公司的大力捐助下开建的。樱花园占地面积近 10000 平方米，分为两期建设，一期种植的750 棵 6 个品种樱花树木全部由 KYB 公司捐助。

学子林

江苏大学学子林近 5 万平方米，自 2006 年 5 月 28 日工程正式启动，学子林一直备受校各级领导和师生的关注。

学子林主要动员即将离校的大四学生为母校“添一片新绿”。2006 年活动开展第一年就募集了 5.4 万元，认种了 712 棵树木，包括桂花、樱花、梨树、海棠、紫薇等 11 个树种。广大毕业生积极响应，以班级、党支部或个人名义捐献，以这种特殊的形式向母校献礼。

学校对学子林的建设从政策、财政、宣传等方面给予了大力支持，使江大的校园建设不断优化，为创建和谐生态校园创造了优良的条件，从而进一步促进了学校育人工作的开展。

海绵工程

2015 年 4 月，镇江市入围全国首批海绵城市建设试点城市，江苏大学校本部被镇江市政府列入海绵城市建设范围。

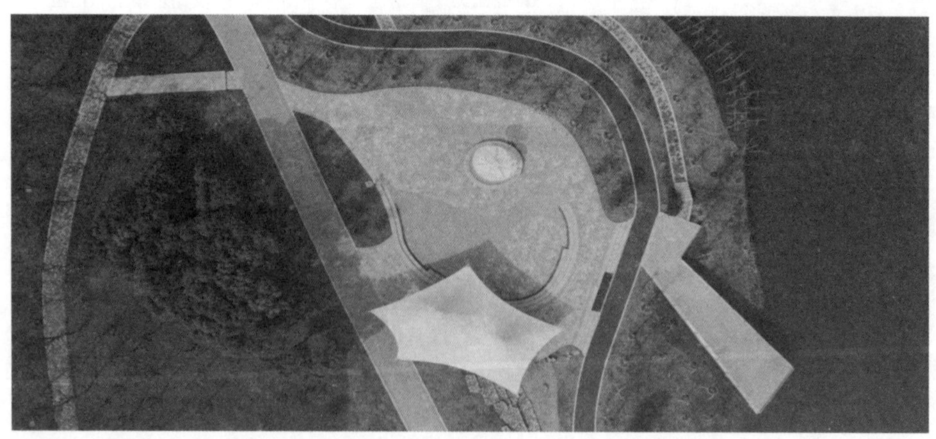

作为镇江市海绵城市建设的两大重点工程之一，江苏大学海绵改造工程采取海绵改造与校园景观提升相融合的方式进行。工程建筑面积 20 余万平方米，包括新建重力流湿地、环园健身步道、雨水净化植物园、休闲健身广场等区域。其中，玉带河两侧的海绵绿化按层级栽植榉树、水杉等各种亲水植物，并配置耐涝耐旱、有渗滤净化作用的植物，更加体现出湿地公园的效果。

该工程最大的亮点是，玉带河清淤拓宽后增加了 2 万平方米水体面积，库容则增加近 1 万立方米。经过人工调试，雨水走向由原先的“直排”入河，改为如今经配水渠和重力流湿地均匀分配到过滤介质中，通过介质的净化再排入河道，去除了对水体产生影响的有害杂质。沿河 13 个重力流湿地，总面积约 9800 平方米，日处理能力达 5 万立方米。

此外，玉带河河岸两侧根据在校大学生、教师、周边居民等不同需求，开辟了社团活动、健身、休闲、儿童游乐等多种休憩空间，为广大师生提供了良好的环境。

耒耜大楼

耒耜（lěi sì）是象形字，为中国古代的一种翻土农具，形如木叉，上有曲柄，下面是犁头，用以松土，可看作犁的前身。“耒”是汉字部首之一，从

“耒”部的字，都与原始农具或耕作有关。可以说，耒耜的发明开创了中国农耕文化。而江苏大学，一所以农机起家、具有“工中有农，以工支农”鲜明特色和独特情怀的高校，其浓厚的校园文化氛围与“耒耜”二字所富含的文化底蕴十分契合。为进一步浓郁农机特色校园文化氛围，强化农机学科建设和学科教研工作，打造高水平的学科教学团队，学校投资建设了耒耜大楼。2020年4月29日，江苏大学耒耜大楼正式启用。

博学江大

科研路上脚步不歇　思想不懈

进取的路上虽荆棘曲折却初心坚定

勇攀新高峰是我们的担当

实现中国梦是我们的使命

农机专业的成长轨迹

1955 年，我国第一个农业机械设计制造专业在南京工学院（现东南大学）诞生。5 年后，以南京工学院农机专业与汽车拖拉机专业为基础筹建了国内第一所农业机械学院，当时称南京农业机械学院，后依次更名为镇江农业机械学院、江苏工学院、江苏理工大学、江苏大学。江苏大学是全国重点高校之一，农机专业现已成为机械电子工业部的重点学科。本文仅对学校农机专业（农机、农产品加工工程、农机测试等方面情况）的成长轨迹做一简要回顾。

本校农业机械设计制造专业自 1955 年筹建以来拥有 6 个“第一”：

1956 年，聘请了第一位外国农机专家——苏联罗斯托夫农业机械学院副教授、科学技术副博士尼古拉也夫。

由尼古拉也夫指导建设了我国第一个农机设计制造的研究生班，当时学员有 8 名：郭骅（曾任我校院长、教授），冼福生、李崇豪（两位都是我校教授、教研室主任），邹琳（南京农机化研究所高工），俞一鸣（江苏省机械厅处长），韦祖康（在英国），许广赓（吉林工业大学副教授），胡志贤。

1961 年，我校合编出版了第一部农业机械专业的全国高校试用教材《农业机械理论及设计》，分上、中、下三册，由中国工业出版社出版。

1980 年，我校在国内首次为亚太农机网开办农机培训班。

我校主编的《农业机械学》（1981 年初版）于 1986 年首次译成日文，在日本出版。该书由日本北海道大学松居胜广教授主译，日本北海道大学出版。

1985 年，我国第一位农机博士研究生张际先在我校毕业。

从这 6 个“第一”已可看到这段轨迹的概貌。目前，我校农机专业已成为国内外著名专业。

从 1955 年至 1990 年的 35 年可分为 3 个时期：1955—1965 年为创建时期；1966—1976 年为文化大革命时期；1977—1990 年为发展时期。

一、创建时期

（一）向苏联学习

一个专业，是高等院校的一个细胞，它的发展受到当时的政治、经济、社会等多方面条件的制约。1955 年，南京工学院创建农机专业之时，正值我国全面向苏联学习的“一边倒”时期。农机专业筹备组在钱定华、高良润两位教授的带领下，采取了“送出去、请进来”的办法筹建专业，并于 1955 年秋选派了孙一源（时为讲师）去莫斯科莫洛托夫农业机械化电气化学院（后改名为莫斯科郭略契金农业工程师学院）和罗斯托夫农机学院学习农业机械设计制造专业，1957 年秋孙一源回国，随即编写了《农业机械的理论、构造和计算（上）》讲义，之后他又与教研组同事一起，完成了《农业机械的理论、构造和计算（中、下）》讲义，并由尼古拉也夫作序。他在序言中称："《农业机械的理论、构造和计算》讲义由南京工学院和长春汽车拖拉机学院农机教研室全体教师集体编写而成，是中国第一部农机专业讲义。"该书在尼古拉也夫的指导和参加下完成，"创造性地学习、总结苏联先进经验并尽可能地结合中国具体情况，加以应用"。

1956 年，南京工学院和长春汽车拖拉机学院同时设置农机专业，高教部聘请了尼古拉也夫副教授来南京工学院指导两个学院的农机专业建设。两校师生相聚一堂，当时有教师 22 人（正、副教授 4 名，讲师 1 名，助教 17 名），研究生班学员 8 名，共同筹建国内第一个农机专业。尼古拉也夫是科学技术副博士，苏共党员，来华后任南京苏联专家组组长，卫国战争期间他曾在苏军服役，东至平壤，西达柏林，立有战功，二次大战后他进入大学学习，1950 年攻读副博士学位，1953 年毕业。来南京工学院后，他培养了 8 名农机研究生，指导编写农机讲义，筹建了农机实验室。他还做过广泛的农场调查，支持钱定华、王天麟、张江雨和沈林生等人进行小苗带土铲式插秧机的试验研究。30 余年后，日本大量生产出口的插秧机，其原理与钱定华等人当年提出的原理相同。1957 年 10 月，这台插秧机还参加了在南京召开的第五次全国插秧机现场会议，引起了与会者极大的兴趣，尼古拉也夫也参加了这次现场会。1958 年 1 月召开的第一次水田耕耘机会议上，尼古拉也夫作了报告，受到与会者的欢迎和赞赏。1958 年 6 月底，尼古拉也夫按期回国。在此期间相继从苏联学成归国到我校农机专业任教的有陈元生、沈齐英、林述银、金中豪，随后还调来高行方，大大充实了本专业的师资力量。

农机专业的筹建工作基本完成，本专业在学习苏联经验的同时，始终没有忘记要与中国的国情相结合、理论与实践相结合、知识分子与工农相结合。

（二）创建适合国情的农业机械专业

1959 年 4 月，毛主席提出了"农业的根本出路在于机械化"。

1959 年，农机部成立。1958 年之后，国内一批以农机专业为重点的学院相继成立，如洛阳农机学院、安徽农机学院、武汉农机学院、内蒙古农牧学院等。1960 年，以南京工学院的农机专业及汽车拖拉机专业为主筹建了南京农机学院，1961 年迁往镇江建院、招生并定名为镇江农业机械学院。1963 年，吉林工业大学排灌机械专业及 27 名教师并入我校。1970 年，南京农学院农机化分院也与我校合并。1986 年，我校农机化系又迁去南京浦口镇成立南京农业大学农业工程学院，均以农机专业作为重点，努力培养适合中国农机工业发展需要的专门人才。1961 年，农机部成立首届教材编审委员会，宋敏之任主任委员，我校钱定华、翁家昌任委员，下设农机、汽拖等教材编审组。原江苏水利厅副厅长、我校主持工作的副院长兼党委副书记胡扬任农机编审组组长，钱定华为副组长。1961 年 8 月，在该委员会指导下出版了高等学校农业机械设计制造专业的试用教材《农业机械理论及设计》。该书上册由镇江农业机械学院农机教研室主编（孙一源负责），中册和下册由吉林工业大学农机教研室主编，上、中、下三册由钱定华总负责并撰写前言。该书是两校教学经验和讲义的总结，其中虽还有苏联教材的痕迹，但力求反映当时的国际水平，并尽量结合国内生产实际，对以后的专业建设起到了良好的推动作用。

这一时期，农机专业师生深入生产实际，参加了多项农机研究和设计课题。如农机 1955 级于 1959 年去南京农业机械化研究所（以下简称南机所）进行“真刀真枪”的课程设计，与该所的科研课题相结合。1960 年的毕业设计则与更多单位合作，如与西安农机厂合作研制了十三行离心播种机，与南京农机所合作研制了高效水稻喷雾机，与中国农机科学研究院合作研制了蔬菜移栽机，与扬州农机厂合作研制了自动底盘联合谷物收割机，还与杭州茶研所、南京农机所共同研制了采茶机。有的课题研制了样机并做了试验，师生们得到了极大的锻炼，提高了自身的农机研究及设计水平。

同一时期，为提高全国农机专业的教学质量，我校农业专业编写了一系列教学文件，如农机教学大纲（农机部审定印发全国，各校参照执行）、农机课程设计指导书、农机试验及习题册、农机设计参考资料（图、表、数据等）以及农机专业的毕业设计指导书。

我校还接受了一批来自兄弟院校的进修教师，如洛阳农机学院、山东农机学院、武汉农机学院、沈阳农学院、南京林学院等校均有教师来学习“农机理论及设计”。同时也派过沈齐英（时为讲师）去洛阳农机学院讲授特种收获机械，反映良好。

（三）逐步形成农机专业的科研方向

1963 年 1 月，农机部下达了以下与农机专业有关的研究课题：水稻插秧机的改进研究与基础理论研究、我国传统农机具的理论研究、水田地区犁耕作业的理论研究、喷雾机工作部件的理论研究。在此基础上，我校结合实际，在以下几个方面逐步形成了多年来一直为之奋斗的研究方向：

其一，土壤耕作机械的基础理论研究，如土壤力学性质、土壤与不同材料间的黏附研究；传统牛犁、轧耙、重黏土对阳城犁壁材料（白口铁）的黏附特性研究；不黏泥材料的力学性质研究；犁体曲面的构成理论，苏南畜力犁的调查，南方水田犁的二轮系列设计等。由我校负责的手扶拖拉机配套铧式犁（栅条式及壁式犁面）的系列设计及田间试验，于 1968 年通过省级鉴定。

其二，植保机械工作部件的研究，对切向离心喷头、植保机械用泵、空气室等进行了一系列的试验研究，为以后的深入探索打下了基础。

其三，收获机械工作部件的研究，对切割器、筛分部件、农业物料的空气动力特性等进行了一系列的基础研究。

其四，水稻插秧机的研究，对国内已大量使用的广西 59-3 型手动插秧机做了系统的理论研究，对结构做了改进设计，并在江苏省推广使用。

其五，农机测试技术的研究，从农机工作部件的研究中发现大量的非电量的电测问题，逐步对电阻应变片测力、扭矩测定（集流环）、犁体空间六分力测定原理、线性测力及其静误差分析等进行了研究。

二、文化大革命时期

文化大革命给我国带来了巨大灾难，教育事业也受到了严重的破坏，学校从 1966 年至 1970 年停止招生达 5 年之久，以后工农兵“上、管、改”，又极大地挫伤了教师的积极性，教育质量大幅下降。但我校农机专业的教师们没有停止脚步，继续努力为农机事业的发展作贡献：1972 年后进行半工半读试点，为援助桑给巴尔编写教材，进行南方水田犁第二轮系列设计，发展江苏省的水稻插秧机，特别是在 1～6 马力的机动插秧机、切割器研究，犁体曲面的基础研究等方面均未停止研究步伐，并取得了可喜的成就。“稻麦两用联合收获机切割器的研究”（大、小刀片切割器的性能对比，由吴守一课题组完成）和“倾斜动线形成犁体曲面研究”（由孙一源、杜家瑶课题组完成）获 1978 年全国科学大会奖。“集流环研究”“联合收割机切割器研究”还获一机部教育局重大科技成果奖，“多用途金山-150 型自走式联合收割机”“小动力多用底盘”“电测工程车（田间电测试验）”三项又获省科技成果奖。这些都是在严重的政治干扰下，凭借着对祖国农机事业的执着追求，艰苦奋斗的结果。

三、发展时期

（一）深化教育改革

1976 年后，高校恢复统一招生的考试制度。1978 年 3 月 18 日至 31 日在北京召开全国科学大会，我校农机专业有两项科研成果获奖。同年，在省科学大会上，孙一源获“先进工作者”称号。同年，我校农机专业招收二年制研究生 10 名。十一届三中全会后，国内形势稳定，为教育、科研事业的大发展创造了一个良好的环境。

1978 年，在镇江召开了高等工科院校的农机专业教材会议。1981 年 2 月，镇江农业机械学院主编的《农业机械学（上、下）》出版，该书反映了我国农机科研、生产的新成就，也适当介绍了国外的研究成果，具有较高水平。该书 1987 年 11 月的修订版上、下册分别由我校农机专业的桑正中、吴守一主编，对内容做了进一步精练，删去了次要的烦琐部分，每章后增加了习题，更适合于教学。1981 年 5 月日本筑波大学江琦春雄教授访华时，对此教材给予了高度评价，1986 年日译本《农业机械学》（第一版）出版。1982 年 12 月 1—6 日，我校组织召开了“农业机械学”教学研讨会，有 25 个省、市、自治区的 32 所高校的 62 名代表参加。会上既有本书作者对重点章节的介绍，又有难重点的专题讨论，与会者收获巨大，并于会后出版了专辑。1984 年 10 月和 1986 年 10 月先后召开了第二、第三次农机教学研讨会。第三次会议有 30 余位代表参加，主要介绍了计算机在农机教学中的应用，有软盘供应，使农机教学水平更上一层楼。此后不久，还出版了与《农业机械学》配套的习题集和实验指导书等，开出了多个有一定水平的农机性能试验。1983 年 6 月和 1984 年 11 月，我校召开了“农机测试技术”教学研讨会和“微机数据处理”学习班（PS-80），分别有 42 人和 52 人参加。在农机测试技术班上演示了传感器，进行了现场教学和相关应用技术的交流。在微机数据处理班上，研讨了随机数据处理技术及程序设计，亦有软盘供应，这两个班均得到同行的好评。

1982 年上半年，我校农机专业举办了“江苏省农机研究所所长培训班”，有 40 人参加，主要介绍农机科研的新进展，对提高我省农机科研水平起到了良好的推动作用。

1980 年以来，我校农机专业受联合国工业发展组织和亚洲太平洋地区经济社会委员会农机网委托，举办了 10 期农机设计与制造培训班，共接受了 110 名来自亚、非、拉及欧洲 34 个国家和地区的留学生，编写了 20 余册教材与习题集，受到联合国工业发展组织官员的好评，也得到受援国的赞扬。

为适应社会主义建设的需要，我校从原农机教研室挑选部分骨干力量，相继组建农产品加工工程（1985 年）、农业生物环境工程（1988 年）及农机测试技术（1978 年）研究室或教研室。1981—1988 年出版了一批教材和专著。孙一源、余登苑和高行方编著了《农业土壤力学》（1985 年），陈震邦编写了《农业机械造型美学》（1986 年），赵学笃、陈元生和张守勤编写了《农业物料学》（1987 年），李崇豪主编了《农机制造工艺学》（1987 年），沈林生主编了《农产品加工机械》（1988 年）。

1981—1982 年，吴守一、陈翠英、方如明和李国文等曾去上海农学院讲授“农业机械学”，教学效果甚佳。

1981 年 11 月，我国首批硕士、博士点建立，我校农业机械设计制造专业同时获得硕士、博士授予权，钱定华、高良润两位教授为农机专业的首批博士生导师。钱定华教授不幸于两年后病故，指导农机专业硕士、博士点学科建设的重任落在高良润教授一人身上，高教授为扩大和发展这一学科作出了极大的贡献。他指导了 26 名研究生，其中博士研究生 10 名，涉及农机设计制造、农产品加工工程、农机材料、焊接、排灌机械和拖拉机等宽广领域，还指导了东南大学机械工程系的博士研究生。多年来，他积极和一批水平较高的教授、副教授合作，共同指导硕士、博士研究生。这批青年学者的成绩优良，在国内开辟了新的研究方向，有的已达到国际水平。

1978 年考入我校农机专业攻读硕士学位的陈钧，于 1980—1986 年在日本北海道大学攻读博士学位，导师是池内义则和寺尾日出男两位教授，论文题目是《提高旋耕刀片翻土性能的基础研究》。此后，陈钧在节能旋耕刀地研制上取得了突出的成绩。

我校农机专业在硕士研究生培养上也取得了很大成绩，1980—1990 年共有 78 名硕士研究生毕业，研究领域十分宽广，涉及从耕作、植保、插秧、收获等田间作业机械，到农产品加工工程中的保鲜、储运，以及较新的“超滤”“膨化”，谷物、蛋品的电特性，农产品光学特性，谷物流态化分选，流变学等多方面内容，其中有的硕士研究生后来又取得了博士学位，有的项目还获得专利证书。

第三批学位申请时，农机专业增设 1 名博士生导师桑正中教授（1986 年 7 月），并批准“农产品加工工程”有硕士授予权。第四批学位申请中，增设农产品加工工程博士生导师吴守一教授（1990 年）。

（二）科研成果累累

我校农机专业沿着专业创建时的几个科研方向不断前进，在耕作、植保、收获、种子加工与农产品加工工程等方面，均有较大进步和扩展，科研水平不断提高。

（1）耕作机械向农机设计现代化方向发展

在高速节能型犁体曲面的设计方法及主参数选择，多途径的节能型旋耕刀片，刀片排列，光学曲面测量，线性力、三分力、空间六分力、扭矩、耕深、耕宽、速度、油耗等室内外的测试系统，动载荷测定，载荷谱编制，“疲劳”“寿命”的室内模拟试验，以及旋耕机组速度参数的合理选择，微机测定土壤坚实度等方面均取得丰硕成果。为此研制了相应的传感器、数据采集处理系统及田间遥测车等，广泛应用计算机进行辅助设计（CAD）、辅助制造（CAM）、辅助试验（CAT）等现代化的农机设计与试验方法，获得国家级科技进步奖1项，机械工业部科技成果奖1项、三等奖2项、四等奖1项，为创建我国“农机现代设计和试验技术”新学科作出了较大的贡献。

（2）植保工程向低污染高功效方向发展

在植保用泵、喷头和空气室研究的基础上，发展了粮食用喷雾机，可一机多用，既可喷洒储粮防护液，又可用于仓墙刷白。多年来，在静电喷雾的基础理论及测试技术研究上做了大量工作，采用激光测速，进行静电电量测定带电雾滴的射程、粒度及防治效果试验，不但开发出小型手持式静电超微量喷雾机，而且研究了高速、高效的风送静电喷雾机，对防治蝗虫灾较为有效。静电喷雾的基础理论研究，获机械工业部教育局1986年科技进步奖，曾在美国农业工程师学会1986年冬季年会上宣读，引起美国、德国同行的极大兴趣。

（3）谷物收获机械、种子加工工程正在向新原理方向发展

在收获机切割器及传动系的惯性平衡等研究基础上，采用高速摄影技术研究脱粒、清洗过程，并开发了鼠笼筛清粮装置，成功地应用于上海Ⅱ型谷物联合收割机上，并获1984年上海科技成果三等奖。而后，应用散体动力学，开发了重力清洗机、谷物脉动流化分选机，并获实用新型专利。此外，还利用谷物的电特性，研制了可按生命活力分级的“种子介电子分选机”，获1988年机电部科技进步三等奖。

（4）农产品加工工程开展了富有特色的研究

开创了热流变在果品保鲜储运中的基础理论研究，提出草莓的控制、气调与防震的储运方法；采用溅压保鲜技术，可使蘑菇、水蜜桃、草莓的保鲜期延

长 1~3 倍。开展了红碎茶的力学、电特性研究，研制了红碎茶初制大型成套设备，为出口创汇创造了条件。利用光电特性（吸收、反射、透射、延迟发光等），对蛋品、果品、花生霉变进行无损品质检测，为农产品分级的智能化打下了基础。此外，在膨化食品、超滤技术、食用菌液体深层发酵装置、自动分离豆浆机等方面均开发了一些装备，有的已批量生产。

（5）初步建立了农业生物环境工程研究室

在农业环境控制方面，进行了塑料大棚结构强度的计算与试验，研究了温、光、热、水、气等环境控制系统，该项研究获 1987 年江苏省科技进步四等奖、镇江市科技进步二等奖。对温室的边界效应、农业环境污染、废弃物处理、农产品的微气候控制等方面也进行了研究。试验过果蔬（芦笋、蘑菇）的保鲜系统，以及干果、食用菌干制品、鱼肉海鲜干制品和名贵药材等的保存储运技术，并研制了相应的装备。

（三）加强国际学术交流活动

1983 年，美国宾州大学副教授 Mark show 夫妇来校讲授农业物料学，为期 1 年。日本著名教授江崎春雄（1982 年 9 月），阪井纯（1983 年 9 月），市川真祐（1985 年 4 月），伊藤信孝（1986 年 5 月），伊佐务、田中孝、大下诚一（1990 年 6 月）等来校讲学。1981 年 1 月，农机部教育局组织农机高校访日代表团（宋亚欣院长、高良润教授参加），开始与三重大学商谈建立校际合作关系事宜，高良润教授还在京都大学作了题为《中国农业机械化发展概况》的报告。1986 年 6 月，三重大学校长井泽道、工学部部长藤诚郁哉、农机工学科主任森邦男教授等一行 4 人来到我校，并签订了两校合作协议。1987 年 6 月，应三重大学邀请，我校郭骅院长、金瑞琪副院长、农机部教育局王文光副局长和孙正和副教授进行了回访，使两校合作有了进一步的发展，同时参观了日本东京大学、筑波大学等 6 所高校。美国加利福尼亚大学 Davis 分校陈必超教授、联邦德国 Hohenheim 大学 A. Stopple 教授也曾来校讲学、座谈。荷兰农机代表团一行 5 人也曾来院访问（1983 年 6 月）。

我校先后派出 9 位教师出国访问进修。1983 年 1 月至 1985 年 1 月孙正和去日本三重大学访问，从事蛋品分级干燥等方面的研究。1984 年，李国文去意大利作短期访问。1985 年 1 月—12 月，王要武赴加拿大进修农机测试技术。1986 年初，吴守一去日本作短期访问。1986 年 10 月，钱启平赴奥地利引进合作开发 P1 仪。1989 年，方如明去日本三重大学访问，从事农产品（稻米）的图像处理研究。同年，陈翠英赴澳大利亚 Melbourne 大学访问，从事人工土的特性研究。1989年4月—8月，桑正中应三重大学、日本学术振兴学会理事长之邀，先后2次赴日访问，进行学术交流，参观大学、研究所和工厂，并与九州大学坂井纯合作科研。1990年9月，陈元生赴苏联基辅食品工业研究所访问。1980—1989年，我校还派出10名研究生赴日、美等国攻读博士学位。

据不完全统计，1981—1990年，我校农机专业在国际学术会议及国外著名刊物上发表论文16篇以上。1986年，高良润教授代表中国农机学会与中国农业工程学会，赴美参加了美国农业工程师学会召开的冬季国际学术会议。会后他还应邀访问了加州大学和母校明尼苏达大学，受到热烈欢迎。他在国际会议和国外发表的论文涉及面甚广，如旋耕机刀片设计，旋耕机组速度选择，农产品加工工程，果品、蛋品的无损检测，米的图像处理，鸡蛋的电特性，植物流体力学，挤压机功率计算等。

改革开放以来，我校农机专业加强了对外联系，日本《农业机械学会志》上多次介绍我校和本专业的情况。联合国工业发展组织等委托我校举办农机培训班，学员来自第三世界及欧洲多国，扩大了我校农机专业在国际上的影响。1990年8月，陈翠英代表我国参加了联合国经济社会委员会亚太地区农机网在常州举办的“亚太地区农机化政策与战略研讨会”，在会上作了报告，并受到好评。我校农机专业桑正中教授也应邀参加了此会。

多年来，我校农机专业的教师队伍有了很大的发展，至1990年，已从1955年的22人（近一半是长春汽车拖拉机学院并入的）发展到了58人，其中教授6人（3位是博士生导师），副教授13人，讲师和工程师17人，助教及其他人员22人，培养了1970名本科生。这些本科生大多已成为农机战线的骨干力量，有的还担任了领导职务，如朱彤炜（农机1956级）曾任上海农机研究所所长、金克良（农机1963级）曾任福建省武夷山市市委书记、朱汉强（农机1977级）曾任中国农机总公司华东分公司副总经理。

我校农机专业教师梯队比较合理，有较强的事业心和进取精神，在艰苦条件下创建专业，为提高水平作出了很大的努力。农机专业教师团结一致，相互配合，既能在同一研究方向上攻关，也能在学科的交界处不断寻求生长点，使教学科研向纵向发展，这是一个很好的传统，应该继续保持并发扬光大。

（本文节选自《江苏大学史话》，曾经郭骅院长，高良润、桑正中、吴守一、沈林生4位教授，王华冠、孙正和、李国文3位副教授审阅，由孙一源执笔于1990年9月22日，略有改动）

“三全育人”综合改革试点高校

江苏大学于2019年入选获批全国25所、江苏省属高校唯一一所“三全育人”综合改革试点高校。

近年来，学校坚持以习近平新时代中国特色社会主义思想为指导，深入贯彻党的十九大和十九届二中、三中、四中、五中全会和全国教育大会、全国高校思想政治工作会议精神，全面落实学校第四次党代会工作部署，牢牢把握为党育人、为国育才的初心使命，坚持以学生、学习和学生发展为中心，秉承“以人为本，服务学生个性化发展”的工作理念，持续推进改革创新，不断完善引领学生、服务学生和关爱学生的学生工作体系，在思想政治教育、管理服务、国际化培养、创新创业引领等方面结出了丰硕成果，尤其是在落实立德树人根本任务、构建“三全育人”工作体系方面取得了显著成效，凸显了学生工作的江大品牌与江大地位。

中共江苏大学委员会文件

江大委发〔2020〕98号

关于印发《江苏大学贯彻落实习近平总书记重要批示精神（“095工程”）行动计划（2020–2023）》的通知

全校各单位：

《江苏大学贯彻落实习近平总书记重要批示精神（“095工程”）行动计划（2020-2023）》已经党委常委会会议讨论通过，现印发给你们，请认真贯彻执行。

中共江苏大学委员会
江　苏　大　学
2020年10月14日

— 1 —

“095工程”行动计划

为深入学习贯彻落实习近平总书记对学校重要批示以及给全国涉农高校书记校长和专家代表的回信精神，学校以习近平总书记给全国涉农高校书记校长和专家代表的回信日期（9月5日）为简称，启动“095工程”行动计划，包括六大任务和十三项重点项目，助力加快推进农机特色一流大学建设，提高知农爱农创新人才培养质量与科技创新水平，提升学校服务我国农业农村现代化、乡村振兴以及江苏高质量发展的贡献度。

“095 工程”行动计划紧紧围绕江苏和全国农业农村现代化发展急需，聚焦农业机械化、智能化发展短板，以立德树人为根本，以强农兴农为己任，以现代农业装备与技术一流学科创建为引领，统筹推进知农爱农新型人才培养、强农兴农科技攻坚、涉农高端人才引育、知农爱农文化建设、农机教育国际交流合作等工作，认真答好面向新农业、新乡村、新农民、新生态建设的新时代考卷，为江苏现代农业建设迈上新台阶、率先实现农业农村现代化，为我国加快推进农业机械化和农机装备产业转型升级提供更加有力的人才与科技支撑。

耒耜国际论坛

2020 年 4 月 29 日，由中国农业机械学会、中国农业机械工业协会、中国农业工程学会、中国农业机械化协会、中国农业机械流通协会主办，江苏大学和农业工程大学国际联盟联合承办的“2020 耒耜国际论坛”在镇江召开。来自国内外的专家学者围绕“智能农业装备发展趋势”展开研讨。本次论坛以“脱贫攻坚、农机赋能”为主题，有来自美国、英国、泰国等 7 个国家和地区，以及中国农业大学、浙江大学、南京农业大学等 60 多所涉农高校，共 300 余名专家学者通过线上、线下方式，共同为我国农机事业高质量发展建言献策。

论坛期间举办了江苏大学耒耜大楼启用仪式暨农业装备成果展，包括物联网微型植物工厂、无人驾驶蔬菜苗移栽机、能杀新冠病毒的静电喷雾消毒机等在内，一系列新型智能化、现代化农业机械闪亮登场。

为始终牢记毛泽东主席“农业的根本出路在于机械化”、习近平总书记“大力推进农业机械化、智能化”重要论述，以推动我国农业机械化、现代化为使命，全面助力农村脱贫攻坚，服务我国乡村振兴战略。江苏大学把“耒耜国际论坛”固化成为每年 4 月 29 日定期举办的常态化学术交流平台，并努力办出水平、办出影响，打造成为我国乃至世界农机装备领域的高水平、国际化学术交流载体，为推动我国农机人才培养和科技创新，为助力乡村振兴、决胜脱贫攻坚作出新的更大的贡献。

“一带一路”农业现代化国际合作发展论坛

2018 年 11 月 30 日，由中国农业国际合作促进会与江苏大学联合举办的 2018“一带一路”农业现代化国际合作发展论坛在江苏大学圆满举行。来自中国、俄罗斯、巴基斯坦、吉尔吉斯斯坦、科特迪瓦、布隆迪、尼日利亚等国家政府、高校以及企业界的 150 多位嘉宾齐聚江苏大学，围绕“一带一路”农业现代化建设、农业工程技术转移、农业（装备）产能合作等议题，分享经验、碰撞思想，并共同见证论坛开幕暨农业装备国际（产能）合作联盟成立。

江苏大学为响应国家“一带一路”倡议，在全国率先成立了“一带一路”国际人才培养产学联盟、“一带一路”国际人才学院和“一带一路”产学合作研究院，为加强农业国际合作、推动农机企业“走出去”架起了互联互通的桥梁，并提供了有力的知华友华人才支撑。近 5 年来，学校共培养“一带一路”沿线 51 个国家的留学生近 1600 人，已成为推动“一带一路”国际交流合作的重要力量和宝贵资源。

三江知识产权国际论坛

江苏大学知识产权工作坚持走国际化发展道路，在国家知识产权局和江苏

省知识产权局的大力支持下，自2013年开始创办“三江知识产权国际论坛”，至今已成功举办7届，吸引了来自WIPO（世界知识产权组织）、美国、德国、英国、意大利、法国、荷兰、澳大利亚、日本、印度、韩国以及中国的千余名产学研政代表参会。

世界著名经济学家林毅夫先生、世界知识产权组织专家吕国良先生，以及来自荷兰飞利浦公司、美国高通公司、德国博世、中国中兴通讯、中国商飞等一批世界级专家和产业界精英，围绕国家知识产权战略，聚焦知识产权服务创新发展，分享世界知识产权前沿观点与先进经验，对进一步推动区域经济和全球经济的创新与可持续发展，促进知识产权国际化进程，提升我国自主创新能力，推动创新型国家的建设发挥了重要作用。

“三江知识产权国际论坛”已成为知识产权和创新领域知名的国际交流平台，是江苏省知识产权工作的亮丽名片，是江苏大学知识产权工作的特色品牌。国内第一财经、《经济日报》、《中国知识产权报》等各类媒体对于每届论坛都给予全面报道，累计发稿百余篇，《中国知识产权报》多次头版头条报道。

“三江”医改国际论坛

2020年11月21日，由江苏大学、中国卫生经济杂志社联合主办的第三届“三江”医改国际论坛在江苏大学圆满举行。来自美国耶鲁大学、德国杜伊斯堡-埃森大学、韩国全北大学、日本福祉大学，以及中国的北京大学、中国人民大学、复旦大学等多所大学的近300位知名学者通过线上、线下相结合的方式参加了此次会议。本次会议围绕“后疫情时代的中国医改”议题，分享研究成果、交流学术思想，进一步总结我国医改经验、凝聚共识，助力破解医改领域的突出问题。

江苏大学公共事业管理（医疗保险）专业肇始于 1994 年国务院“两江”医改试点，1995 年在全国范围率先建立。经过二十余年的发展，先后于 2006 年获批江苏省特色专业、2019 年获批首批国家一流本科专业建设点、2020 年江苏省品牌专业，为助力江苏省及国家医疗保障改革提供了丰富的理论、技术、方法和人才支撑，培养了猿辅导联合创始人帅科，江苏首届“最美医院医保人”张洪成、魏荣荣等一批优秀校友。作为“全国医疗保险教育论坛”理事长单位，迄今我校已在全国范围内召开“三江”医改国际论坛已有 3 届，为搭建国际国内学术交流平台、建设高水平专业教师队伍和培养复合型医保人才等提供了广泛的学习交流机会，同时进一步提升了本专业在业内的影响力，为建设多层次医疗保障体系、实现健康中国战略目标作出新的更大贡献。

三国三校国际学术研讨会

2019 年 10 月 20—25 日，第 26 届“三国三校国际学术研讨会”在江苏大学成功举行，该届会议主题为：人口、粮食、能源、环境、“一带一路”倡议。来自中国、日本、泰国、印度尼西亚、英国 5 个国家 13 所高校的 140 余名师生代表参加了这一盛会。

“三国三校国际学术研讨会”（Tri-U）于 1994 年由日本三重大学、泰国清迈大学和中国江

苏大学共同发起，首届会议在日本三重大学举办，此后一年一届，由三个国家的三所大学轮流主办。印尼茂物农业大学和中国广西大学分别由 2011 年和 2018 年的团长会议表决决定有权申请主办“三国三校国际学术研讨会”。目前，该会已发展成为多个国家十余所高校参与的盛会，为来自不同国家的教授、年轻学者和大学生们提供了一个加强国际交流与合作、提升科研和学术水平的良好平台。“三国三校国际学术研讨会”是我校国际化工作、推进研究型大学建设进程的标志性成果之一，现已成为我校加强国际合作与交流、大力培养国际化人才的重要平台。

求是江大

一项又一项发明创造

展现着江大人昂扬的斗志和奋进的步伐

新时代新征程

江大人永不止步

农机培训班

亚太农机网第一期农机培训班学员合影

1980年4月，学校受联合国工业发展组织和亚洲太平洋地区经济社会委员会农机网（简称亚太农机网）委托，连续举办了15期农机设计与制造培训班，培训了来自菲律宾、泰国、印度、巴基斯坦、伊朗、孟加拉、厄瓜多尔、埃塞俄比亚、圭亚那、伊朗、肯尼亚、尼泊尔、菲律宾、塞拉里昂、索马里、苏丹、乌干达、赞比亚等34个国家和地区的国际学员200余名，这些学员涵盖各国农机方面的工程师、研究人员和教师等，都是为发展本国农机事业被选派来我国作短期进修的。此外，学校在1994年、1998年分别举办了亚太农机网研讨班和国际食品加工包装机械技术研讨班。通过举办高水平的培训班、研讨班，我校积累了办好国际短期培训班的经验，也为学校赢得了广泛的国际声誉。

无人化农机装备

在工业和信息化部、农业农村部、财政部、国家标准化管理委员会、国家自然科学基金委员会、陆军研究院等部门的指导下，由TIAA、兴化市人民政府共同主办的首轮农业全过程无人作业春耕试验以及首轮秋收秋种试验于2018年正式启动。江苏大学、一拖、雷沃、中联、东风、华盛、久富、富来威、华力创通、201所等来自我国农机、汽车、兵器和电子信息领域的骨干企事业单位组成的16只试验

团队，以自动化、智能化、无人化的设备替代传统人工和机械化作业。

此次农业全过程无人作业秋收、秋播试验，采用旋耕（灭茬）、施肥、播种一次完成的一体化复合机具，完成300亩小麦的无人耕作作业任务。我校与中联重机共同研发的无人收割机，可以实现播种、收割作业的无人化。而且，所有技术都是我校自主研发的，并且接入了北斗导航系统，生产作业效率可以提高15%以上。我校致力于智能和无人化农机装备研发，努力缩小与国际先进水平的差距，近年来已先后与国内多家知名农机企业联合，通过关键共性研发，成功研发出无人收割机、无人打浆机、无人插秧机和无人施药机等多种无人化农机装备。

南水北调工程

南水北调跨流域调水东线工程是世界规模最大的梯级泵站工程，分三期建设，需建51座大型泵站。其中，低扬程泵作为南水北调东线工程的核心动力“心脏”，其性能直接决定着调水成本和运行可靠性。

2020年11月13日，习近平总书记视察江都水利枢纽，其中，江都第四抽水站采用的正是江苏大学自主研发的TJ04-ZL-02号优秀水力模型，通过水力模型等比例放大制造了7台大型立式轴流泵机组，单机容量30 m^3/s，单机功率3000 kW，2010年6月23日通过验收。机组运行10多年来，保障了南水北调东线源头泵站机组的节能高效、安全稳定。

以关醒凡教授为首的江苏大学流体机械工程技术科研团队，围绕南水北调国家战略需求，历时20多年、三代人接续奋斗，成功研发了国家亟须的系列高性能低扬程泵水力模型，广泛应用于南水北调工程东线一期工程、南水北调中线工程低扬程泵站和引江济淮工程，约占总数的70%。

目前，江苏大学设计的系列低扬程泵水力模型还广泛应用于长三角、珠三角、黄淮海、东北平原等地的防洪排涝、水资源调配、水环境改善、农业排灌等重要领域，显著提升了我国大型低扬程泵的技术水平，综合技术指标达到国际先进水平，获江苏省科学技术奖一等奖、中国产学研合作创新成果奖一等奖等。成果已转让荷兰、日本、德国等行业骨干企业100余家，产量约占全国同类产品总产量的60%以上。

南水北调二期工程即将开工建设，江苏大学流体中心科研团队将主动对接国家需求，服务国家重大水利工程建设，为南水北调二期工程研发新一代水力模型技术，为确保南水北调多项工程成为优化水资源配置、保障群众饮水安全、复苏河湖生态环境、畅通南北经济循环的生命线奉献江大智慧。

红外传感器

在江苏省重点研发计划、镇江市“金山英才”计划和镇江市江苏大学工程技术研究院的大力支持下，江苏大学材料学院乔冠军团队实现了红外测温传感器的产品研发和批量试制。乔冠军团队研发出从红外敏感材料、红外滤光片，到芯片设计、器件封装，均具有我国自主知识产权的红外传感器全套核心技术，该传感器已应用于疫情防控工作。

红外测温具有速度快、精度高、无交叉感染等优点，是体温检测的先进方法，红外测温枪也成为迎战新型冠状病毒性肺炎疫情的必备品之一。红外测温枪枪口部位有一个红外传感器（测温探头），接收到人体辐射的红外线并将其转换为电信号，从而实现非接触探测人体温度。我国测温枪企业所用的测温探头绝大部分依赖进口，进口周期长、干扰因素多，在这次迎战新冠肺炎疫情需要测温枪企业应急反应时，我校研发的红外传感器解决了测温枪快速扩产的短板问题。

中央厨房

食品与生物工程学院邹小波教授团队的“中式自动化中央厨房成套装备

研发与示范”项目科研成果让防疫人员吃上了可口的热乎饭。抗疫一线，吃饭问题怎么解决？在湖北武汉乃至全国多地，中央厨房的团体供餐为一线人员提供了安全健康的餐饮服务，为打赢疫情阻击战提供了坚实的保障。

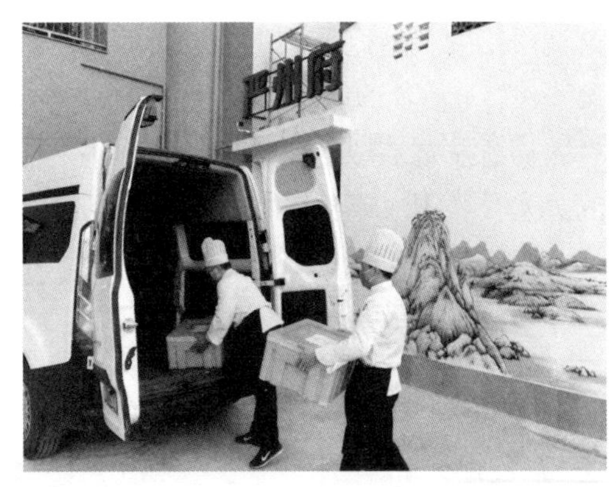

邹小波是“十三五”国家重点研发计划“中式自动化中央厨房成套装备研发与示范”的项目负责人。该项目团队由江苏大学、中国农业科学院农产品加工研究所、中国航天员科研训练中心、江南大学、中国农业大学、美的、海尔等25家单位研究人员组成。经过近三年的研发，项目围绕中式套餐成套装备的开发，对食材调理、米饭蒸煮、菜肴烹饪、包装回收等环节进行专用技术和关键装备研究。同时，结合清洁化生产和智能化配送技术，开发中式自动化中央厨房成套装备。完整的中式自动化中央厨房可以打通全产业链，从田间地头直接到厨房餐桌，一头连着农户，一头连着消费者。当前，食品业的发展趋势就是通过食品科技助力健康转型，推进食品智能制造。

疫情防控专业书籍

由江苏大学周绿林教授、华中科技大学陶红兵教授担任主编的《新冠肺炎突发疫情的社区防控：组织与管理》一书由江苏大学出版社出版发行。本书主要内容包括：新型冠状病毒及新型冠状病毒性肺炎流行情况、突发公共卫生事件应急管理体系和机制、社区防控任务和机制、社区防控内容及流程、社区卫生机构防控、社区居民自我防控等，同时还介绍了国内外重大疫情防控的典型案例。社区作为社会管理的基本单元，是防灾减灾、应对突发疫情的前沿阵地。新冠肺炎疫情发生后，社区在防控过程中的作用日益受到党中央、政府部门和全社会的重视。习近平总书记在北京市调研指导新型冠状病毒性肺炎疫情防控工作时强调，社区是疫情联防联控的第一线，也是外防输入、内防扩散最有效的防线。把社区这道防线守住，就能有效切断疫情扩散蔓延的渠道。本书的出版为此次疫情防控以及以后可能发生的突发公共卫生事件防控发挥了积极作用。

污水处理系统

武汉火神山、雷神山两家医院，在此次新冠肺炎疫情战役中一“战”成名。而这两家医院的污水处理系统，是江苏大学能源研究院副教授颜学升团队在 7 天时间里“突击”出来的！除夕夜，由 120 人、30 多辆货车组成的“战疫突击队”，装载一体化污水处理系统设备，连夜奔赴武汉。

在时间如此紧迫的情况下，临时变更设计方案、增加除臭需求、污水处理能力由 500 吨提高为 2000 吨……面对种种困难，“只有成功，没有失败！”这是颜学升立下的军令状。为寻找紧缺配件，项目组找遍武汉周边，颜学升动员一切可以动员的力量，利用一切可以利用的资源，转发微信朋友圈、电话联络工厂、请托合作企业……不计成本、不惜代价保障一线物资供应。与此同时，现场施工团队实行三班倒，24 小时不间断轮流施工。即使建设期间武汉阴雨连连，场内坑坑洼洼，到处积水，每一个人也毫无怨言；即使满身泥泞、冷水浸透双手双脚，大家依然在沉稳有力、马不停蹄地安装设备、调试系统。

原本 45 天工期的火神山污水处理项目最终 7 天交付，雷神山污水处理项目也与主体工程同时交付使用。

静电喷雾消毒机

2020 年 4 月中旬，江苏高校陆续迎来学生大规模返校开学。宿舍、食堂、教室等公共区域每天 2～3 次的消杀任务，对学校后勤部门来说是不小的工作压力。江苏大学吴春笃教授和贾卫东研究员领衔的科研团队，成功研发了两款适用于大面积公共区域消杀的静电喷雾消毒机。4 月 13 日，团队将 2 台机器捐赠给学校，助力学生开学复课。

在捐赠现场，后勤人员使用强电离静电喷雾消毒机、新型超低量静电喷雾消毒机和传统背负式喷雾消毒机，对三江楼教室进行消毒对比演示。110 平方米的教室，新机型全面消毒仅仅花了 1 分钟，而传统机型则需要 7 分钟左右的时间。强电离静电喷雾消毒机的研发者之一张波老师介绍，这款机型的特别之处就是在研发的静电喷雾消毒机上增加了一个强氧化性自由基溶液发生器，用物理方法实时生产强氧化性自由基溶液，这种强氧化性自由基具有很强的杀灭微生物的特性，对病毒、细菌和真菌都具有广谱致死性，也实现了无药剂残留、环境友好。新研发的两款消毒机试作业效率是传统背负式喷雾消毒机的 10 倍，一次装药持续喷洒时间可以达到 1 小时以上。

高铁的玻璃“防弹衣”

奇事！小小飞鸟能撞碎高铁玻璃。2013 年 6 月 2 日中午，一幕真实版“愤怒的小鸟”在江苏镇江上演。像往常一样，从杭州发往北京的高铁 G38 缓缓驶离镇江南站。突然，一只鸽子意外撞上了高铁车头，“砰”的一声闷响后，高铁前窗玻璃出现了大面积裂纹，列车不得不在下个站点检修换车。

不要小瞧了高铁车头这块小小的前窗玻璃，面积不大，造价却在5万~15万元不等。曾经，时速在300 km/h以上的高速列车所用的高强度风挡玻璃一直被法国、意大利等国外公司垄断。在我国大力发展轨道交通的大环境下，江苏大学材料学院提供技术支撑，与江苏铁锚玻璃股份有限公司合作，经过持续的技术攻关，研发生产出时速400 km/h以上高速轨道列车专用高性能安全玻璃，打破了高速轨道交通关键材料国产化的瓶颈。

历经多年的联合攻关，两家单位开发的“超薄新头型试验高速动车组前窗玻璃”先后荣获中国产学研合作创新成果二等奖、中国机械工业科学技术一等奖、江苏省科技进步二等奖、中国产学研合作军民融合奖，获评国家重点新产品4项，高新技术产品12项，申请专利30件，其中授权国家发明专利8件。目前，实现工业增值9.3亿元，利润2.3亿元，实现出口创汇1000万美元，取得了显著的经济效益和社会效益。

除高速轨道交通外，飞机风挡玻璃也关乎国家重大基础设施的安全性和国际竞争力。风挡玻璃要保持流线型外形，在尽可能降低重量的前提下应能承受各种飞行状态下的结构载荷和冲击，能承受飞行循环中的增压循环载荷和-55~70℃的循环温差，保证飞机性能的可靠性。

当前，江苏大学材料学院与江苏铁锚玻璃股份有限公司围绕保障祖国航空安全目标，致力于大飞机风挡玻璃的合作研发，相信在江苏大学材料学院研发团队的科研攻关下，“铁锚”特种安全玻璃一定会“插上翅膀”，飞翔在蔚蓝的天空。

江大“发电细菌”

环境与安全工程学院、生物质能源研究院雍阳春教授团队致力于研发“发电细菌”，在细菌发电机制、细菌发电性能调控等方面开展了系列工作，发现并在国际上命名了分离自江大校园的“江大发电菌”JSUX1，实现了生理条件下、利用活细胞可控持续发电的突破。在国家自然科学基金、江苏省杰出青年基金和江苏省双创人才等项目的支持下，研究团队于2014年实现了生物相容性三维石墨烯生物电极的制备，突破了细菌与电极间双向电子传递效率低的关键瓶颈，生物发电性能跃居世界领先水平。2020年，研究团队提出了

“单细胞电子捕集器”的新概念，在单细胞水平上开辟了电子传递强化新途径，一举突破了国际上对细菌发电效率极限的一贯认知，为“单细胞生物电源”和“自供电单细胞电子器件”领域的发展奠定了基础，研究成果以江苏大学为唯一完成单位登上 *Nature* 子刊。

雍阳春团队基于发电细菌的研发，将该技术应用于污水发电、自供电生物传感器、光电生物协同固碳等领域，已在 *Nature Communications*，*Angewandte Chemie International Edition*，*Advanced Energy Materials*，*Analytical Chemistry* 等权威期刊发表论文70余篇，相关成果在多家企业成功应用，在国际上为“发电细菌”贴上了“江大”标签，为农业环境保护、碳中和的国家战略提供了“江大智慧”。

感动江大

真实的情感才能触动人心
心灵的力量更能激励前行
爱
在人间传递　在江大涌动

陈静：为了拯救“爱心天使”

——2007年第一届“感动江大”人物事迹

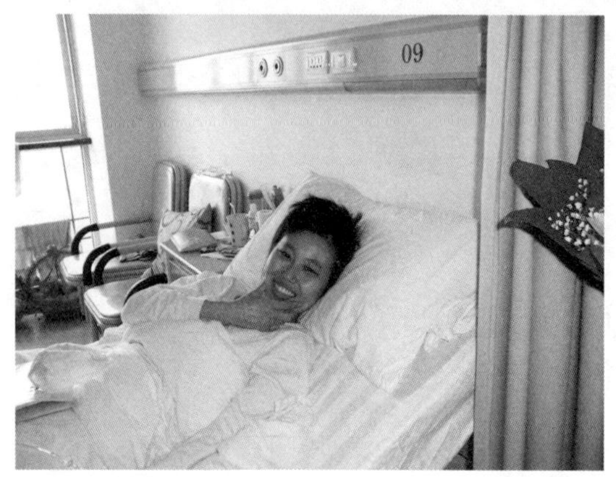

倾心救助同窗，她也患了白血病

2003年9月，陈静成为我校应用科学技术学院计算机专业的一名学生。入学后不久，她就与来自南通的同班同学丁玉兰成了一对好姐妹。在同学眼里，陈静是公认的“开心果”，学习上也十分用功。

2005年3月，她的好友丁玉兰患上急性粒细胞性白血病。在得知丁玉兰得病的一个多月里，每逢休息日和课余时间，她都和其他同学一起，抱着捐款箱奔走在镇江火车站和闹市区为丁玉兰筹集善款。丁玉兰回南通治疗后，陈静又在镇江的几家保险公司之间奔走，帮着办理繁杂的医药费报销手续。她的善良和真诚感动了保险公司，平安保险镇江分公司为丁玉兰捐款10万元。

经过努力，陈静和江大师生共为丁玉兰筹集了20多万元医疗费，暂时缓解了丁家的经济压力。

然而，命运似乎就是要跟这对好友作对。2006年3月底，陈静也被查出患了白血病!

真情，在校园内外涌动

起初，善良的陈静没有把这个不幸的消息告诉家人。为了不拖累家人，她甚至想过放弃治疗。然而，得知此事的江大师生立即行动起来，应用科学技术学院105名教师、8个专业的同学无一例外地行动起来，短短3天时间捐款近万元；同学们还深入其他校区，或走上街头募捐，或策划义演活动；学校也及时送去大学生慈善基金会的救助款……

令人感动的是，病魔丝毫没有销蚀陈静“爱心天使”的本色。在得知盐城的一名大学生遭遇了同样的不幸后，她作出了一个决定：将社会各界捐给她的为数不多的善款转捐5000元给那位素不相识的年轻人。

陈静和丁玉兰的遭遇引起了南通、盐城、镇江三地媒体和市民的极大关注。“南通热线”论坛的网友们发起了为她们募捐的活动，并着手与南通电视台联系，筹办义演晚会。然而，未等到晚会进行，丁玉兰便离开了人世。2006年11月11日，义演共募得捐款3万多元。

患难中，陈静成了两家共同的女儿。虽然丁玉兰的父母还欠着10多万元外债，但他们决定将未用完的8万元捐款，大部分转捐给陈静。

黄丝带，见证满城之爱

身染沉疴的陈静牵动了无数人的心。2006年12月23日，网名为“晨阳斜影”的江苏大学理学院学生朱小东，第一个将“救助陈静”的帖子发到了“镇江网友之家”网站上。3天之后，这则消息同时被“名城镇江”“山水句容”等镇江八大网站置顶，短短一周内便引起了数万名网友的关注。一场“爱心风暴”在网络上风起云涌。

为了组织好募捐活动，网友“远方的梦想”“阿呸”以及朱小东、程建平、孔娇妮等组建了“爱在镇江”组委会。网上招募的包括江大学生在内的1200多名志愿者，组成20多个募捐小分队，奔赴镇江市区各街巷广场、企事业单位和辖市（区），先后组织了60多场募捐活动。出租车司机捐献7元起步价，公交车和社会车辆捐款5~10元，就系上象征爱心和希望的黄丝带。一时间，黄丝带成了古城镇江的一种“时尚”……

2007年1月28日，筹备已久的“飘舞的黄丝带——情系陈静，爱在镇江”大型义演在城市客厅举行。这一天，镇江满城尽飘黄丝带：出租车、公交车、三轮车、自行车、树木、花草，以及数不清的人的臂膀上都系上了黄丝带！一份份捐款投进募捐箱，一股股爱的暖流在镇江城流淌。

面朝大海，春暖花开

经热心的北京网友联系，陈静决定去北京解放军三〇七医院治疗。2007年1月31日，学校几个部门的领导及学院的老师与镇江的网友共20多人，前往南京机场为陈静送行。抵京后，10多位北京网友早就守候在那里，大家安排车辆将陈静一行送到了住处，并帮着代办了住院手续、北京公交一卡通、手机号。网友们还为陈静的电脑开办了无线上网业务。北京各大高校的近万名学生也为陈静募捐，搜狐社区北京站的网友们号召全国网友献爱心。截至2007年春

欢迎扫码观看根据陈静事迹拍摄的电影《小城大爱》

节后，社会各界为陈静的捐款已超过70万元!

陈静在完成了10次化疗后，配型成功，顺利进行了骨髓移植手术。

可人们的爱心，最终也没能留住这位“爱心天使”，陈静带着对生命的美好祝愿和无限眷恋离开了人间。

“给我一个家”工作团队：最美的夕阳

——2007年第一届“感动江大”人物事迹

一年多前，弱小的文儒带着全家凑足的600元钱从河北老家来到江苏大学上学，还没交学费，600元钱就因交的各种费用快用完了。生活上，她开始面临双重困境——饭卡没钱、身上缺棉衣。陌生的环境里，文儒开始想“家”，她打电话回家，却听到病弱的父亲虚弱地问她在学校好不好，文儒只能一个劲儿地说：“爸，我都好!”挂断电话的那刻，文儒泪如泉涌。

在文儒不知所措的时候，关工委何允记老师了解到她的家庭情况。关工委的老同志们立刻伸出援助之手，不仅给文儒送来了助学金，还比照她的身材送来了过冬的棉衣，并一直和文儒联系，关心她的学习和生活。

截至2007年底，江大730余名像文儒一样的贫困学子受到校关工委的资助，共计13.8万元。而这份特殊的“关爱助学基金”，主要是在关工委离退休党员缴纳“特别党费”的基础上建立起来的，部分是接受离退休老同志和校友的捐款。

5年来，关工委接受校内师生捐赠衣物近3万件。2005年，通过多方努力，关工委建立起“关爱超市”，将适合大学生使用的衣物、书籍、学习用品陈列起来，无偿提供给贫困大学生使用。

关工委建立“关爱谈心屋”，倾听大学生的心声，为大学生排忧解难；建立“关爱就业指导小组”，71名就业有困难的毕业生在老同志们的帮助下愉快地走上了工作岗位；设立“关爱课程重修组”，为 3000 名学生组织重修了 5000 余门次课程；在新华书店门口设立免费为大学生服务的“关爱家教服务中心”；开展“给我一个家”活动，12 位老同志家庭和孤儿大学生结成对子，每月给他们提供 200 元生活资助……让孤儿大学生们备感温馨。

青年教师张墨近期也收获了喜悦，她的孩子在关工委金树德教授的热心帮助下，通过了“听力重建　启聪行动”项目的初筛。如果后期复审、体检顺利通过，就可以获得一只由台资企业捐赠的近 25 万元人民币的人工耳蜗产品。

提起此事，张墨非常感激金树德和关工委对她这个青年教师伸出的援助之手。金树德教授却说：“青年教师群体在生活上相当不容易，当他们有困难时，需要大家的关注和关心，更何况我们是做长辈的！”

青年教师购房压力大，老同志们走访市场，多次调研，向校工会建议采用团购方式。几经努力，靠近江大附近的楼盘开始走进学校为青年教师打折……关工委老同志还多方筹集资金 2 万余元，购买运动器材，在科技楼前空地上建立起一个“儿童乐园”，为青年教师解决子女缺乏活动场所的问题。

身在高校，关工委老同志不忘关心中小学生的成长。2005 年，关工委开始配合江大附小开展素质教育改革试点工作，实施细节教育计划，小到餐桌礼仪，大到积极心态的培养；实施文学欣赏计划、合唱计划、品性养成计划、“密友”计划……具有多年教学经验的老同志们定期在一起讨论计划中的细节问题。他们不仅经常走进班级聆听整场活动的开展，还与学生、家长沟通，遇到问题及时提出建议。

为加强未成年人思想道德教育，关工委还向镇江市相关部门倡议举行“百名教授进百所中小学”活动，60 余名江大教授向全市 2 万多名中小学生进行了一次生动的爱国主义及艰苦奋斗教育。

作为学校发展的建设者、见证者，校关工委的老同志们带着自身那份特殊的情感时刻关注学校的发展，提交专题调研报告近 20 份。他们把老区人民、下岗职工、失地农民的生活放在心上，免费给他们送去知识和服务，组织法律、企业管理等咨询活动服务 200 多人次，发放科技资料 20000 余份，义诊 1000 多人次，赠送图书 10000 余册，书写春联 9000 余对。关工委还联合镇江其他高校连续 5 年开展“百名教授上茅山”活动，为老区送去了温暖和爱心。

在我校，就是这样一群一心想着别人的好“长辈”，以关爱下一代为肩头的责任，用一份不老的情怀唱响了一曲夕阳红的赞歌。

骆焱青年志愿者服务小分队：十三年爱心接力，照亮生命之光

——2007年第一届“感动江大”人物事迹

1994年3月，一个阳光灿烂的下午，在原镇江医学院团委书记倪时半的带领下，医学生张蕾、金艳、刘海红第一次登门为“镇江张海迪”骆焱提供志愿服务。骆焱没有想到，这些青年志愿者会一直伴随她走过十三年的风风雨雨。十三年的漫长岁月中，志愿者们换了一批又一批，由原来的医学院学生变为今天的中山校区京江学院学生。青年志愿者服务小分队的核心成员接近百人，参与者逾千人，志愿者因毕业离校而不断在变，唯一不变的是他们将爱心传递到底的决心。

春风化雨，让爱滋润心田

作为一名先天性、脊髓性、进行性肌营养不良患者，骆焱以一颗站立着的灵魂拥抱着不幸的人生，用一腔热血铺就了一条自强之路，被称为“镇江张海迪”。她用微弱的生命之光帮助着身边的孩子，为他们辅导英语。她的事迹深深感动着年轻的女大学生们。

第一批青年志愿者充满自信地走进了骆焱的生活，她们对骆焱说：“当你需要时，别忘了我们。”从此，在学习之余，为骆焱服务，成了她们生活的重要组成部分。她们陪着骆焱参加各种社会活动，给她讲大学校园的种种趣事及大学的生活、学习，帮骆焱整理笔记，给友人复信，带骆焱出去逛街、晒太阳。她们把青春的活力、生命的热情带给了骆焱，让骆焱感到生活是如此的美好。

在一个游人如织的假日，志愿者们带着骆焱来到北固山，硬是一步一步抬着她的轮椅，让她登上了北固山山顶。志愿者们艰难地抬着轮椅前进时，周围的游客得知情况后，也加入到帮助骆焱的行列中来。这一天，在北固山，数不清的游客争先恐后地参与其中，用自己的行动温暖着骆焱。登上北固山山顶，面对山下的长江，骆焱感受到的，不仅是长江的壮美，还有一颗颗火热的心。长江，永远定格在她的记忆里，奏响在北固山的爱心交响曲更时时回荡在她的

心中……

风雨兼程，我们共同走过

2002年加入骆焱志愿者服务小分队的言璐记述了这样一段经历："有一次，在我和骆焱大姐约好的日子下起了倾盆大雨，我穿着雨披，可脸上、身上还是被雨打了个湿透。我不能后退，牙一咬，还是冒着大雨如约来到大姐的家。"当言璐浑身湿透地出现在骆焱的面前时，她顾不得擦一下满脸的雨水，开口就问："有什么需要我做的？"骆焱被深深地感动了。

骆焱，毕竟是一个只有头和手指能动的重症患者，她再坚强也有脆弱的时候。有一次，她在电视上看到一个患者不幸离世，不禁触景生情，情绪低落，志愿者们为了打消她的顾虑，推着她来到医院检查，并用自己所学的医学知识不断开导她。骆焱终于又一次露出了笑容。

十三年来，志愿者一直不离不弃地陪伴着骆焱，也见证着骆焱与疾病作斗争的坚强，这些共同度过的岁月，让她们的心越来越近。骆焱把志愿者当成自己的家人，每个端午、中秋，她都不忘给志愿者送上粽子和月饼，表达她的感谢。

雨后彩虹，生命因你而精彩

当年那个曾经被医生断言活不过12岁的骆焱，用自己的坚强与努力，创造了生命的奇迹，今年47岁的她用"活着"证明了她对生命的挑战是成功的。而在她的生命中，志愿者们的出现就像雨后的一道彩虹，让她的生命变得无比精彩。

骆焱在她发表于《镇江日报》的一篇文章中写道："虽然生命亏欠我一份健全，但你们（志愿者）那无私的爱，真挚的爱，让我沉湎于爱的温暖之中，我要把这份爱送给更多的人。爱，只有在不断地传递与接受中才能使生命更精彩……"

老志愿者毕业离校，新志愿者接力而来，骆焱从未感到过落寞，那些离开的老志愿者成了她的老朋友，而新来的志愿者则成了她的新朋友。这种情感绵延不绝，成为我们这座大学校园上空最亮丽的彩虹，让我们无比温暖。

方康华：忘不了的师生情

——2007年第一届"感动江大"人物事迹

5月13日，栗子山公墓，一个特殊的墓碑，落款为：亲属及学生敬立。

这是我校机械学院退休教师方康华的墓碑。

“我这一生，最牵挂、最放不下的就是学生……”临终前，老人留下这样一段话。

如今，方老师最牵挂、最放不下的学生在考察了镇江大禹山、塔林等众多公墓后，最终精心挑选了栗子山公墓，为他举办了安葬仪式。“这里环境清静优雅，老师肯定会喜欢的。”

跨越了病魔的考验和生死的界限，这是一段怎样的师生情呢？

一次邂逅，关怀一生

“和方老师认识，是偶然，也是缘分。”姜丰伟、杨斌和张帆回忆起和方老师的相遇相知，都这么说。的确，静湖、校医院、教工食堂的一次偶然邂逅，将方老师这位退休教师和一群不相识的学生联系了起来。

姜丰伟还记得第一次去方老师家拜访，刚好遇上几个来向方老师辞行的毕业生。他们来自不同专业，已经认识方老师好几年了，如今就要毕业离校，最放心不下的就是方老师。学长们叮嘱姜丰伟要经常来陪陪方老师，在这能学到很多课堂上学不到的东西。自此，姜丰伟每个星期都会去方老师家，在学习和生活中遇上了什么事第一个就会想到方老师。

像姜丰伟这样和方康华老师交往的学生每一届都有，有些学生甚至毕业30年了还和方老师保持着联系。在家里，方康华和学生们谈的主要是学习。“英语学得怎么样？四六级过了吗？准不准备考研？学生一定要以学习为重，成绩落下来，吃亏的是自己。”四六级考试的前一天，学校教室不对学生开放，方老师总把他们喊到自己屋里，交流备考感受，放松下心情。而在每年的圣诞节和中秋节，方老师还会邀请学生们到他家聚餐，让远离家乡的学生有家的感觉。

“方老师就像一块有强大吸引力的吸铁石，把我们吸引在了一起。”得知学生要考研，方老师把自己住的大房间让给学生，自己挤到只有几平方米的小屋子里住。他对考研学生的要求极其严格，白天不许考研生回家，还规定晚上10点30分之后才能回去。考研初试通过后，方老师还会扮演考官的角色，为他们进行英语面试，一字一句纠正他们的发音和语法。就连身患绝症病情恶化就要离开镇江时，他也不允许姜丰伟、周由特等同学送他去车站。学生们惦记着老师，怕这是见老师的最后一面，坚持要送他。方老师发了通脾气，把他们赶走了，怕影响他们第二天的英语四六级考试。

不是亲人，胜似亲人

方康华一生未婚，在他遭遇病痛折磨的整整半年时间里，周由特、杨昆朋、张帆、刘煌、姜丰伟、杨斌、陈亮、顾盛田等这群 80 后的学生自发承担了陪同老师化疗、照顾他生活起居的重任，一天也没落下。

原本已经买好车票准备回家过暑假的姜丰伟接到方老师在医院的电话后，立刻退票赶去了医院。一个疗程 6 天，每天要治疗 10 个小时，姜丰伟早晨 8 点赶往医院，陪同治疗，安排一日三餐，服侍老师上厕所、洗漱，直到晚上 9 点后才离开医院。

姜丰伟说："一个退休教师这么关心我，口头上喊他老师，心里早把他当作自己的爷爷了。"

在照顾方康华老师的学生中，周由特是最特殊也是最细心的一个。面临毕业，家境贫寒的他本想在进外企前，让方老师指导一下口语。哪知方老师刚经过第一次化疗，身体状况很差，愿望自然没有达成。但是看到方老师的现状，周由特不由自主地决定留下来帮他擦身体、洗脚、上药，并且进行心理开导和肢体按摩。让周由特印象最深的事情是：一位已经毕业了六年的学生，得知方老师患病后，连夜从厦门赶到了镇江。

生死相隔，情怀依旧

今年 1 月，一生牵挂学生的方康华老师在天津去世了。在为方老师选择公墓时，学生们细心地依据老师的喜好进行选择，还统一穿上了深色西服为老师送行。

和方老师交往的很多学生即将踏上工作岗位，他们都说："回到镇江第一件事，就是去方老师墓前鞠一个躬。"的确，这样一段独特而难得的师生关系已经成了他们人生的一种牵挂，更成为他们宝贵的人生财富。

"爱心联盟"：谱写爱的歌曲

——2007 年第一届"感动江大"人物事迹

爱心联盟成立仅一年多，就被评为"全国百优社团""江苏省十佳社团""江大五星级社团"，他们的事迹被中央电视台、《人民日报》、《扬子晚报》等媒体争相报道。在耀眼的光环背后，是数位志愿者的无私付出，是人性中最光辉的一面——爱。

从点滴小事做起

爱心联盟从小事起家。第一任会长严洋算了笔账：全校有三万多名学生，平均每人每天喝一瓶矿泉水，瓶子可卖一毛一个，合计三千元，日积月累，便是相当可观的数目。

社团成立之初，只有十几个人，每次活动完，大家都累得虚脱。在班长严洋和团支书张晓旭的号召下，狱政专业 2004 级 43 名同学全都参加了爱心联盟，男生负责搬运，女生负责整理。起初他们没有投放点，物品只好搬回宿舍，但是再苦再累也没有人抱怨。

万事开头难。经过一段时间后，爱心联盟终于像蓬勃的树苗一样向蓝天伸出绿枝。越来越多的人参与进来。2007 年招新，一天内便有两百多人报名。联盟通过整合，建成了严密的组织。众人一心，各尽所能，使每一次活动都达到了预期的效果。他们定期在宿舍区收取废旧物品和衣服，前来捐献的同学排起了长龙。他们和后勤集团建立了合作关系，将收来的饮料瓶、废纸等废旧物品转化为资金，作为校贫困生专用资金。他们连同红十字会，将一些衣物、书籍捐赠给贫困区和受灾区的儿童。他们也积极争取企业赞助，一次义卖娃哈哈饮料所挣的三千元全部捐献了出去……

拯救白血病同学

白血病的魔爪曾夺走无数年轻的生命，贫穷、病痛、孤独都是它的衍生物。爱心联盟却以其强大的爱之力证明，白血病并不可怕，它也有瓦解的时候。

2006 年 12 月，一位医学护理班的女生不幸患上白血病，急需手术费。情况反映到爱心联盟，他们立即组织募捐活动。他们几乎把海报贴满了学校的每个角落，募捐当日，爱心联盟全体出动，在各大社区都设有募捐箱，轮流值班。前来捐款的同学络绎不绝，有三位班长以班级的名义捐出班费，十多位打球的男生掏出所有买水的钱，有的人自己捐了再拉同学过来，也有的人并不宽裕仍倾囊相助，短短一天，便募集到一万多元。

这点钱对于高额的手术费来说只是杯水车薪，于是爱心联盟带着募捐箱走向市中心，又联合吉协、武协等六大协会精心策划了一场慈善晚会，终于筹得款项，及时挽救了一个生命。仅一年时间，爱心联盟便资助了四位白血病同学，包括感动镇江的“爱心天使”陈静。每一场活动，都饱含着同学们的拳拳爱心；每一次募捐，都饱含了与死神斗争的勇气……

动员起每一个人

爱心联盟之所以能够迅速发展壮大，在于每个人心中都有爱。几乎所有活动，都有非联盟内部的人前来帮忙。爱有很多种表现形式，它可以无形也可以有形。一位叫倪秋兵的社员有个习惯，他无论在哪喝饮料都会将饮料瓶子带回宿舍，打包好送到协会；看到别人浪费水他会毫不犹豫地前去阻止；乘公交他必定会让座；协会的每一次活动他都尽力参加。“有人做好事是为责任或良心，对我而言，这是种兴趣。”他说，“爱心联盟的每一个人都像我这样，尽自己努力去行善。”

爱心联盟的人是有“野心”的，他们渴求更多的人加入，动员更多的人去行善。现任会长沈玮表示，他们将在今后的活动中进一步走出校园，宣传助人、节约、健康、和谐的思想，为社会尽份应尽的义务。

爱心联盟曾资助过无数人，筹到的款项难以统计，但他们却没有自己的活动经费，所有成员的劳动都是义务的，没有任何报酬。一位社员说：“志愿者的活又苦又累，但凭着爱心，我们可以走得更远。”在爱的旗帜下，他们向社会、向所有同龄人证明，在困难面前，我们将携手渡过！

肖戈：用乐观与坚强谱写美丽的人生

——2007 年第一届“感动江大”人物事迹

生命的道路有欢乐与幸福，也有坎坷与曲折，只有选择勇敢面对困难的人，才会拥有灿烂的人生。医学院 0506 班的肖戈就是这样一个人，他经历了骨骼矫正的病痛，却以强大的毅力在病床上坚持学习；他饱受疼痛的煎熬，却始终展露灿烂的笑容，乐观看待一切。

2006 年 3 月 13 日，对肖戈来说是永生难忘的一天，一场突如其来的车祸，让这名朝气蓬勃的大一新生经受了生与死的考验。“骨盆粉碎性骨折”这个诊断如晴天霹雳打在肖戈的头上。

住院期间，躺在重症病房的肖戈下半身完全不能动弹，消瘦的大腿和完全凹陷的臀部，让他失去了支撑身体的所有力量；上半身也因左锁骨骨折，只有右手能活动。妈妈常常帮他按摩以恢复肌肉力量，懂事的肖戈懂得这项工作的辛苦，尽管触及大腿的动作让他疼得直冒冷汗，他还是一有机会就尝试着自己按摩。

身为医学生，肖戈明白好的心情对伤口恢复有促进作用，因此他凡事总往好的方面想。“我们认为自己不幸时，那才是真正的不幸”，肖戈常常用这样一句话自勉。有同学来看望的时光是最美好的，大家在一起聊聊 NBA，肖戈会觉得无比幸福。当同学们离开，只剩下他孤独地躺在病床上时，肖戈就会翻开同学们送的留言簿，重温那些贴心话语，感受着缕缕温暖情谊，会心地微笑。

肖戈还是一个意志坚强的人。饱受病痛折磨的他，放弃了“休学一年，静养身体”的念头，“休学一年就意味着浪费一年的青春，太可惜了!”肖戈坚定地选择了自学备考，并在病床上总结出一套备考“心经”——主考科目人体解剖学很难记牢，内容需要多看多读；英语要坚持天天看，并主攻听力；有机化学和 VFP 掌握之后就不容易忘记，先复习好拿手的化学，再专攻 VFP，各个击破。

学习计划才刚开始执行就遇到了困难，手术后的肖戈只能躺着看书，不到五分钟就会头晕，但他并没有被吓倒，而是安慰自己：“万事开头难，刚开始头晕很正常，习惯就好了。”凭着这种信念，肖戈头晕出现的时间一次比一次晚，最后他真的习惯了躺着看书。肖戈很注重自己的学习效率，用最锋利的矛攻最硬的盾——在状态最好的时候看最难懂的科目，身体条件不允许时就小睡一下或是听听音乐放松片刻，再继续学习。

时间一天天过去，4 月 30 日，肖戈转入了泌尿外科。本以为出了重症病房一切都会好起来，没想到新的麻烦出现了。导尿管拔除后由于尿道严重狭窄，不得不定期进行尿扩，刚开始效果不明显，排尿时非常困难并伴有剧痛，疼痛常常折磨得肖戈整夜无法入睡。在那段入院最痛苦的时期，肖戈依然没有放弃学习，尽管效率没有以前高，但他还是坚持看书。“经受住这次痛苦的考验，以后再遇到挫折我一定能更加坚强。”凭着这种坚韧的毅力，他深夜十一二点还在学习，第二天醒来常常发现书和笔还紧紧攥在自己手里。功夫不负有心人，肖戈顺利通过了多门考试。

临近出院，主治医生为肖戈康复检查时发现，原来习惯性外翻且僵直的双腿，就像做了整形手术，不仅外观像正常人一样，甚至还能弯曲自如，走路的样子也完全看不出受过如此大的创伤。黄主任感叹：“这真是个奇迹！短短两个多月时间使走样的骨头复位，一般人很难做到。”

肖戈吃了很多苦，但他最终靠着乐观与坚强战胜了病痛。如今的他已经回到了校园。教室里、宿舍内又能听见他爽朗的笑声，他对待学习更加努力了，对待生活也更加积极。

这次刻骨铭心的经历使肖戈深刻地体会到，医生对患者来说就是支柱和希望。“发奋图强，成为一名出色医生”的愿望在肖戈的心底悄悄扎下了根。

李雪梅：吉林孤女江大有新“家”

——2007 年第一届“感动江大”人物事迹

身处美丽的江南古城，坐在窗明几净的教室里，工商学院的大一新生李雪梅心潮难平。这位来自吉林长春孤儿职业学校的女孩是不幸的，但她又是幸运的。正当她为自己的前程犯愁时，突如其来的浓浓爱意将她包围。

父母相继离世，她孤苦伶仃

李雪梅今年 20 岁，为吉林省珲春市人，原本有一个虽不富裕却很温暖的家；然而，就在她读小学二三年级时，父母相继撒手人寰。由于举目无亲，雪梅被送进了珲春市一座敬老院，后又辗转到了位于长春市的吉林省孤儿职业学校。这个学校有 300 多名孩子，全部是吉林省各地的孤儿。学校里有很多优秀的老师，这些老师就成了她的父母；那些同病相怜的同学，就成了她的兄弟姐妹。勤奋好学的雪梅，几乎将所有时间都花在读书上，成绩一直在班级名列前茅。

今年高考，李雪梅以 572 分的成绩成为该校 30 名毕业生中唯一达本一线的学生。接到江苏大学的录取通知书后，4600 元的学费就成了她的烦心事。9 月 9 日报到当日，她通过学校“绿色通道”顺利入学。当时她身上只带了 2000 元钱，1000 元是孤儿职业学校奖励她的，1000 元是暑假在饭店打工挣的。她知道考取大学后的路就要自己走。所以，在过去的两个月里，她每天早上 9 点赶到饭店打工，工作到晚上 9 点甚至更晚才能回去。在学校报到现场，她就急不可耐地希望能找一份工作。“我必须要自己养活自己。”她说。

首次出远门，短信温暖孤单旅程

来江苏大学报到，是李雪梅第一次出远门。当火车驶离长春车站，与两名朝夕相伴的同学挥手作别时，她禁不住泪流满面。27 个小时的旅途中，她仅和对座的男孩说了两句话。临走前，她花了 200 多元买了部手机。一路上，老师同学们的短信接踵而至。“雪梅，到哪儿了？一路是新奇还是枯燥？同学们说你哭了，别担心，到时就有好心人会帮助你！”“雪梅，陌生的地方想老师、想同学了就发短信，保重身体！”……

这个自幼父母双亡的女孩没有常人想象的那种自卑、自闭，而是少见的乐观，脸上时常挂着微笑，透露着满足。她说，自己虽然没有父母，但社会上有那么多好心人关心、帮助她，已经很幸福了。只是在苦和累的时候，她会不由自主地想起父母！她说："现在还能读上大学，我真的很满足。"

来到江大，学校给她一个"家"

李雪梅只身一人来到江大面临生活上困境的状况，经媒体报道后在校园内外引起了强烈反响。校长袁寿其特地找来报纸，阅读了相关报道，深为李雪梅自强不息、好学上进的精神所感动。学校决定免去她4600元学费和1200元住宿费。

关注李雪梅的还有江大关工委的老教授们。在李雪梅报到的第二天晚上，同是吉林人的关工委主任金树德就到宿舍看望这位"东北老乡"，可惜没见到面，次日一早又特地把她约到办公室。"雪梅，从今往后这就是你的家，我们就是你的爷爷奶奶……"见面后，满头银发的金教授对李雪梅亲切地说，"这个收音机、箱子、笔记本，是我们给你准备的一点小礼物，希望你好好学习……"金教授还告诉李雪梅，关工委早两年就开展了"给孤儿一个家"活动，组织离退休老同志与校内孤儿学生结成对子，不仅每个月提供200元生活费，还从生活、学习、心理等多方面关心孤儿学生。

齐伸援手，生计无忧愁

说来也巧，就在李雪梅和金教授谈心的时候，后勤集团总经理张济建来办事。得知李雪梅的境况后，张总当即打电话给集团饮服中心，在靠近李雪梅宿舍的食堂，为其落实了一个勤工助学的岗位。这个岗位不仅可以每月获得一定的劳务报酬，而且还免费为她提供两顿工作餐。

李雪梅的境况不仅引起了江大师生的关注，同样得到了社会上众多好心人的同情。在李雪梅入学后的第三天上午，镇大肴肉公司的朱立才经理特地赶到工商学院，给李雪梅送来了2000元钱。朱经理表示，以后除每年给李雪梅提供2000元学费外，每月还将资助100元生活费，直至她大学毕业。寒暑假，李雪梅也可以去他们公司打工。同天下午，镇江金皇科技有限公司王晓庆一家三口也来到江大，给李雪梅送上了关爱。王晓庆表示，今后将每月给李雪梅提供600元的生活费，让她安心学习。"有什么困难，可随时联系我们。"临走时，王晓庆再三叮嘱。

李文儒：坚强与乐观缔造的别样人生

——2007年第一届"感动江大"人物事迹

光信息专业李文儒同学的故事比一般人复杂却更丰富和精彩。她没有华丽的外表，但她的人生却与众不同。她身着朴素却落落大方，谈吐清新自然，丝毫不在意旁人或诧异或同情的异样眼神，平静地与记者讲述过往。

四岁时因患脊椎骨结核，李文儒曾下肢瘫痪，几经辗转救治，终于恢复知觉可以行走；但是那次患病使她脊椎畸形发育，身高不到 1.45 米。对河北保定一个贫困家庭来说，他们只能选择接受现实。

2005 年 9 月，李文儒只身一人，奔波 23 个小时来到学校。路费是她暑假中同时做几份家教挣得的，尽管每天 3 小时只有十几元的收入，但李文儒的目标却很坚定——去江苏大学。开学不久，李文儒就找到了一份家教工作，生活费有了着落，但是昂贵的学费让她犯了愁。无奈之下，李文儒向班主任反映了自己的实际情况，最终在老师的帮助下，申请到 5000 元的助学贷款。看着一切都安顿好了，李文儒才第一次安心地吃饭，到食堂打了个素菜加 3 毛钱饭，这是她离家后最踏实的一顿饭。

身体的缺陷经常让李文儒遭受无端的歧视和挖苦，但她有自己的处事原则：以和为贵，不为小事斤斤计较。时间久了，身边的同学都愿意和她成为朋友。问起她的家庭情况和身体缺陷的缘由，李文儒也无半点隐瞒，“如果老想着自己的缺陷，生活在阴影中，怎么能做好其他的事呢?”同学们无不为她的乐观所感染，和她交谈时会发现本来想安慰她，却成了被安慰的人。开朗的性格，为她带来了许多朋友，赢得了很好的人缘。

大二下学期开始，一直做家教的李文儒又兼职做起了勤工保洁的工作。每天早晨五点半就起床，在校园还是寂静一片时，她已经把宿舍外围打扫得干干净净，随后匆匆到食堂买两个包子，就赶往教室看书。简单的饭菜，紧凑的学习节奏，是李文儒一贯的生活习惯。她对自己要求相当严格，不允许自己死读书，上课做笔记、下课认真整理是她最有效的学习方法。“把能力范围内的事做好，就是我最大的成功。”大一学年她荣获校三等奖学金，并被评为院三好学生，还当上了学院女生部副部长。

身体上的残疾、贫困生的现实并没有妨碍李文儒的快乐。在生活中她也不断寻找着快乐。只要宿舍里有什么高兴的事情，舍友们就会聚到一起多打几个菜，这也是李文儒难得为自己改善伙食的时候，她会比平时多打一个荤菜。平日里，舍友们分给她水果和小零食，她都很感激，没有什么可以回报，她就利用自己会做家务的特长，带着舍友一起包饺子。

了解情况后，学校关工委也向李文儒伸出了援助之手，给她送来 300 元补助金。攥着补助金，李文儒感动得几乎掉下泪来。事后怀着一颗感恩的心，她悄悄地投了一封感谢信来表达对关工委的谢意。

体会着身边这么多的爱，如今的李文儒更加努力地做好自己的每一份工作。今年已上大三的她，对于未来不感到迷茫。虽然残疾会给她制造一定的困难，但她铭记：是金子总会发光……

李文儒，一个身残的女生，她的坚强与乐观让我们为之动容，或许她的人生不是最优秀的，但绝对是崇高的。

谢开源：其人其事

——2007 年第一届“感动江大”人物事迹

要做一名优秀的勤工助学服务中心主席，需要耐心地对待寻求帮助的同学，需要和企事业单位接洽和交流，大四交通运输专业谢开源同学成功地做到了这些，为我们树立了一个自信、自立、自尊、自强的榜样。

2003 年、2004 年对谢开源来说是艰难的两年。这位来自山城重庆的小伙子两年中因为自己与家人接连生重病，错过了当年的高考，再加上自己和弟弟两个人的学费，让这个普通的农村家庭陷入了困境。待到次年，谢开源拿到江大录取通知书时，只能从母亲的医药费中挤出 2500 元前来求学。大学四年中，他也只花过家里 2500 元。

为了交纳学费和赚取生活费，大一军训时谢开源就做起了三份家教的工作。九月的镇江天气依然炎热，还没适应南方气候的小谢在辛苦军训了一天后，顾不得身体的疲惫，就要准备好给孩子们上课的材料，有时是英语，有时是数理化。刚开始，学生的成绩并没有像预期中很快得到提高，小谢就开始琢磨：“要请家教的孩子基础都不太扎实，所以要从最基本的知识点抓起。”一遍一遍地复习基础知识，果然几个孩子的成绩都提高了。于是家长们相互介绍，把小谢推荐给一家又一家。这样，谢开源做家教的时间排满了周一到周日的每个晚上。特别辛苦的是周末，要去三个不同的家庭。孩子们成绩不好，他急得跟孩子谈心、和家长沟通，家长有时还会宽慰他说：“慢慢会好的。”正是谢开源扎实的基本功和他的真诚、耐心，让家长们放心把孩子交给他，而通过家教这种方式谢开源也开始自食其力，赚取了部分学费、生活费，很大程度上缓解了家里的经济压力。孤身远游的学子也从这些家庭中备感亲人的关怀。

现在的谢开源依然忙碌，经常在周五和舍友说声“周一见”，便不见了踪影。因为谢开源假日的作息时间通常是这样的：6 点起床，然后在镇江的几家汽车贸易公司工作，17 点下班后接着去做家教，晚上最迟到 22 点回学校做勤工助学的工作。谢开源经常是在别人没起床时就出门，待到别人休息后才回到宿舍。这样忙碌怎么能和同学们处好关系呢？谢开源说："有的人是一开始觉得很好，有的人是要长时间相处才发现好的。"他就属于后一种。同学们在慢慢相处中，从小谢帮同学们带饭、照顾生病的舍友、尽心组织班级活动等一些小事中发现小谢是个用力呼吸、努力生活的人。

本着一颗服务同学的心，谢开源在学生工作岗位上取得了突出的成绩。作为大学生勤工助学服务中心的主席，他与苏宁、五星等企事业单位以及镇江风景名胜区联系，为江大勤工助学工作争取了许多校外的兼职岗位。他主动与学校周边的商家接洽，为我校相关活动的开展争取赞助经费。这样的商务联系并不是每次都很顺利，有时要多次电话联系，有时要多次登门拜访。有一次，他约好与一名主管见面，于是身着正装前往，却吃了"闭门羹"，他就再约再去。不少企业主管人员被他的这种精神打动，与他建立了良好的合作关系。除此之外，谢开源还在大学生勤工助学服务中心设立了镇江游园一卡通办理点及电信电话卡销售点，大大方便了广大同学生活的同时，又为勤工助学的同学提供了更多的岗位。在他的带领下，大学生勤工助学服务中心成为一个充满朝气和活力、富有创新意识、乐于奉献的团队。

高尔基说过："劳动使人建立起对自己的理智、力量的信心。"谢开源可以自信地走向企业、开展各类工作与社会锻炼是分不开的，刚上高中时的他羞涩而腼腆，但生活让他勇于融入社会。无论面对学生家长、学校领导，还是企业主管，他的谈吐从不露怯。有时别人跟他开玩笑地说："你一点儿也不像贫困生。"谢开源认为，贫困生不应该穿着寒酸，做人做事畏畏缩缩。"我并不把自己看成贫困生，我的家庭只是经济一时有困难，可这样的困难不算什么。"

经过三年多的打拼，谢开源通过努力工作挣了 3 万块钱，交付了学费，扣除了生活费，还贴补着重庆的家。现在他是汽车学院 2004 级毕业生中第一个与用人单位签约的学生，他的选择是重庆的长安集团。其实，以谢开源的成绩完全可以选择读研深造，可为了弟弟，他选择了工作。谢开源的弟弟已经高三，快上大学了，父母凑不够给弟弟上学的钱，做哥哥的就义不容辞地承担起重担。他希望弟弟能够安心上大学，同时也想积累实际工作经验，看清就业动向和考研方向，综合各方面因素，谢开源做出了"先工作，后考研"的选择。

风雨后的那道彩虹，因为经历暴风才更见闪耀和自信。这么多年来，谢开源面对困难和艰辛从不言放弃、独立而有主见，坚韧的性格给他带来今日的成绩，也是因为这份坚强，他从不向权威低头，也从不妄自菲薄，历经洗礼，内心犹如彩虹般亮丽，映出他最灿烂的笑容。

张世芳：我们的楷模

——2007 年第一届“感动江大”人物事迹

在 1997 年的第一堂“泵与风机”课上张世芳就说：“你们是我的关门弟子，我现在已经不是一根蜡烛，只是个小蜡头……”风趣的开场白让学生们一下子喜欢上了这位即将退休的老教授。

秋季开学，张世芳年近七十。第一堂课开始前，他早早地就等候在教室了。暑假期间他曾中风住院，后听说一时没有老师接这门课，于是坚持继续来上课。铃声响后，他对大家笑着说：“我刚从医院回来不久，如果上课的时候我倒下了，就马上给你们学院黄勇强老师打电话，他会送我去医院，大家不要紧张……”然后写下自己的住宅电话，“这是 24 小时开通的，大家有问题直接拨打，我随时为大家解答。”该课程是选修课，第一次只有 30 多人，但到了第二次，来了不少学生，问“老师，我还能再补选吗”“我不选能来听课吗”。一直到课程结束，都没有人缺席，因为他风趣的言谈，多年的工程实践经验，深入浅出的讲授内容，让每个听课的同学意犹未尽。

张世芳是镇江人，1958 年从河海大学毕业后就去了黑龙江水利厅水利研究所工作，直到 1980 年调回镇江市农业机械学院，一去就是 22 年。其间为研究北方爆炸冻土的无硫炸药，他和一位老工程师在黑龙江省一个边远县城一次次实验，一次次失败，当最后一次成功爆炸后，张世芳却被炸伤了，人被冲击到 3 米外。此后无硫炸药在黑龙江省得到了推广，但他身上却留下了抹不去的伤痕。1997 年张老师就退休了，他常乐呵呵地笑：“一辈子工作，让我停下来，难受得不行。”忙什么呢？“五件公事、三件私事”成为他的主要工作。

五件公事是什么呢？

一是从 2005 年起担任艺术学院教学督导员，指导年轻教师讲课，使他们顺利通过教学考核。

二是从 2005 年起他担任京江学院本科生导师。2005 年，他指导了 4 个学生，后有 3 个入党，1 个保研；2006 年还是指导 4 个学生，也是 3 个入党；到了今年，他指导了 6 名学生，对所有找到他的同学他都予以热心的帮助和指导。

三是担任学校关工委培训组组长。他们曾组织学校人文学院老师为镇江金东纸业集团员工开展《国际法》培训；为镇江蒋乔镇征地失业农民办护工培训班，培训合格后推荐他们到江滨医院护理患者。

四是担任班级联系人。张世芳现在是能动学院、艺术学院四个班的联系人。为使刚进入校园的同学们了解大学生活，他为学生作“了解大学”的报告。一个山东来的女孩子听完后感动地说：“我认您作爷爷吧！”

五是担任退休第四党支部支部书记。他先后被评为 2005 年、2007 年校优秀党员。

三件私事又是什么呢？

一是义务给大学生辅导。一名想考建筑师的学生找到他，请他讲“水力学”“水文学”两门课程。只要有学生找他，他都毫不犹豫地答应。年逾七十的张老师视力并不好，写教案要用放大镜，而课堂的板书其实他自己也看不清楚，但内容已经刻在他脑海中了，依旧深入浅出地讲解着。

二是当老年自行车队队长。2003 年因中风三次入院，使他更深信“生命在于运动”。老年自行车队成立三年以来，他已经组织了 105 次活动，行程 4890 公里，常州、扬州、扬中、丹阳、茅山等镇江周边地区都有他们的车迹。张老师对自己的车队非常自豪，因为车队队员年龄基本都是 70 岁左右，年龄最大的 79 岁，校老党委书记也是他的队员。

三是打桥牌。他不但自己打，作为业余爱好，还义务教学生打。他认为国际通用的桥牌不仅可以娱乐，更能训练学生的思维能力，培养学生良好的业余爱好。

他在讲稿上曾经书写的旁注让人难忘：“成功对一个人来说，并没有时间的限制，处于各个年龄段的人都可以大有作为，关键在于一个人的心态。心死了那么一切都远去了，我这个小蜡头还在燃烧。”

赵杰文：倾心科研，乐于奉献

——2010 年第二届“感动江大”人物事迹

赵杰文是我国最早培养的一批博士之一，他长期倾心于食品科学与工程领

域的科学研究、应用开发、教书育人和人才培养，是我国食品工程界享有盛名的学者。20 多年来，他孜孜以求，将我国在该领域的科研水平和技术水平提升到国际先进行列。

潜心科研，硕果累累

食品、农产品品质快速无损检测研究，涉及食品、机械、光学、信息和应用数学等多学科交叉，理论难度及技术难度较大，属于食品、农产品加工装备走向自动化、智能化的关键前沿技术。

20 世纪 90 年代两次赴日本交流访问的经历，促使赵杰文紧紧地把握住了农产品无损检测领域的国际前沿动态及最新技术的发展趋向。1999 年回国后，赵杰文率领科研团队，围绕如何开发出精度更高、速度更快的食品、农产品无损检测新方法，如何使信息获取更全面，如何使可应用对象更广泛这三大目标开展科学研究，取得丰硕成果。

赵杰文学术思想活跃，2002 年率先提出“把多种技术一体化，以多维信息联用来克服单一技术不足”，获批我国该领域的第一个“863 计划”专项。2005 年，他又在国际上率先开展嗅觉可视化技术的系统性、实质性研究，发明了一种精度更高、速度更快、更直观的食品气味检测新方法。2005 年，国外刊物发表了有关高光谱图像检测新技术的报道，在没有任何资料数据的情况下，赵杰文率领团队成功研制了高光谱图像检测系统。10 年的工厂工作经历使赵杰文有较强的工程能力，他开发的智能化软胶囊分选机、小型水果分选机都是国内首创。

对待工作赵杰文一直兢兢业业，虽已 60 余岁却始终站在科研一线。2007 年 5 月，爱人突然被查出肺癌晚期，当时他的儿子一家在日本，爱人只能靠他一个人照顾。在这种情况下，赵杰文还忍着悲痛经常来到实验室，了解科研的最新进展。7 月，爱人突然去世，他强忍悲伤立即投入了工作。

几十年如一日的辛勤付出换得累累硕果。赵杰文主持过 6 项国家自然科学基金，所领衔的科研团队先后获得国家技术发明二等奖 1 项，省部级科技进步和发明一等奖各 1 项、二等奖 1 项，出版著作 3 本，申请发明专利 20 余项，其中 13 项已获批；发表论文近 200 篇（其中 SCI 或 EI 收录近 100 篇，论文被引用 400 余次，其中被 SCI 期刊引用累计 158 次，单篇最高引用 35 次）。国家 863 网站以“我国农畜产品品质快速无损检测技术研究取得重要进展”为题，报道了赵杰文教授的工作。全球最大的专业信息咨询公司之一 Frost & Sallivan 在新技术专栏中介绍了赵杰文教授研究的最新成果。

教书育人，桃李天下

长期工作在教学第一线，赵杰文积累了丰富的教学经验，开设的博士生课程“食品无损检测技术”理论性强、知识面广，他将内容讲得深入浅出。

爱是教育的灵魂，爱就意味着奉献。赵杰文定期参加组会讨论，和学生沟通学习、科研和生活情况。了解到贫困研究生方明的母亲重病需要手术，赵杰文立刻找他谈心，并在经济上给予了大力支持。在一次课题研讨会上，研究生汇报“试验结果识别率大于 90%”，赵杰文问道：“你试验到底用了多少样本？到底有多少识别正确？为什么试验结果不提供一个具体的数值？”他语重心长地告诉学生：“科研来不得半点马虎，该是多少就得是多少，这是对科学最起码的尊重，也是对你做人最基本的要求。”

赵杰文培养的研究生有 1 人获全国百篇优秀博士论文，2 人获江苏省优秀博士论文，3 人获江苏大学优秀博士论文。他培养的 2009 届本科生欧阳琴同学在 SCI 期刊发表论文，指导的本科毕业设计获江苏省优秀本科毕业设计。

乐于奉献，提携后辈

赵杰文能感动江大师生，不仅源于他的累累硕果，更源于他崇高的品德和宽广的胸怀，以及他乐于奉献、甘为人梯的精神。

在已有的科研成果和荣誉面前，他始终强调成就是集体智慧的结晶。每年年末成果报奖及年初项目申报时，很多年轻老师都希望能得到赵杰文的指点。无论是不是本专业、本学科的教师，只要找到他，他从不推辞，再忙也要抽出时间认真阅读材料、面对面交流，他总说：“这也是给了我一次学习的机会。”

源于赵杰文的影响，他带领的一批年轻科研骨干淡泊名利，都毫无保留地为科研贡献自己的力量。虽然每年都有年薪更丰厚的工作机会频频向这个科研团队招手，可是没有一位成员离开。正如 2008 年全国百篇优博论文作者邹小波所言：“投身于科研团队带来的快乐和内心的踏实是物质所不能给予的。”

徐民京：老骥伏枥，退而不休

——2010 年第二届“感动江大”人物事迹

理学院退休教师徐民京踏上教育岗位已经有五十四个年头，在这五十四年中，他勤勤恳恳，潜心教育教学工作，用自己的热心、爱心、决心谱写了一曲曲成功的范例。五十多年来不分顺境逆境，他总是默默无私地帮助着那些需要帮助的人，不论是朝夕相处的学生，还是刚踏上讲台的青年教师，只要有需要，他就是那“冬天里的一把火”。

徐民京忠诚党的教育事业，呕心沥血，情注桃李，在教学上取得了很大成就。他先后为高校教师进修班、数学师资班、研究生、本科生等不同层次的学生讲授过常微分方程、复变函数、图论、线性代数、概率统计、数理方程等多门数学课程。在教学工作中，他兢兢业业，以严格认真的态度对待教学的每一个环节，以高要求规范自己的教学行为，特别是针对不同专业的学生，做到“备学生”“备教材”，因人施教。面对新时代对人才的需求转变，他勇于创新，积极探索教学内容及教学现代化改革。几十年来默默地坚守着教育这片热土，面对一届又一届渴求知识的学子，徐民京倾注了自己的全部心血和汗水，把知识的种子播撒在学生的心田。

作为一位“双肩挑”干部，徐民京既有很强的教学科研能力，又有较高的组织领导水平和很强的行政管理能力。他曾任原江苏理工大学师资科科长、招生办公室主任、基础课部主任、数理系主任，江苏省数学会理事，江苏省工业与应用数学会理事，江苏省数学会工科院校委员会委员，全国部分高校师资工作联络会名誉理事，享受政府特殊津贴。对于行政事业的管理，徐民京有着清晰的思路和明确的目标，工作严谨认真，带头真抓实干，极力倡导团结、务实的优良院风。他以身作则、廉洁奉公、办事公正、工作卓有成效，基础课部所属各教研室的教学质量有了显著提高。英语 CET-4 级考试一次性通过率由 1988 年的 20%逐年上升到 1992 年的 82%；数学、物理课在全省竞赛中取得名列前茅的好成绩。

人们常说：“教师是太阳底下最光辉的职业。”徐民京以一颗博爱之心关爱着他的学生。徐民京今年已经 78 岁高龄了，却精神矍铄，他特别喜欢与年轻人在一起，看着年轻人健康快乐地成长，他打心眼里感到高兴。

退休后，作为教师，他退休不退岗；作为党员，他退休不褪色。退休没多久他便热心地加入了江苏大学教学督导团，亲自指导青年教师如何做人、如何教学、如何做学问，将他积累的教学经验和科研工作体会毫无保留地传授给他们，帮助初次走上讲台的青年教师备课，指导青年教师把握教材、理解课程，适应教学要求，促使青年教师快速成长。他既是良师又是益友，在他的帮助下，已有多位青年教师晋升为副教授、教授，成为部、省级优秀青年骨干教师。他指导的《高等数学的改革建设和管理成果》一文获江苏省高校优秀教学成果奖。徐民京对事业倾注满腔热情，他强烈的责任意识，爱岗敬业、教书育人的师德风范，让人心生敬意。

徐民京退休后仍然心系教学，承担着高等数学、工程数学的教学工作。只要上过徐老师课的学生都知道，每天早上 8 点的课，徐老师 7 点之前就赶到了教室，多出一个小时的时间为学生答疑，几十年来，风雨无阻。他对工作的认真态度、高度的责任心、精湛的讲课艺术和渊博的知识始终感动着学生。

作为一名优秀的共产党员，徐民京始终以高度的政治责任感为动力，把共产党员的先进性体现在具体的实际工作要求中，将思想作风与本职工作有机结合起来，在平凡的岗位上表现出共产党员的优秀品质。徐民京就是在三尺讲台的沃土中，从自己做起，从身边做起，从点滴做起，诠释了中国共产党“全心全意为人民服务”的宗旨。冰心说：教育是最辛苦而又快乐的职业。徐民京就是以他的执着追求、以他的和蔼可亲、以他满怀的热情，在他的人生荣誉栏上，屡屡写上“优秀教师、先进工作者、优秀共产党员”等光荣称号。

只要用真爱去追求崇高，用真心去服务他人，就能让自己从一个平凡人，成为一个真诚的人、一个高尚的人。“面对学生，面对我的事业，我很快乐，苦中有乐。我已经退休二十多年了，但今后我还要为教育事业奉献余热!”徐民京如是说。

周亚平：当代的“送子观音”

——2010 年第二届“感动江大”人物事迹

江苏大学附属医院中医内科主任周亚平不单单是一名医术精湛、“一号难求”的名医，更是一名恪尽职守、胸怀博大的仁医。妙手仁心，是她几十年行医生涯的最好注解。

“送子观音”是患者送给周主任的雅号，慕名前来找她医治的患者除了本市及各郊县的，还有苏州、无锡、常州、南京，以及江苏苏北及安徽等地的，甚至还有来自医疗发达地区的患者。

之所以“一号难求”，是因为周主任在中医治疗妇科疾病，特别是不孕不育领域有着很高的造诣。积土成山，非斯须之作。周主任几乎把所有的时间都给了中医事业，在三十多年的行医生涯中，她不断学习总结经验，将中医辨证施治与西医理论相结合，对妇科疾病如月经不调、子宫肌瘤、宫外孕、不孕不育症等运用中医中药辨证施治，疗效独特。

多年来，经过周医生的调理而怀上孩子的不孕不育患者可以说是不计其数。有一位女教师，九年前结婚，开始因为工作忙，夫妇俩打算迟点要孩子，近几年想要生孩子了，却一直不能如愿，经过疏通治疗仍未能怀孕。在一筹莫展之际，经友人介绍，找到了周主任，经过一年的中药调理，三十五岁的她终于喜得一子。来自句容的一名患者，结婚已经 4 年了，始终没能怀上孩子，辗转南京、上海的各大医院后，最终找到周主任，解决了生子难题。

周主任感动患者的绝不仅仅是她精湛的医术，还有她“悬壶济世”的仁爱之心。找她看过病的人都会感叹：“周主任的服务态度真好！她总是笑脸相迎，耐心解答，丝毫没有名医的架子。”今年 63 岁的管阿姨，1997 年查出患有肠癌，经过手术治疗后又复发，上海、南京的专家都直摇头，病魔把她折磨得没了人形，全身上下就连手指关节都疼痛难忍。抱着试试的心态，她找到了周主任，开始接受中西医结合治疗。经过一段时间的调理，管阿姨的情况居然奇迹般的有了好转，不仅气色好了很多，CT 显示病灶也得到了有效控制。7 年来，她坚持定期找周主任复诊抓药。她说：“我的命是周主任给的。”周主任总是优先给她看病，还特意找了门诊部主任，为她申请了专家号，让她免去了排队挂号的辛苦。

在同事的眼里，周主任是名副其实的劳模。每天找她的患者都在几十到上百人，她从早忙到晚，每两周除了固定的专家门诊时间以外，还要上 3~4 次专科门诊。就连到院部开会、到其他科室会诊，甚至是节假日休息时间都有患者或熟人等她看病，晚上七点多下班对她来说已是家常便饭。由于长时间伏案工作得不到休息，她患上了严重的颈椎病和肩周炎，每次发作时，她都只能抽空去理疗科做一次理疗。

为了节约时间，尽量多看些病人，她甚至养成了上班时间不喝水的习惯，茶杯就摆在身边，渴了就稍稍抿一口，润润嘴巴，从不敢大口喝，不是她不想，而是患者实在太多，自己根本没有时间去上厕所。就连自己的母亲因不慎跌倒导致腰椎压缩性骨折而卧床不起，周主任也只是抽了一个周末带上药去看了一下。

儿子高考那年，第二天要高考了，下班前仍有十多名患者围在周亚平身边，她仍然坚持看完了最后一位患者。与周主任共事多年的护士孙亚华说：“周主任心里装的都是她的病人。”有一次，孙亚华发觉周主任上班的时候气色很不对劲，一问才知道是肠胃不舒服。同事都劝周主任回去休息，但她说：“算了，那么多人等着我看病呢，他们挂号看病不容易，不能耽误了人家。”

作为一名二十多年党龄的共产党员，周主任又是全院医务人员争相学习的行风典范。她每天看大量的病人，从不乱开检查及不必要的药物，每张方子都是二三十元解决问题。曾有无锡某大医院高薪聘请周主任前往工作，被她婉言谢绝。给她送礼的患者也不在少数，但周主任有个原则，除了红鸡蛋和锦旗外，其他东西一概不收。

多年来，她坚持以党员的标准严格要求自己，一切以患者为中心，不分高低贵贱，均一视同仁。曾经有一对外地的夫妇，奔着周主任的名声千里迢迢赶来时，已经快下班了，根本挂不上周主任的号。导诊护士都劝他们回去，改天早点来挂号。周主任了解了情况后，还是让他们留了下来，下班后单独给他们问了诊，一直拖班到了天黑。诸如此类的事情，数不胜数。因为名气大，通过关系找她的人自然也很多，但周主任都是把熟人看病放在下班后，绝不影响挂号患者的看病秩序。

“农业生物环境工程”科研团队：执着追梦　开拓创新

——2010 年第二届“感动江大”人物事迹

“近五年来，获国家科技进步二等奖 1 项、国家教学成果二等奖 1 项，获省部级科技进步一、二等奖 4 项，获批国家级项目 18 项、省部级项目 30 项。”这是一串耀眼的硕果，背后的酸甜苦辣却鲜为人知。这些硕果的创造者就是由毛罕平教授带头的农业生物环境工程团队。

1994 年，毛罕平前往日本考察，日本现代化、智能化的温室技术深深触动了他。他认定我国也要有智能化的温室，要挖掘植物生物学潜力，造福人民。怀着这样的信念，毛罕平和他的团队开始了艰辛的探索。刚开始时没有经费也没有试验设备，试验温室的机械装备、一砖一瓦都要自己动手制作。1996

年，设施农业的发展逐渐引起国家层面的关注，江苏省设立了第一个关于设施农业的攻关项目。毛罕平毫无悬念地成为项目负责人。有了政策、项目和资金的支持，积攒了两年的能量，终于以喷薄之势迸发出来。

夏季炎热、冬天寒冷，南方特有的梅雨季节，以及台风和暴雨不定期光顾，亚热带地区独特的气候条件给团队出了一道难题。第一个温室示范工程刚建成的那天，就遇到了强台风登陆镇江，花费数十万元的温室遭受了台风暴雨的摧残，毛罕平彻夜难眠。第二天天刚蒙蒙亮，他就赶到位于丹徒辛丰的基地，看到温室在风雨中毫发无损，揪了一夜的心才放下。在 2008 年南方百年一遇的暴雪灾害中，大部分连栋温室被压垮，而团队所开发的温室无一倒塌。

团队带头人毛罕平被学生称为铁人，他的敬业精神为人称颂。由于肩负教学科研、行政和学科建设重任，他经常熬夜到凌晨一两点钟。2003 年，毛罕平得了急性胰腺炎，医院下了病危通知，在重症监护室，身上插着 6 根管子的二十个白昼黑夜里，他下定决心出院后一定要善待自己，不再拼命。但病愈出院后，他又继续开始忘我地忙碌起来。2009 年 12 月初，毛罕平左腿又被检查出长有肿瘤，因无法确诊是恶性还是良性，需要立即手术。恰在这时，由他申请到的我校第一个国家外专局重点引智项目在学校举行重要国际交流活动，他偷偷地把手术通知书塞进包里。在荷兰专家离开的那一天，毛罕平才拖着疲惫的身体去医院手术。2010 年 1 月 5 日是现代农业装备与技术教育部重点实验室验收的日子，他腿部打着石膏，拄着拐杖坚持来到现场。最终，实验室高质量地通过了教育部重点实验室的验收。

毛罕平教授情系农机、无私奉献的精神得到了师生和国内同行的认可。他先后被聘为第六届国务院农业工程学科评议组成员、新一届国家人事部博士后管委会专家组成员。

以往国内关于设施农业的研究，大都围绕温室装备、温室控制和园艺栽培三个方面分别展开，各自为政，彼此脱节。然而，温室结构、环境条件、机械栽培技术是一个有机的整体，缺一不可，装备与农艺结合难度大，极具挑战性。毛罕平教授引进和培养了农业工程、生物技术、栽培技术、自动控制、生态等专业的专门人才，形成了一个学科交叉、团结协作的研究队伍。

这是一支敢于攻克难关的团队。精确最优的温室环境控制系统需要以准确的作物生长模型为依据，而作物生长又受到季节、环境的影响，同时还要考虑作物收获的季节性和经济效益。这一切，注定了建立这一国内空白模型库的耗时性和复杂性。以李萍萍和吴沿友教授为核心的农业生物环境团队主动接受了这项挑战，他们以黄瓜、番茄、生菜等作物为对象，建立了缺素、缺二氧化碳、光照不足、湿度过高、温度过低等情况下的作物环境极限的控制模型，并根据作物生物量、光合作用状况、营养物质分配积累等方面建立了完善的作物不同阶段的生长模型。每一个作物的生长周期往往长达几个月，期间需要实时采集数据，通过作物的生长情况来判断该阶段作物环境条件是否适合，进而优化调整整个控制系统。经过几年的努力，他们终于摸索出完善的作物生长模型数据库，加上设备研发人员的通力合作，终于开发出低成本、高可靠性的温室环境控制系统，可实现全天候的环境最优控制，拿下了环境控制技术这个拦路虎。

这是一支高度凝心聚力的团队。该团队吸引青年教师参加重大项目研究，他们几乎每周都会相聚一起讨论学术、学科建设等问题；团队全额支持青年教师发表高水平论文，尽力为他们创造良好的实验条件；积极提供条件资助每位教师参加全国性或国际性学术会议，拓宽他们的科研视野和思路。“人人有科研，个个进方向。”在团队中，入选中科院百人计划、江苏省“青蓝工程”的中青年学术带头人吴沿友说：“只有到这个团队才会想到把农业工程知识运用到遗传育种里面，把不可能的事变成可能。”

周尚飞：艰辛创业初结硕果　感恩母校反哺社会

——2010 年第二届“感动江大”人物事迹

2003 年，背上行囊、怀揣梦想，周尚飞踏入了江苏大学的大门。外面的世界很精彩，让他年轻的心激动飞扬。短暂的兴奋过后，周尚飞意识到了生存的压力，他想：“家境一般的我该如何适应这样新鲜的环境，该如何在竞争激烈的大学平台立足?”这样的困扰一度让他难以排遣，但性格中的好强因子不允许他这样浑浑噩噩下去，拨开迷雾，他决定脚踏实地走好眼下的每一步。

从学生科协干事到科协主席，他一步一步往前。担任学生干部的经历让他获益匪浅，各类活动及琐事都为他提供了锻炼机会。四年里，周尚飞组织了数十项大型活动，策划了近百次活动。

如果说前三年的每一次经历都是量变，那么三年后的“挑战杯”则是质变。2006 年，他作为队长组队参加了江苏省和全国“挑战杯”创业计划竞赛，团队成员除他以外都是硕士及硕士以上学历，一个本科生来管理一支硕士生团队，靠的是最大限度调动每一位成员的积极性，让大家紧紧凝聚在一起。他没有因为学历低而自卑。凭借团队的共同努力，他们一路挺进决赛，全国铜奖是对他们付出的嘉奖。

一路走来，积累的知识经验越来越多，这时创业的念头越发清晰。他找了两个合作伙伴，确定了一个尚不成熟的创业项目，便踏上了收益与风险并重的漫漫创业路。2006 年 11 月，在校领导、市领导及镇江新区领导的帮助和支持下，他们的第一个公司——镇江海特新能源，在新区创业园成立，专门从事新能源技术的开发、生产和服务。2007 年年初，常州金坛的一位村书记愿意投资这个项目，他们在这个村里开起了属于自己的制造加工厂。一年多里，他们不断改进产品，取得许多技术突破，但由于缺乏管理经验，损失了 30 多万元，欠下 10 万元高利贷。2008 年 5 月，雪上加霜的是其中一个合伙人离开了公司，从此债务落在周尚飞和另外一个伙伴身上。

2008 年 7 月 1 日，江苏省委常委、副省长黄莉新亲自带队视察该公司及公司试点推广的情况，在省、市、校各级领导的关心和支持下，他们的产品进入全省推广。经过三年的探索、实践和创新，他们终于探索出一条新的解决秸秆问题的出路。在市领导的协助下，他们与丹阳沃得集团合作，项目受到了认可和欢迎。

在沃得集团对项目完全接手后，他们考虑换做新的项目。通过整合资源，他们找来一个一直从事互联网行业的学长，一起探讨、分析、查资料，发现国内很多中小企业的信息化比较落后，网络营销还未被普遍接受。2009 年 3 月，在镇江市京口区领导的支持下，他们的第二个公司在京口软件园成立——江苏名通信息科技。这一群年轻人，为了共同的理想，带着激情聚到了一起，不分昼夜地工作，甚至忙到夜里两三点。公司很快进入正轨，2009 年公司销售已经达到 1000 多万元，公司有员工 70 多人，本科学历以上达到 70%以上。

2009 年年底，公司在原有业务稳定发展的基础上，开始考虑开发属于自己的产品。他们在国内率先提出“区域化 SNS 电子商务”的概念，做出了详细的商业计划，凭借公司的技术实力，轻松地融到了一大笔资金。2010 年年初，恺源电子商务有限公司正式成立，专业从事“区域化 SNS 电子商务”的研究、开发与运营。目前，这套电子商务模式已经开始进行试点运营，运营数据受到地方政府的高度重视，镇江市商务局领导决定将整个镇江市的电子商务发展整体方案交由该公司来做。他们制定了该项目的五年发展规划，上市的梦想对他们来说已不是遥不可及。

如今，周尚飞的创业高楼已初具规模。他一直没有忘记母校，江苏名通公司现已成为“团中央青年就业创业见习基地”和“江苏大学大学生就业基地”，挂牌当天，周尚飞代表公司向见习基地捐赠电脑，在师资、硬件等方面投入百万元来建设“江苏大学创新创业学校”。2010 年 3 月，周尚飞以发起人的身份组建了“江苏大学创业联盟”，并担任第一任联盟主席，对有创业想法或开始创业的同学进行指导与支持。目前，该公司总销售突破 5000 万元，共计聘用我校优秀毕业生 100 余人。

光鲜的表面下是汗水的交织，时至今日，他们忘不了，38 摄氏度的高温下钻进铁皮桶进行试验；忘不了，大雪封路时，骑自行车前往三十多公里以外的试验点；忘不了，彻夜未眠，研究出理想的实验数据……

宁尚洁：笑对人生，服务社会

——2010 年第二届“感动江大”人物事迹

宁尚洁是教师教育学院 2007 级研究生，她的成长与同龄人相比有更多的坎坷，但她始终以积极乐观的态度去面对，青春岁月里的艰辛和奋斗都成为她人生最宝贵的财富。2008 年“5 · 12”汶川地震发生之后，响应团中央号召，宁尚洁成为我校第一个报名赴四川地震灾区提供志愿服务的大学生志愿者，在四川省绵竹市新市镇进行为期一年的志愿服务。

自强不息，挑起生活重担

宁尚洁的家乡在山东省泗水县，高二那年父亲因病去世，给并不富裕的家庭留下了 8 万元的债务，母亲积郁成疾，患上精神官能症和顽固性失眠。年幼的宁尚洁勇敢地挑起了生活的重担，每天接送上小学的弟弟，做饭洗衣，学习功课。

出生于教师世家的宁尚洁一直梦想做一名人民教师，由于高考成绩不理想，她在山东聊城大学读了专科。懊恼过，也泄气过，积极进取的她成为当年聊城大学教育学院唯一考进山东师范大学继续本科学业的学生。本科毕业后，她边做心理教师边复习考研，2007 年如愿来到江苏大学攻读高等教育学研究生。

求学的经历有些曲折，个中滋味也不简单。始入大学校门，宁尚洁就知道自己与其他同学不同——她是家庭的希望，要靠自己读完大学。“虽然衣着土气，经济贫困，但我自食其力，没有什么丢人的。”为了积攒学费和生活费，宁尚洁业余时间都用来做兼职：做过保洁、送过牛奶、卖过凉皮、捡过矿泉水瓶、卖过磁带、做过各种促销、当过家教。辛苦的奔波有了丰厚的回报，毕业时宁尚洁还清了助学贷款，还积攒了5000元钱。

宁尚洁信奉“时间是海绵里的水，挤一挤总会有的”，在忙碌的兼职工作之余，她认真学习，成绩优异，获得过国家奖学金，连续三年获得校级二等奖学金，此外还获得优秀毕业生、优秀团员、新长征突击手等荣誉称号。

感恩社会，让爱主导生活

社会的帮助和生活的艰辛使宁尚洁更加懂得珍惜生活和体谅他人，做个有用之人报答社会的心情也愈加迫切。“5・12”汶川大地震发生之后，团中央面向全国高校招募大学生志愿者奔赴四川地震灾区提供志愿服务。宁尚洁作为一名光荣的西部计划抗震救灾专项志愿者，克服了各种困难，拓展了服务范围，体现了自身的价值。

到达灾区后，宁尚洁被派往对口援建指挥部办公室，主要从事文件收发、档案管理、网站管理、简报编写等工作。

初到四川，因为饮水少、饮食辛辣、下村暴晒等原因，她咽喉出血，患上了咽后壁淋巴滤泡增生，有一周多时间无法发声，但她没有请一天假，只是利用中午时间做雾化治疗。在2008年10月之前，宁尚洁一直住在温度高达50摄氏度的帐篷里，刚到第三周双腿就长满了湿疹，无法用药膏控制，只好每天口服止痒药暂缓瘙痒状况，至今仍有一部分皮肤严重溃烂。在工作时不小心扭伤，没能及时治疗，她患上了梨状肌慢性炎症压迫坐骨神经，夜间睡觉时翻身都成为一件奢侈的事情。她克服各种困难，让自己尽快适应灾区生活。工作中，她巾帼不让须眉，不满足于在办公室完成简单的行政事务，和其他机关干部一样，白天下村，晚上搬运救灾物资一直忙碌到深夜。“别人能干的活，我也能干。”虽然是一名女孩，但在搬运矿泉水、扛米袋、卸冬衣棉被、发放帐篷的现场，常常可以看到她的身影。手上长茧了、肩背红肿起来了，她没有叫过一声苦累。

在支援灾区的日子里，宁尚洁不忘发挥专业特长，挤出时间开展与自己专业相关的活动和工作。她通过相关平台，利用假期时间，深入学校向学生教授心理健康教育课程，为师生排解心理压力。对心理负担较重的个别学生开展个体咨询，帮助他们尽早走出阴影，开始新生活。在征得当地政府同意后，她还利用自己的专业优势，有计划地走访了地震孤儿、死难学生家长、地震致残人员，排解他们的负面情绪和压力，引导他们走向新的生活。同时，她还深入研究了抗震救灾和灾后重建阶段灾区人民的心理发展特点和接受心理援助的状况，反思了心理援助中出现的问题，并从不同人群灾后心理发展的差异反思高校心理健康教育的发展和改革。

此外，宁尚洁还在绵竹市教育局与中科院心理研究所合办的“我要爱”心理减压热线做接线老师，定期参加督导的指导与培训，为心理咨询师奇缺的绵竹地震灾区作出了自己的贡献。她的工作思考《汶川地震灾后行政心理障碍及其解决策略》一文还在杂志上发表。

2009 年 7 月 3 日，一年的志愿服务期结束了，可下一批的志愿者还没有到达，宁尚洁主动要求坚守工作岗位直到新的工作人员到来，从而保证了志愿者工作的延续性。

在绵竹的 14 个月里，宁尚洁自身得到了极大的锻炼和提升，她的工作也获得了当地政府的肯定。2009 年 1 月，她成为第一个在绵竹灾区入党的大学生志愿者，并先后被绵竹市组织部、新市镇党委政府、南通援建指挥部等单位评为先进个人、优秀志愿者。

“下午四点钟学校”志愿者服务团队：下午四点见

——2010 年第二届“感动江大”人物事迹

四点钟，四点钟……每天下午四点钟，这样一群人总是很匆忙，很焦急！似乎有谁在等着他们！他们就是继续教育学院青年志愿者服务队——“下午四点钟学校”的成员。他们急着去给镇江市关爱中心召集的外来务工人员子女、留守儿童上课、辅导作业。

2008 年 5 月，继续教育学院与镇江市关爱中心携手共建大学生社会实践基地，随后，学院着手招募、组织了一批社会公益意识强、有奉献精神并具有一定组织能力的大学生志愿者参加爱心助教服务活动，成立了“下午四点钟学校志愿者服务队”。

志愿者对孩子们的辅导真正做到了日日制。每天下午四点钟，志愿者准时到达关爱青少年活动中心，为这里的外来务工人员子女义务辅导功课，长期坚持开展“大手拉小手”志愿者服务活动，使大学生学有用武之地。除了每天辅导功课外，大学生定期为小同学精心设计小游戏及第二课堂活动，如“数字组合”“坦克向前冲”小游戏，法制教育、野外营生、温室效应、嫦娥绕月等科普活动。举办“大手牵小手迎新晚会”“书是人类进步的阶梯”演讲比赛，开展“汶川，我们和你心连心”和避震自救等活动。大学生们还利用暑假带着小朋友开展各种丰富的社会实践活动。2008 年 7 月，志愿者带着小朋友一起开展了“画福娃，迎奥运”“2008，我与奥运同行”“红色之旅，重走长征路”等系列暑期实践活动，和小朋友一起来到南京十月军校，体验军事化夏令营生活。2009 年暑期，志愿者与小朋友开展“快乐度暑期，增长新本领”“大学生科普服务到关爱中心”等活动。

长期以来，“下午四点钟学校”志愿者参与关爱中心各项校外教育辅导活动已达 581 次，接受教育辅导服务的未成年人达 2290 余人次。志愿者团队的辛勤付出受到了共建单位和社会各界的广泛好评：学院志愿者参与的下午四点钟学校被评为镇江市优秀“下午四点钟学校”。扬州团市委相关人员特地来“下午四点钟学校”进行参观学习。“下午四点钟学校”也连续两年荣获“校优秀志愿者小分队”荣誉称号。2009 年，该活动荣获校团建创新优秀项目。“下午四点钟学校志愿者服务团”开展的各项活动也分别被《中国教育报》、《人民政协报》、新华社、中央 7 台、江苏城市频道（南京零距离）、江苏教育电视台（教育在线）等媒体报道。

所有的收获都有志愿者的一份汗水和功劳！走在校园里，坐在教室中，他们是如此平凡，只有在下午四点钟，你才能看见他们最美的笑容和身后的光芒。志愿者们常说：“有一种生活，你不曾经历过，就不知道其中的艰辛；有一种艰辛你不曾体会过，就不知道其中的快乐；有一种快乐你不曾拥有过，就不知道其中的纯粹。”

戴立玲：用执着与爱诠释师者情怀

——2016 年第三届“感动江大”人物事迹

她是学生眼中“最喜爱的老师”；她是江苏大学首届教学名师和首届师德标兵；她被镇江民生频道称为“教学艺术家”；她被《中国教育报》“魅力人物”专题报道。她，就是我校机械学院退休教师戴立玲。戴老师的课堂，严谨又不失生动。教学艺术，贯穿了她的教学人生；她独有的人格魅力，在课堂教学的殿堂熠熠生辉，影响了一批又一批青年学子和教师。

醉心课堂，她执着教学，乐此不疲。

从教三十多年来，戴立玲先后承担过机械原理、机械设计、工程图学及其系列课程的教学工作，她从未放松过对教学理论及教学艺术的追求。执着，贯穿着她的整个教学人生。

做足课前的每一项功课是她雷打不动的习惯。通过每一次认真备课，她把自己教学研究和改革的成果，以及相关科研成果中的新观点、新理念、新知识、新技术融进教学内容，整理、更新、充实课件，编写、打印辅导材料或讲义，作为课堂教学的指导与补充；在教学手段方面，她创设了新型的集多媒体课件、CAD 软件、黑板、模型、展示台、大屏幕及双语教学于一体的现代化课堂教学模式。课堂上，手绘板图与电子课件交替出现，讲解与提问交替出现，中英文两种形式交替出现，形成了自己独特的教学风格。学生们都说，戴老师从点、线、面开始，教他们学会了如何设计和描绘一个空间物体，更使他们懂得了应该如何去描绘将来的人生。

无怨无悔，她因材施教坚守本真

在 2016 年 5 月 18 日学校“辉煌一课”的课堂上，戴立玲曾经说过：“回顾我的讲台生涯，有过多少劳累，多少困惑，多少委屈，多少失落，而一旦站在讲台上，面对着那一双双纯真无邪的眼睛，就什么都忘了，就会不知不觉地进入忘我的境界。”如何教好学生，成为她不倦的追求。

戴立玲主讲的课大都是“量”大面广的技术基础课，每学年要承担 10~12 个班次、2~3 类专业的授课任务，仅制图习题作业，每年批改量就达 300~360 本，也就是 30000~36000 页。在授课的过程中，她更是时刻用心观察每一位学生的神情状态，然后利用作业评讲、课余、上机辅导等时间进行有针对性的引导。

戴立玲教过车辆专业的一个学生，是当年高考“严重失手”的考生，学习积极性欠缺。戴立玲利用辅导答疑的机会，结合他的爱好与他谈了几次心，并在上机时给他布置了一些与数学解析有关的练习，再逐渐引入工程图学的范畴，使他走出了高考的阴影，开始对“工程图学”课程产生了兴趣。他从内心感谢戴老师帮他找到了自己的目标。

爱生如子，她倾心育人桃李满园

“老师应该是学生另一种意义上的父母。我亲眼看见过我的父母是怎样对待他们的学生的，也亲身经历过我的老师是怎么对待我的。因此当我成了一名老师后，也不知不觉地对坐在我面前的每一名学生产生一种母爱和责任。”戴立玲是这么想的，也是这么做的。

曾经就读于机械学院的石贵峰同学讲述了这样一件事。2009 年 1 月，期末考试前一天，当晚 8 点，他试着给戴立玲发了短信，表达了想让老师补课的愿望。这么晚又刮着寒风，老师会来吗？小石正在疑惑间，“好的，就在今晚 9 点半吧。”戴老师来了短信。他们一直补课到 10 点半教室关门。站在校园的寒风中，小石又把学习和前途规划等想法一股脑儿倒给戴立玲老师听，得到了戴立玲对这些计划、想法实施的谆谆指导。“身边有像妈妈一样的戴老师关爱激励着自己，我的学习更有动力了。”每每提起此事，小石都感动不已。他把这件事记在手机的记事本上，时常翻出来看看，从中汲取进步的力量。

戴立玲只是一个教专业基础课的老师，然而学生学习上有了问题找她，家里亲人得了重病不想继续学业了找她，面临恋爱、考研和就业方面的困惑也找她。一年又一年，她从知心大姐到知心阿姨，最后是慈祥的奶奶。一本本备课笔记，一摞摞密密麻麻登记着学生平时成绩的成绩册，一次次在学生自修室和机房的辅导答疑，一次次与学生在生活学习甚至感情上的谈心交心，她始终以自身的暖暖爱意为他们找寻开拓的天地，陪伴他们度过这一段难忘的青春岁月。

孙建中：以“白蚁精神”笃行科研之路

——2016 年第三届“感动江大”人物事迹

为了科研，他两度离别妻子和女儿，远赴美国学习深造，一待就是 15 年；为了科研成果能够为国所用，已经在美国科学界崭露头角的他放弃了优厚的生活待遇，来到江大，一手创立了生物质能源研究所。他，便是生物质能源研究所负责人孙建中。在生物质能源研究所，记者看到，年近六旬的他，头发灰白，身着简洁干净的白衬衫，桌上摆放着厚厚的英文原版著作和一沓沓论文资料，除此之外，别无他物。一切是那样干净整洁，墙上贴着的是白蚁研究图谱，旁边的实验室里传出实验人员操作仪器的声音，这是一个严谨有序的环境。每天，孙建中教授就是在这里开始一天的工作的。

孙建中教授是国际上将白蚁高效生物质降解植物木质纤维素特性引入到生物质能源研究中的少数科学家之一。在接受记者采访的过程中，他提及最多的不是自己取得的科研成果，而是作为科研工作者应有的追求精神和科学精神。

“一分钟要掰成两半才够用”

2009 年，孙建中回国担任江苏大学特聘教授，建立了生物质能源研究所。一切从零开始，没有桌椅，没有实验台，没有任何仪器设备。当时的他，面临招聘人才、搭建国际合作平台、争取科研项目等烦琐而又亟待解决的问题，每天的日程表都排得满满的。

“那会儿呀，真是恨不得一分钟都能掰成两半来用。”孙建中告诉记者。为了打造一支多学科交叉、与国际接轨的高水平研究团队，攻克生物质能源技术体系中的国际性难题，孙建中平均每天工作时间都在 12 个小时以上。除了吃饭、睡觉等必需的生存需要之外，他所有的时间都扑在了研究团队建设和科学研究上。高铁上、机场候机室，都是孙建中处理工作的地点，他曾经在去湖北出差的火车上，利用 6 个小时的坐车时间，审查了一篇 SCI 杂志投稿论文，给出了 2000 多字的审稿意见。

“科学研究一定要深入一线”

如今的孙建中已过花甲之年，多年来长期伏案工作使孙建中落下了严重的颈椎病，导致经常偏头痛和血压升高；长时间盯着电脑又让他患上“干眼症”，他的上衣口袋里总是装着一支眼药水，时不时就要拿出来滴上一滴。“孙老师工作起来跟我们年轻人一样，问题没有解决的话，他有时竟会奋战到凌晨一两点。”2015 级硕士生季琛铖谈起孙教授，满满都是敬佩。

生物质能源研究所教师谢蓉蓉还清楚地记得，有一次团队深入西双版纳采样，孙建中执意和一群年轻人一起，在湿热的原始森林里待了整整一个星期。白天气温高，有时还遇到大雨，地滑泥泞，小年轻们开始抱怨，孙建中带头鼓励他们，教大家如何克服困难采白蚁，分析白蚁的生活习性和特征。“每次采样结束时，孙老师的后背都湿透了。”夜晚在森林扎营，孙建中就让大家总结白天学习到的知识，一起交流分享。“不深入一线，就采不到需要的样品，实验就会功亏一篑啦!”孙建中身体力行，践行着一位科研工作者对科学探索的执着追求。

“授之以鱼，更要授之以渔”

“我始终认为，做科研不能光是自己闷头做，更重要的是如何让学生感受到科研的‘有用性’，要授之以渔，帮助学生更好地理解生活和世界。”谈到育人，孙建中如是说。

孙建中是生物质能源研究所负责人，除了科研任务，他还承担着烦琐的行政事务，但是每年他都会抽出时间为研究生新生作入学报告和沙龙讲座，以一位老党员的身份给他们讲诺贝尔奖获得者的故事，讲乔布斯的创新思想，教他们如何确定自己的研究方向，走向更高的层次。“有一次我将论文交给老师，从文献的使用、实验方案的设计、文章的遣词用句，他都一一指出我的不足，我改一遍，他看一遍，再提出意见，光这篇论文就改了不下 5 遍。”孙建中曾经的学生，现已留校做辅导员的李成林告诉记者。

研究所的同事们都说：“他研究白蚁这么多年，身上也有了一种白蚁精神——锲而不舍，孜孜不倦。”做科研如是，育人亦如是。孙建中不仅自己取得了一系列成就，他所带领的生物质能源研究所也是蒸蒸日上。他一手建立的研究所如今已拥有 10 余个实验室，教授、副教授等专职研究人员 10 多人，全部具有博士学位，还邀请了 10 余位国际知名的教授担任兼职教授，与欧美多个国家的高校建立了广泛的科研合作和交流关系。在他的辅导培育下，一批青年学子也都在国际交流和科学研究中取得了公认的成就。

周德军：醉心魅力课堂的暖男老师

——2016 年第三届“感动江大”人物事迹

作为江苏大学教学一线的一名普通教师，他的生活中没有轰轰烈烈的英雄壮举，也没有惊天动地的感人事迹，有的只是平淡与平凡。上课，下课，开学，期末，日复一日、年复一年，周德军用激情书写自己奉献教育事业、实现人生价值的平凡故事。他是同学们口中亲切的“德哥”，他是同事们眼中的

“教学达人”。任教以来，他在平凡的教学岗位上囊括了江苏大学教学类所有最高级别荣誉，谈起法学院“德哥”，个个都竖起大拇指。

激情“点燃”课堂，他是“最有范儿”的法学教师

在学生口中，他们习惯地称周德军为“德哥”，还自创了口号“爱生活，爱德哥”“信德哥，过司考”。

周德军曾说过：“学生不认真上课，不是他们的错，而是教师的魅力不够。”讲授“法律文书写作”“刑事诉讼法”等枯燥的法学课程时，一站上课堂，周德军就叫醒了每一个学生的耳朵。他的声音不自觉地高了八度，嘴角永远往上扬起15度，学生调侃：“课堂上的德哥就像打了鸡血一样，不自觉地就被他吸引了。”周德军还喜欢把知识与案例穿插在一起讲授法律课程：“在上个世纪八十年代，月黑风高的晚上，一个学霸女青年骑着自行车经过莫言笔下的红高粱地，突然冒出了一个毛贼，大喊一声‘把车留下，人我不要’……”幽默风趣的语言让学生留下了笑声，更记住了知识点。

无论毕业多久，法学院的学生回想起大学期间难忘的老师，周德军总是被不断提及。2015届毕业生张帅告诉记者：“德哥的课堂就是他的舞台，讲到动情之处，他甚至会捶胸顿足，他是用‘心’在讲解社会生活中发生的实际案例。他的课堂，不仅是传授专业法律知识的课堂，更是将理论与现实紧密结合的灵动的课堂。”在他的精心组织下，严格的提问、苛刻的要求仍然阻挡不住学生对每周一次课程的向往与期盼。充满激情的刑事诉讼法课程教学，让学生们打下扎实的基础，在复习司法考试迎战该门课程时变得轻而易举。

温情传递师爱，他是“法学第一暖男”

周德军相信，只要老师愿意投入时间和精力，就能走进学生的世界。为了更好地了解学生，上第一节课时，周德军要让学生填写满满一张纸的信息资料，QQ号、微信号、寝室室友、个人爱好、英语四级情况、毕业就业目标等，事无巨细都要了解。在他的课上，学生只要认真听讲就行，从来不需要记笔记，因为周德军早就把备课笔记制作成电子版，学生只要上课前打印好就行。

担任学业导师期间，他经常深入学生宿舍，与他们促膝谈心，探讨未来。

曾几何时，四区五栋的法学院男生宿舍成了他的另一个家。有一次班上一个足球运动员学生因受伤失血过多，他亲自下厨研究排骨煲汤、猪爪煲汤等各式补汤，连续一个月给学生炖汤大补。经济法 2000 级学生任莉明英语基础较差，对英语学习甚至大学生活一直提不起兴致，为了帮助他通过英语四级考试，周德军用了两年多的课余时间专门为这位同学进行辅导，从单词记忆到阅读理解，从听力训练到写作，“德哥一项一项地帮我寻求学习方法，没有他的鼓励，我想我不会那么容易通过英语四级。”谈起周德军，任莉明充满感激。

司法考试被称为“天下第一考”，近年来通过率维持在 10%～20%，是每一位法学学生都想啃下的一块“硬骨头”。司考期间，法学 2010 级学生李悦状态不佳，打电话给德哥求开解，两人一直聊到凌晨 3 点德哥才挂上电话。2013 年司考考场外，考生们突然疯狂地拥抱在一起。原来，周德军悄悄前来迎考。感动之余，学生吴建弛在人人网上写道：“考了这么多年试，只有这样一位老师为我迎考过。无论过与不过，都感谢德哥，致敬德哥。”此后，每年司法考试最后一门结束，周德军都会在考场的门外等候刚考完的学生，给他们一个亲人般的拥抱。考试结束后，周德军就在网上欢乐吐槽考题——“为何花了 100 元却只抢劫了 88 块钱？移情别恋诅咒送旱冰鞋到底几个意思？老板出售羊角锤是否另有隐情？无照驾驶人乙为何逃不过死神的镰刀？敬请关注大型史诗恐怖悬疑灾难片《2013 国家司法考试之试卷（二）》……”这样有趣的话题充分缓解了学生的紧张情绪，更激发了学生对法学学习的兴趣。周德军称，他所在学院学生司考通过率年年都能达到 50%。

自 2001 年 7 月走上讲台，从助教到讲师，从讲师到副教授，周德军一步一个脚印，一路挥洒汗水。在前行的道路上，与之相伴的是他对教育事业深沉的爱，对生活炽热的爱；是他对学生无私的爱，对未来积极的爱！他一直坚信，拼搏的人生最美丽！不断努力，永恒追求，才是对生命最好的诠释！正像每一个普通的江大人一样，周德军只是教学一线诸多普通教师中的一分子，他和他们一样，正在用激情和爱书写自己的多彩人生！

杨敏：艺术教育的“痴者”

——2016 年第三届“感动江大”人物事迹

她曾是昆明交响乐团小提琴演奏员，参加国内外演出活动 200 余场。为了

艺术教育事业，她放弃了灯光闪耀的专业舞台，从弦乐到管乐，她无一不“钻”。她始终把推动我校公共艺术教育放在首位，带领我校大学生艺术团行走在校园文化艺术的殿堂。她努力克服指导老师力量严重不足、没有艺术特长生、训练场地紧缺等困难，带领全体艺术团同学每年排练几十个新节目，积极参加国家、省、市级大学生艺术展演各项比赛，并在大赛中取得佳绩。组织高雅艺术进校园、大学生艺术团汇报演出和各分团专场演出等校内多场演出活动，稳扎稳打地做好每一项艺术教育和管理工作，带领我校大学生艺术团从“零基础”发展到如今的生机勃勃！

从零起步

2004年，杨敏刚调入我校工作时，艺术团只是学生会的一个社团，没有专业指导教师。杨敏义不容辞地挑起了重担，将艺术团发展成今天的若干分团：弦乐、民乐、话剧、戏曲、舞蹈、礼仪、合唱团等。

弦乐团成立之初，按照要求必须有四个声部：小提琴、中提琴、大提琴、倍大提琴。可当时教师资源严重短缺，阻碍了艺术团的发展。是放弃这个想法，还是以一己之力身兼数职？这一度让杨敏感觉心有余而力不足。“我是专业交响乐团出来的，希望自己带的学生队伍能更丰富，演出效果更好，水平更高些。”杨敏说，“大不了自己学了再教。”

执着的杨敏从零开始，硬着头皮学了三种不一样的乐器。买了有关中提琴、大提琴、倍大提琴的书，从看谱子开始，三种不同于小提琴的乐器，相对应各不相同的谱子。她慢慢地研究，一点一点地摸索着学演奏方法。经过三个多月白天晚上不间断地学、练，她终于组建出我校第一支大学生弦乐团。“当时可花了大力气！”杨敏笑着讲，其中的艰辛是难以想象的。“弦乐团是这么组建的，后来的民乐团也差不多，他们演奏什么，我就得去学什么。”二胡、笛子、古筝、琵琶、扬琴，她一一都学了个遍。

各个社团成立之后，更烦琐的是训练工作。“没有艺术特长生，没有器材，没有经费，没有场地，没有专业指导教师，在这样的条件下，杨敏能带领着一帮学生在一些国家、省、市级大赛取得佳绩，实属不易。”与杨敏共事多年的时任校团委书记杨道建感慨万千。

艺品即人品

“把你的手给我，放在这个地方，听一下。这个音要记住，多练练，感受下。”杨敏手把手耐心地教着艺术团的团员。面对团员参差不齐的水平，杨敏都一视同仁从头开始教。

所有的排练都是为完美的演出做准备，所有的准备工作在杨敏的指导下总是井井有条。乐谱中有的地方比较难练，追求完美的杨敏就凑同学空课时间进行每周排练。每个人，就一个音，单练，她总是侧着耳朵一个人一个人地听，确保 20 多个人每个人拉的音都准，才放心。

每排练一首新曲子，杨敏都要在谱子上标定指法、弓法。弦乐团团长计算机学院 2015 级王秀莉说：“杨老师为了让我们的小提琴合奏《春天》在明年的全国大赛中得奖，给我们一遍一遍抠细节，标指法。”

再结实的身体，也抗不住没有假期的训练和全校各大文艺活动演出的消耗。2015 年，在参加江苏省大学生艺术展演活动中，主办方只给了每个学校 15 分钟的比赛场地彩排时间。彩排前一个小时，杨敏身体已经快支撑不住了，但是为了用好宝贵的彩排时间，她没有退场，而是浑身大汗、眼冒金星地坚持到了结束。“2015 年的一场汇报演出下来，杨老师就病了。”校团委副书记张文娟说。

播撒爱的种子

不管是出于惜才，还是出于一名教师的涵养，杨敏面对参差不齐的演奏水平，都报之以将心比心的包容。2014 级电气学院的马鑫刚加入弦乐团时，基础非常薄弱。杨敏并没有拒他于门外。“这么热爱音乐的孩子，自己再忙也能抽出点时间去指导他，就招了进来。”杨敏说，“不能因为不太会乐器就忽视学生，他若喜欢小提琴，即使从头开始学都是可以的。”

2016 年教师节前，团省委要求各高校推送“show 青春，正能量”的师恩难忘微电影活动。正值 6 月底，师生都忙于毕业答辩和期末考试，绝大多数老师都没有时间来承担这项工作，校团委找到杨敏后，她立即答应了。她给话剧团的学生做工作，医学院张萌同学为此改签了 3 次火车票。图书馆、教室、食堂各个场景杨敏都亲自带着学生布置。雨中送伞的环节，拍了 3 次，杨敏和学生在大雨中冻得发抖。

2014 年大学生艺术汇报演出前，因为舞台大小与练习时不同，队形全乱了，杨敏镇定自若地指挥着演员一个个重新定位。2015 年的汇报表演，因为技术问题，杨敏现场学习调试灯光、音响。为了确保一次次的演出完美结束，杨敏总是在台前台后，大包小包地赶来赶去，事事亲力亲为。

有一位哲人曾说过，世界上的人才有两种类型，一种是传教之人，一种是办事之人。杨敏算是兼而得之吧！

柏素萍：护理的是伤口，温暖的是人心

——2016 年第三届“感动江大”人物事迹

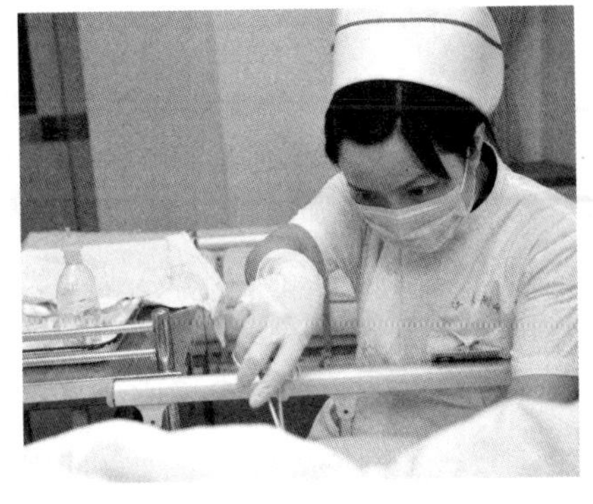

自 1988 年进入江苏大学附属医院以来，柏素萍一直在一线护理岗位从事临床护理、护理教学及护理管理工作，致力于研究伤口造口护理，成为镇江市开创“伤口造口护理中心”第一人。在护理的长路上，柏素萍始终保持一颗更好服务病患的心，为患者排忧解难，反复做着不很复杂却很重要的护理工作。

耐心细致，甘做护理行业的朝圣者

在江苏大学附属医院，柏素萍从一个不知名的小护士做起，在呼吸内科、血液科、心血管内科、消化内科等多个科室，与不同的患者打交道。

“与病人相处久了，你会不自觉地与他们建立一种联系，尽管我们常说要做心灵的修行者，建立一道保护自我的屏障，但最终还是变成与病患同喜同忧！”柏素萍笑谈多年的护理心路。在她的护理生涯中，曾经历过这样一件事：一位 28 岁的女子全身 99%三度烧伤，全身几乎没有一块完好的皮肤，命悬一线，但她表现出极强的求生欲望。柏素萍与她一同抗争。患者的脸部烧伤异常严重，她日夜坚守，悉心换药护理；为了帮助患者尽快恢复咬肌功能，她找来胡萝卜放在其口腔帮助患者做康复训练，一个月之后，患者脸部大部分创面得以恢复，柏素萍悬在内心的石头才逐渐落下。

刘瑞和是柏素萍的忠实追随者。心脏病、肾病、高血压、糖尿病造成他小腿胫腓骨重创，伤口溃烂、疼痛难忍，在经历了三四家医院都宣布以切开伤口治愈的治疗方案后，刘瑞和感到非常沮丧。“老人家，不要担心，我们慢慢来。”每次换药的时候，柏素萍一边轻言细语地跟老人聊天，开解老人，一边有条不紊地拆纱布，清洁，换药。“温和的态度、细致的动作，即使夏天伤口

溢出异味，柏护士还是轻手轻脚地为我上药!”这位 74 岁的病患伤愈后激动得在网上发帖，以此来表达对柏素萍耐心细致工作的敬意。

事故重担一肩挑，柔弱的肩膀也可以有力量

“我们的工作性质在一定程度上跟消防员相似，消防员在一线救人，我们在后方抢救。”谈到自己的职业，柏素萍充满了敬畏。2014 年 8 月 2 日，昆山发生特大爆炸事故。柏素萍被江苏省卫计委派往苏州市立医院本部救治点，报到后即被任命为医疗队护理组组长。

面对严重的爆炸伤患者，其护理工作是超乎想象的繁重，胃管、气管切开管、深静脉输液管、动脉监测管……在没有完整皮肤固定的创面上，这些生命的管道需要护士精心、细心、耐心地呵护，一不小心就会造成难以想象的后果!“柏老师在哪里?”“你有看见柏老师吗?”在救治现场，询问声此起彼伏。最初患者排便了，稀糊的大便沾满了患者整个臀部的创面，护士不知道如何清洗，也不敢去清洗；随着病情的进展，溶痂的创面开始出血、经穿刺处的创面有脓性分泌物流出。医生们也许在手术也许在处理其他患者，此时床位护士第一个想起来的依然是柏老师。而柏素萍，肯定能与大家一起搞定这些事。

寸积铢累，不断筑起医疗护理的新壁垒

2009 年，柏素萍进入南京国际造口医疗技师学校，开启了长达三个月的“长跑”模式，每天浸泡在书籍和与老师、同学的讨论声中。经过三个月的学习，她取得了伤口、造口、失禁专科的护士资格，并将所获知识与经验编写成册，同时在医院和社区开展“伤口造口护理培训”活动。“幸亏有柏护士的健康教育指导，正确的姿势、合理的清洗，才让我这个刚得压疮的病人最低程度地受到病痛的伤害。”受压疮折磨的阿姨充满感激地谈道。

护理压疮患者，传统经验只能对Ⅰ期和Ⅱ期的患者有效果，但是对于Ⅲ期和更严重的患者就没有明显的作用，有时患者甚至会因为护理不好而感染致死。在没有足够的新型敷料的情况下，柏素萍巧妙地改良传统敷料，成功地让一位重度压疮患者“奇迹”般地痊愈了。在护理压疮的过程中，腐肉与恶臭是无法避免的，而柏素萍却能做到脸上表情始终保持温和状态。

多年如一日，不管在吵闹喧哗的白昼，还是万家灯火的夜里，柏素萍始终保持一颗更好服务病患的心，穿梭于形形色色的患者之间，用亲切甜美的微笑、朴实温暖的语言、娴熟轻柔的技术、纯洁善良的爱心为患者拂去满身伤痛，带给他们生命的绿色。

王丽敏：用关怀为留学生筑起人生金字塔

——2016 年第三届“感动江大”人物事迹

她是同事们眼中的“拼命十三姐”，面对一群不同肤色、不同信仰的来华留学生，她一肩挑起了留学生管理工作的重任，不断开拓创新，成为留学生学生工作的“拓荒者”；她坚持用情走心，被留学生们称作“中国妈妈”。她用关怀为每一位留学生筑起人生的金字塔。2016 年，王丽敏获评“江苏省辅导员年度人物”。

开拓创新，她是留学生学生工作的“拓荒者”

2002 年毕业留校后，王丽敏开始从事辅导员工作。随着学校国际化事业的不断深入和拓展，海外教育学院独立建制，2011 年 6 月，王丽敏调任海外教育学院办公室主任兼学工办主任，也是当时学院冲在第一线的辅导员。

海外教育学院的学生来自亚、非、拉各地区，人文背景、教育水平、传统习惯各异，留学生管理工作面临诸多问题。留学生工作的建章立制、留学生社团的组建、中外文化交流活动的组织开展、留学生突发事件的应急处置……王丽敏一边摸着石头过河，一边不停地学习取经，逐渐打开工作新局面。2012 年 1 月，学校成为中国政府奖学金生接受院校；2013 年 11 月，学校在全国 MBBS 专业教学评估中获评全国前十，海外教育学院被评为“江苏省留学生教育先进单位”。

“依靠留学生加强学生管理至关重要。”王丽敏把留学生社团作为推进学生管理工作的有力抓手。2014 年，在她的建议和推动下，医学留学生协会正式成立，这是留学生自发成立的第一个协会。2014 年，西非爆发了严重的埃博拉疫情。海外教育学院接到了埃博拉疫情防控通知后，医学留学生协会负责编制宣传海报、定时测量体温，协助她一起做好疫区学生的安抚帮助工作，确保了三个多月的监控期安全平稳度过。

用情走心，她被留学生们称作“中国妈妈”

正如王丽敏常常挂在嘴边的一句话“It is not a job，but career”，可以说，留学生管理工作占据了她生活的大部分时间。王丽敏已经数不清，孩子在附校就读时，她迟到过多少个一小时才匆匆赶到；她也数不清，多少个晚上加班被关在办公楼里，多少次在留学生宿舍待到了凌晨。对于王丽敏而言，一天中与留学生度过的时间比与家人相处的时间多2倍。

“王老师，感谢三年来有您的陪伴，让我们这群异国他乡的孩子能够感受到温暖，和您一起度过的时光将成为我永远的怀念!”办公室里，一位中国政府奖学金硕士毕业生动情地说着感激的话语，并弹奏起自己亲手制作的尤克里里琴，为王丽敏献上一首首歌曲，他还把心爱的乐器留给了王丽敏。“老师，看到琴你一定要想起我哦!”在母亲节的前一天，来自加纳的一名留学生送给王丽敏一副木雕装饰画，画上是一个加纳妈妈的形象。留学生告诉她：“在加纳，妈妈是家庭中最重要的人，因为她要哺育孩子、照料家人。王老师，你就是我的中国妈妈，母亲节快乐!”

融合中外文化，她播撒知华友华爱华的种子

“增强留学生的中国文化认同感，不仅要让学生感受中国传统文化的博大精深，更希望他们成为传递中国精神的文化使者。”王丽敏告诉记者，在2013年到2016年，共有6名留学生登上联合国讲坛，讲述自己与中国的故事。她的加纳学生在加纳最大的报纸*GRAPHICONLINE*上陆续发表了两篇文章，讲述加纳人民应该学习中国人的六大品质，宣传了中国，宣传了江苏大学，受到中国驻加纳大使馆的关注。

工作中，王丽敏还意识到，中国的传统文化对留学生有着独特的吸引力，于是她组织了中国戏曲赏析、学习太极拳、端午节文化赏析、中秋文化鉴赏、春节文化体验等活动。中国传统文化的特色元素渗透进留学生管理中，渐渐地，中外学生互相交流和学习的氛围越来越浓，留学生在中国学习生活的存在感、认同感和归属感与日俱增。

“留学生工作是培养友华知华国际友人的重要力量，通过他们能够更好地传播中国声音、讲述中国故事、传递中国精神。”现在，王丽敏已经在新的岗位上继续新的教育任务，但王丽敏用勤奋与汗水播撒的知华友华爱华的种子，已经渐渐生根发芽，越来越多的留学生认为中国是他们的第二故乡，这份爱依然在延续并感染着每一位留学生工作者。

唐心怡:“方糖”女孩不失志 拼搏进取胜常人

——2016年第三届“感动江大”人物事迹

没有声音的世界里，生命可以因为筑造梦想的堡垒而敲击出无声的音符；可以因为修缮心灵的梯田而响起动听的乐曲。恬静的面庞下，一双笑眼，让人很难将眼前阳光的女孩与先天性神经性耳聋联系起来。来自艺术学院的硕士研究生唐心怡，双耳失聪，但她始终奉行自己的“方糖主义”，用甜甜一笑，扫去所有的阴霾，常怀一颗拼搏进取之心，成为无数人眼中的“励志女神”!

先天耳聋，她用拼搏与命运抗衡

没有声音的童年是枯燥的，唐心怡的世界没有丝毫的风吹草动，平日里，就算是鞭炮声，她有时听起来也不怎么清楚。为了与残酷的现实抗衡，她三岁就进入特殊学校康复班进行近乎残酷的康复训练。“为了识字，我一天到晚模仿着老师的口形，强制自己发音，结果却常常出现咽喉发炎，有时甚至是没有一点声音!”回想起往昔的训练生活，唐心怡充满无奈。

求学之路对于唐心怡而言，从来都不是平坦的。小学时，她双眼密切地注视着老师闭合和张开的嘴，长时间的学习使她还学成一套“唇读”的本领。中考期间，笔和便签成为她的必备物品，每当课余时间，她就缠着老师解答课堂问题。“我不比别人差!”这是唐心怡在观看《千手观音》节目后奉行的信条。自那以后，她时刻提醒自己要用比普通人多几倍的努力打造属于自己的光环。中考时，在放弃英语听力和口语的情况下，唐心怡以优异的成绩考上了高中。高中三年，由于一边学习绘画，一边学习文化课的巨大压力，她一度想要放弃，每当情绪低落之时，“我不比别人差”的信念就又会让她抖擞精神，重拾信心。凭借着对命运的抗衡精神，她成功地进入江苏大学。

上课靠看口形，不把缺陷当成借口

进入大学后，唐心怡发自内心地喜欢自己的专业。为了能尽可能地“听”好每一节课，她总是踩着清晨第一缕阳光匆忙进入教室，只为能够坐在第一排，更加近距离地接触到老师的声音、观察老师的口形。每门新课程开课前，唐心怡都会递给任课老师一张纸条，请求老师适当地放慢语速，以便自己可以看清他（她）的口形。

唐心怡的手机上存着每一位老师的电话，她经常通过短信等方式解决学业上的疑问。“唐心怡身上有很多闪光的地方，和别的同学相比，她学习起来其实很吃力，但是通过努力都弥补了回来。”艺术学院教师华建业对唐心怡充满赞许。

对于许多患耳疾的人而言，上学是一件奢侈的事，可唐心怡对于知识的追求一直没有停止。大三时，她决心读研。为了获得保研资格，大三的假期，唐心怡将自己关在狭小的房间中，全心复习英语，两个月下来，她以 5.5 分的雅思成绩从同专业的 67 名学生中脱颖而出，获唯一的保研资格。

无声的世界，依然可以很精彩

虽然平时与朋友“说话”不多，但是唐心怡却有不少好朋友。“她对相机、手机、电脑等比较精通，有很多我们不知道的新产品和软件她都会用，还经常帮我们解答问题。”在同学的眼中，唐心怡就是一个“百事通”。对于这个在常人眼中不属于女孩子喜好范畴的爱好，唐心怡表示，“世界上充满了各种各样的谜团，一旦解开谜团，心里就充满了愉悦感”。

正因为听不到外在的纷纷扰扰，唐心怡做什么事都能很专注。除了“学霸”身份外，唐心怡还热衷摄影、书法、旅游，爱好手工制作、收集文具等。周末的时候她会和同学一起外出游玩，还经常会在微博上秀下自己的“厨艺”。

体验一回“特殊志愿者”，这是唐心仪一直策划着研究生毕业之后要做的一件有意义的事情。“大学期间遇到很多的好老师和好同学，她们帮我建立起了对生活的信心，吹响了生命的风铃！”唐心怡充满感激，往昔老师一遍一遍放大嗓门讲解课程的场景和同学凑得足够近距离的分享画面都让她铭记，她想象着有一天以自己的亲身经历去唤醒那些被上帝尘封在狭小世界中的生理障碍人士，让她们能够扬起生活的风帆。

沈明：清风淡水中流淌的爱心

——2016 年第三届“感动江大”人物事迹

爱心是什么？有人说，爱心是一片照射在冬日的阳光，使世界充满温暖。在江大校园，每天都有让人温暖的爱心故事在上演。我们今天的主人公是来自学校二食堂的沈明厨师，他便是书写爱心故事的其中一员。

十二年风雨无阻不图回报，为邵老患病双脚上药

江大“裸捐老人”邵仲义的事迹打动了无数人的心，可是很多人不知道，在邵老去世之前的12年里，沈明一直默默地为邵老病患的双脚换药，基本每两天一次，风雨无阻。一位是高校的退休干部，一位是食堂的厨师。这对原本素不相识的两个人，不仅成了好朋友，而且还是延续了整整十几年的忘年交。

2000年前后，沈明在江苏大学三食堂上班，爱好京剧的邵老经常在三食堂隔壁的老年活动中心唱戏，沈明常会去听戏，慢慢地，他就和邵老成了好朋友。邵老对他说过：“你很像年轻时候的我。”就冲着这一句话，两人的交往越来越多。

邵老有“三高”，有糖尿病足，还有骨髓炎。医生下的结论是必须高位截肢，但老人不愿意。一个多月后，沈明成为邵老的“家庭医生”，每天中午12点半下班后他来到邵家，为邵老的糖尿病足上药。没想到，这一坚持就是整整12年。

在老人两只脚的脚掌处，分别有两个直径约1厘米、深约1厘米的溃烂小洞。沈明第一次帮邵老上药时着实紧张。每天中午，邵老自己先烧好水，放进药水等沈明。刚下班的沈明来到邵老家，先用酒精为创口消毒，再用庆大霉素消炎液冲洗患处，将最外面的一层死皮剪掉，还要将腐烂的死肉剪掉，随即用棉球加上碘酒塞在患处，脚掌上溃烂的小洞差不多可以塞下一个棉球。

沈明说，依邵老自己的经济实力，完全可以在一个条件不错的养老院养老，但他没有这样做，而是“裸捐离世”。邵老的遗愿中还有一个内容，就是将自己家中的东西都留给沈明，被沈明谢绝了。邵老的家人数次打电话到学校退休办要为邵老完成这个遗愿，沈明给学校的回答是：“邵老家里的东西以我的名义捐给更需要的人吧。”

十多年过去了，除了家人，单位里没人知道沈明为邵老做的这些事，要不是邵老的侄女把这件事告诉学校，他都不会把这事说出来。

“我跟邵老是老朋友了，这是我力所能及的事，也是平凡之事，没有什么好宣传的。”这是沈明在接受记者采访时说的最多的一句话。

厨师工作认真负责，是每个人学习的榜样

蒋明珍是学校二食堂的负责人，手下管理着60余人，和沈明相处也才3个多月，可当提到沈明时，他不仅印象深刻，而且滔滔不绝——

虽然沈明和邵老的故事我没听说过，可我一点儿也不意外，他不求回报地帮人助人我是看在眼里感动在心里的：食堂洗菜的女同志力气小，他常常主动帮着把菜筐从低处抬到高处、从高处放到低处；有师傅因切菜手受伤了，他默默地顶了上去；同事家里有事他也会主动替人家上班；最使我感动的是，每次下班时他都会检查不属于自己分内事的水电气是否关好，和他相处让人感觉很温暖。

“和他一同工作20余年啦，他这个人不会表达，但心很善，爱帮人。以前和他在一个食堂，碰到油锅着火，别人越跑越远，他却奋不顾身扑上去救火；学生有时不慎把饭卡落到食堂，他会第一时间想法找到主人归还，在卫生间捡到手机同样毫不犹豫查到主人送给人家；就连上下班路上，别人电瓶车把他腿撞伤，感觉无大碍，他爬起来反倒扶起对方，本来对方怕被他讹，结果连连向他道歉并表示遇到好人了……”如今在教工食堂工作的厨师何为德对他满是敬佩。

现在和沈明同在二食堂工作的任晓钢说：“沈师傅不只是乐于助人，在我看来，他的业务技能也比我们高多了，可他还在不停地琢磨新菜品，他说这样师生才会吃得舒心。”任晓钢表示，和沈明在一起工作，耳濡目染，他的所作所为及高风亮节都是自己努力的方向。

每天从凌晨4点上班到晚7点下班，沈明的工作忙忙碌碌、平平淡淡，没有张扬炫目的成绩，也没有惊天动地的事迹，可他在平凡的岗位上彰显出了爱心。这是和沈明共事多年的教工食堂负责人黄吉俊对沈明的评价。

清风淡水中流淌爱心，无私奉献中显现价值！这就是我们的厨师沈明！

“给我一个家”工作团队：为孤儿大学生撑起一片爱的蓝天

——2016年第三届“感动江大”人物事迹

这是一群可敬可爱的老人，他们平均年龄已近70，他们每人都有“特殊的子女”，他们组成了“给我一个家”工作团队，定向帮扶孤儿大学生。他们

用温情和关爱，用他们的大爱情怀，为孤儿大学生撑起一片爱的蓝天。“给我一个家”工作团队于2005年正式成立，成员均为我校离退休老教师。在他们的努力下，孤儿大学生们不仅能够收到学校每个月给的300元生活费，还能接受老教师们从心理、学业等全方位的帮扶；在他们的关怀下，孤儿大学生们在学校有了新的温暖的“家”。目前，已经毕业的38名孤儿大学生全部找到工作，12名孤儿大学生考上北京大学、南京大学、江苏大学等校研究生；团队里1位“家长”被评为2013年度全国道德模范提名奖；1位“家长”荣获“全国离退休干部先进个人”；“给我一个家”活动也获得全省及全国高校校园文化建设优秀成果二等奖。《人民日报》、《光明日报》、中央电视台等主流媒体给予广泛报道，清华大学、北京大学、东南大学等高校都曾来校学习交流这一做法。

有人管有人爱，孤儿大学生有了温暖的“家”

退休教师金树德是满族，他爱人杜玉清是汉族，他们先后结对的孤儿大学生李雪梅、索朗次仁分别是朝鲜族和藏族。一次，索朗次仁的手机坏了，金树德连续三天和他联系不上，担心他出了什么事。焦急的他翻看了索朗次仁留的资料，欣喜地找到西藏拉萨市的一个联系方式，“谁知打过去对方满口说着藏语，一句话也听不懂，只能挂上了电话”。点点滴滴的关怀感动着索朗次仁的心。寒假返校索朗次仁做的第一件事，就是把自己专程从家乡带来的两条哈达献给了金爷爷和杜奶奶，祝他们吉祥如意。

来自吉林长春的孤儿大学生李雪梅，早年父母相继离世，她上大学前一直在孤儿院、福利学校长大。2007 年，李雪梅考入江苏大学，每逢节假日，与她结对资助的杜玉清奶奶都会邀请李雪梅到自己家。生活中的烦心事她会跟奶奶说说，学习上的事情也常跟爷爷谈谈。后来，李雪梅以优异的成绩考上了研究生。身在外地的她，总是隔三岔五地要和奶奶打个电话、发个短信，陪老人家谈心解闷，有时还经常回这个“家”探望爷爷、奶奶。

先后与 3 人结对，孤儿大学生成为他的牵挂

老教师李国文连续结对了 3 名孤儿，在 2 名孤儿大学生先后毕业后，去年他毫不犹豫地又当起了“家长”。“不知不觉地，就把这些孩子当成了自己的牵挂”，如果长时间外出，李国文一定要找到接替他照顾孩子的“家长”，这才放心。

每隔一段时间，李国文就会喊上结对的孩子来家里吃顿饭，交流最近的学习、生活情况。来自偏远地区的孩子学习基础差，李国文实行赏识教育，经常鼓励他们：“只要学习态度对头，学习方法得当，一定能把成绩搞好。”在李国文的关心下，3 个孩子大学里都获得了奖学金。在他们毕业时，李国文还特意跑去新华书店，给每个孩子选了两本励志图书，鼓励他们“人生的路要靠自己走”。

点亮心灯，他们让孤儿大学生重拾“阳光”

由于成长环境的关系，许多孤儿大学生存在着一定的心理问题。除了在生活上帮扶孤儿大学生，“给我一个家”工作团队的成员们更是挖空心思让孤儿大学生重拾“阳光”。

“刚见面时，孩子和我一句话也不说，根本没法交流。”退休教师彭玉莺回忆，来自山东聊城的小雷父母双亡，兄妹三人相依为命，刚到学校时他性格非常孤僻。为了解开孩子的心结，彭玉莺想了个法子，每次和小雷见面时，有什么问题都写在纸上，让小雷写纸条回答。小纸条传递的是真诚的关心和温暖，没过多久，这对“知心笔友”成了无话不谈的好友，计算机专业的小雷学习成绩突飞猛进，以高分考取了全班第一个网络工程师，性格也变得活泼开朗，像变了个人一样。

从 2005 年起，学校已经让近百名孤儿拥有了温暖的“家”，为孤儿大学生撑起一片蓝天。不少受助学生表示，能上江苏大学是他们的荣幸，他们要把爱的接力棒传递下去，在今后的工作、学习和生活中去关爱、帮助他人，回馈社会。

“早安镇江”公益团队：“爱心早餐”传递人间温暖

——2016 年第三届“感动江大”人物事迹

四年多来，有这样一群年轻人，每周四、周六，当许多人还在睡梦中时，他们就已经在食堂帮助师傅们忙活开了，收碗筷、擦桌子、帮大家打早饭，干得有模有样，用自己的劳动换来一份份早餐；他们总是在晨曦微露的时候，带着早餐，踩着脚踏车，从学校出发赶往周边孤寡老人和生活艰难的家庭中，将热腾腾的早餐送到需要的人手中。他们是江苏大学“早安镇江”公益团队的成员，是一群致力于“爱心早餐”行动的普通大学生。十多位老人，3500 份早餐，四年来，爱心就这样一直延续，他们用真情传递着人间温暖。

爱心坚守缘于一次偶然

汽车学院 2014 级毕业生张欢是这项活动的发起人。大二时候的某个清晨，她在学校偶遇一位收废品的孤寡老人，她带着老人去附近的食堂吃了顿简单的早餐，“真没想到，仅仅是两个包子，老奶奶就感动得热泪盈眶”。这情景让张欢深受震撼，萌生了要帮助像老奶奶一样的贫困老人和家庭，给他们长期送早餐的想法。

刚开始，只有张欢一个人去学校周边的社区踩点，为贫困老人们送早餐。

后来，她在网络上发帖，寻找愿意和她一起给贫困老人送早餐的伙伴。在张欢发帖后不久，就有两名京江学院及同专业的同学联系到她，表示愿意参加这项公益活动。就这样，几位在读的普通大二学生，没有收入来源、没有人脉，从一开始的志愿者招募、贫困老人信息搜集，到拉赞助找经费，他们在周围人的一片质疑声中，开始了漫长的公益之路。

“爱心之旅”风雨无阻

“每逢周四、周六，早上 6 点刚到，我便睁开朦胧的双眼，骑上自行车，到食堂做义工，随后拿上热腾腾的包子和鸡蛋。”食品学院 2016 级研究生张熙还清楚地记得当时在团队里做公益的情景。通常是不到 7 点，张熙便与其他团队成员集合出发，每个人手里都提着一份、两份或三份早餐，开始雷打不动的“爱心之旅”。不管刮风下雨，送到爷爷奶奶手中的早餐，从来都是温热的。

汽车学院车辆 1101 班学生孙彩珍是团队的骨干力量。有一次，她领了早餐本来打算直接去车站的，出了食堂突然想起上周服务的老爷爷想吃桃酥、喝牛奶，于是折返到学子超市，自己花钱买了老人想吃的点心，一起送到老人手上。在老人家中，她看到老人左眼边多了一个巨大的青紫色的肿包，一起去的同学急急地寻来药物，轻手轻脚为老人上好药，并反复叮嘱他要小心。“在最灿烂的年华，做力所能及的善事，为你们点赞”“赠人玫瑰，手有余香”，团队的微博留言板上，满满都是这样的赞誉。

坚持是因为他们在等待

贫困老人的凄凉处境震撼了志愿者们，也坚定了他们传递爱的决心。作为团队里坚持时间最长的志愿者，张欢对志愿者的经历深有感触：“最早到老人家里去走访，基本上三户才有一户勉强答应接受早餐，爷爷奶奶都觉得免费早餐就像是天上掉馅饼，不可能有这样的好事。”但经过一年半的相处，老人们已经和大学生结下了深厚的情谊，每周四和周六送早餐的时间，不少老人都会主动在门口等着，家里有了水果也舍不得吃，特意留给大学生志愿者。

现任“早安镇江”团队负责人、运输 1502 班蒲俊，服务的是一位聋哑老人。“每次我们要走，奶奶总是站在路边，目送我们安全到达马路对面，像孩子一样跟同学们挥挥手，嘴里咿咿呀呀的。她大概是像每一位老人叮嘱自己的孙子一样，叮嘱我们注意安全。”蒲俊说道。老人的邻居还告诉记者，一到送早餐的日子，老人就会早早出来，在门口等着蒲俊他们的到来。老人的等待和依赖让他们一直放不下这份“工作”。

“早安镇江”团队的成员很多，不是每个人都经历了感人肺腑的动情故事，但每个人都怀着一样的心坚守、传递着爱与温暖。汽车学院交通1602班的吴子聪是今年的大一新生，他是这个公益团队的新成员，他说："当初加入这个团队，是因为自己很想去帮助别人，孤苦无依的老人需要我们的陪伴和关心。我能做的，就是多付出一点真心，让爷爷奶奶感受到还有人在关心他们。看到老人们开心的笑脸，我们也觉得很幸福。"

徐立章：奔波在田间地头的科研人

——2019年第四届"感动江大"人物事迹

20年前的一天，一位清瘦的青年学生出现在我校李耀明老师的面前，"李老师，我想跟着您搞农机研究"。出于谨慎和考验的目的，李耀明给了这位青年人一周的考虑时间。一个星期后，这位年轻人如约而至，再次对李耀明表明了心意。

20年过去了，李耀明教授对此事仍记忆犹新："许多人因忍受不了在田间地头做试验的辛苦中途放弃了，可徐立章20年来初心不改，兢兢业业，成果不俗。"

20年来，徐立章在科研路上硕果累累：作为第二完成人获国家技术发明二等奖1项、省部级一等奖2项；作为第一完成人获教育部科技进步一等奖；出版专著2部，发表论文中有68篇被SCI/EI收录；授权发明专利28件，2项技术达到国际领先水平；入选江苏省"333高层次人才培养工程"中青年领军人才等。

倾情农机，从科研开始定位人生坐标

1996年，18岁的徐立章考取了江苏大学机械设计制造与自动化专业。大学毕业时，徐立章成了全校仅有的20多名幸运儿中的一名，拿到了保研资格和留校任教的机会。然而，不太富裕的农村家庭让父母盼望儿子大学毕业后能立即就业，帮补家里。

从小在农村长大，徐立章深知农民低效劳动的辛苦与不易。“所以这么多年来，我一直把如何提升农作物收获作业效率作为我追求的目标。”徐立章早已在心里为自己确定了人生目标——为了农机梦想，继续深造，并且毫不犹豫地把研究方向锁定在农业机械领域。

使命感驱动下，徐立章对科研的兴趣越发浓厚。从硕士生开始，徐立章师从李耀明，成功研发出 1 秒钟可以收获 3. 7 平方米稻谷的高效率稻麦联合收割机，这一成果极大地激发了他农机研究的信心。

醉心科研，田间地头是研究的主战场

“把论文写在产品和大地上”是徐立章的人生格言，也是他的行动指南。多年来，祖国大江南北的田间地头留下了他和团队成员无数的脚印，田里的大地作物也见证了他们的孜孜耕耘和付出。

“农机研究的第一手资料必须来自田间地头。”认定这样一条朴素的道理，徐立章每年都要与团队成员一起到田里做试验、找答案。

七月的黑龙江燥热难耐，徐立章与科研团队一起深入高产农场进行实地试验。一行 20 多人，从火车到汽车，辗转数十个小时后才到了离中俄边境不远的目的地。为了不错过中午阳光正好的时段，徐立章带头投身到田间试验中，团队成员即刻在田间忙活开来，直到下午三四点，饥肠辘辘的肚子才提醒他们一天颗粒未进。

2019 年 6 月，徐立章带领科研团队在江苏省盐城大丰农场进行油菜联合收获试验。似火的骄阳炙烤着地里无处可躲的每一位农机人，徐立章和团队成员坚持在试验田里深一脚浅一脚地来回进行各种测量和检测，顾不上满脸的汗水。他总跟机器距离很近，为的只是能更真切地观察到筛面的物料粘连堵孔情况，眼镜也被物料打碎过。试验伴随着蚊虫袭扰要持续到天黑，还要连夜分析当天采集的数据，考虑第二天试验要改进的地方。

学生张鹏鹏说，每次测试割台损失率，徐老师和团队成员都是亲自将泥铲起，用水一点点清洗，留下菜籽并晾干，得到最终的结果，这样的过程总是要重复十几次。

坚守初心，奋斗让梦想都开花

在相当长的一段时间里，随着农业生产相关政策的变化，农机专业逐渐走入低谷。曾经有一些农机科研人员因经费不足转向容易创收的相关行业寻求发展，可徐立章心中对农机研究的炽热之火从来都没被浇灭过，他从 2000 年留校任教到硕士、博士，一路步履坚实地向着自己的梦想前行。

2005 年，徐立章开始了油菜联合收割技术研发之路。与水稻和小麦相比，油菜联合收获的困难在于油菜植株分枝交错缠绕在一起，茎秆含水率高达70%以上，而且油菜的角果成熟度差异非常大，同时，完熟的油菜角果非常容易炸荚，形成籽粒损失。

徐立章苦苦思索，翻阅大量国内外文献，反复试验，经过对大量田间试验数据的仔细分析，创新性地解决了油菜机械化收获中清选筛孔堵塞严重、清选损失大等瓶颈问题。以此为基础完成的博士论文获得了 2013 年全国优秀博士学位论文提名奖。

徐立章的研究成果 2008 年起在常发锋陵、江苏沃得、星光农机等国内主要油菜联合收割机企业得到应用，显著提高了我国油菜机械化收获水平，取得了巨大的经济和社会效益，推动了收获机械行业的技术进步。

成功的背后，更多的是不为人知的艰辛付出。学生胡景熙说：“徐老师的世界里只有工作，从周一到周日，每天十个小时以上的时间都是泡在实验室里。”

“有段时间，老师因工作太拼累倒住院，我们心想正好借此机会让他好好休息一下，哪知道他人在医院，心却在实验室。因医院不让用电脑，住院的几十天里，他每天用手机写好项目书发给我指导做试验和专利申报工作，从早 8 点到晚 11 点都没歇着。”博士生柴晓玉含泪为我们讲述着她眼里的徐老师。

“徐老师是一个特别自律、特别能吃苦抗压的人。一段时间家里老人身体不好，他一度也住院，就是在这么大的压力下，他也没有放缓工作的步伐。”学院党委书记施爱平非常心疼爱护他这个部下。

尽管徐立章已经取得了丰硕的科研成果，但徐立章早已把目光瞄向更高的平台，与美国知名高校 UIUC 和比利时 KU Leven 进行深度合作，他将自己放在了新的起跑线上。

邓志丹：课堂就是灵丹妙药，教育事业就是生命线

——2019 年第四届“感动江大”人物事迹

邓志丹是一名“50 后”老师。2013 年，一场车祸导致其脊椎受伤，医生劝告他出院后必须卧床，没想到第三天他就在五六个人的搀扶下走上了讲台。这一站就站到了退休前的一个寒假，不得已要动大手术时，邓志丹才停止了授课。到 2019 年 10 月，邓志丹就要退休了，离开他深爱的讲台。这位普通教师有

着什么样的课堂情结？又为什么如此拼命？

10 分钟路程，他要花 60 分钟

因为车祸，邓志丹曾经下肢失去知觉、瘫痪在床，手术后可以行走了，但从此离不开助步器，行动极为缓慢。为了方便上课，邓志丹的课都安排在离家最近的教学楼一楼。正常人七八分钟就能走完的路程，邓志丹却要花一个小时，甚至更长时间。理学院党委书记王善民说：“从家到教室的 500 米，每次都是毅力的长征，邓志丹用最朴实的‘良心’二字诠释了新时代高校教师对事业的执着。”

严寒酷暑、雨雪风霜，都阻挡不了他对教育事业的热爱。邓志丹的想法很简单，“保证学生上课是第一需要”。

2017 年 6 月，结束一学期的课后，邓志丹有点绝望了，此时他的腿疼得不能落地，一站起来就是钻心的疼。对于身体的异样情况，邓志丹瞒着爱人、学生，结束所有教学工作后，他躺在床上感受着那种无以言说的痛，悲观地想：“完蛋了，以后可能再也没法上课了。”爱人何秀华说，课堂就是邓志丹的“灵丹妙药”，上课的时候没有过不舒服，课一结束病痛就都来了。

早晨 8 点的课，6 点 45 分就得出门，从家到教室的路上，六级没有扶手的楼梯是邓志丹出行的最大障碍。有课时，爱人会把他送过楼梯；下课了，热心的学生会把邓志丹送回家。

将生命融入教育事业

“我是一名教师，我的职责就是上好课。”这是邓志丹坚定而执着的信念。

由于行动不便，邓志丹早上出门前一般只稍稍吃一些食物。“不敢多喝水、多吃东西，这样课间就不用去卫生间了。一来一回花费时间，不能耽误上课。”一堂课下来邓志丹口干舌燥，却强忍着不喝水。

对于教育事业的热爱，邓志丹是刻到了骨子里。备课，他丝毫没有马虎，邓志丹说：“不能因为要躺在床上备课而简单了事。”在准备高级算法与分析这门课时，邓志丹向爱人央求了几次，带他去南京。他到几个大书店翻阅不同的教材，认真比对、分析、摘录，“既然做了，就要做好”，邓志丹对自己的要求没有放松过。估摸着要到安排重修课的时间了，邓志丹按捺不住，给系主任发了条短信：“身体已基本恢复，可以给我安排上重修课了。”

看到邓志丹，很多人无法相信他还在坚持上课，领导的照顾也被他多次婉拒。车祸手术那年，爱人何秀华劝他："把身体养养好，明年再上课。"邓志丹淡淡地回答："不搭界的，明年是明年的课。"这样的倔强让何秀华又是生气又是无奈，"老邓是真的离不开讲台"。

高等数学、信息技术概论、计算机安全技术、现代密码学……这些都是邓志丹教了多年的课，只是现在上课对于他来说，变得有点艰难：站着上两节课，脚又疼又麻，要歇上好一会儿才能离开教室；备课、批改作业，要侧躺在床上来完成，别人花一个小时能改完的作业，他得多花一倍的时间。

挺着这样的身体状况，七年，邓志丹硬是没有调换过一次课，没有迟到过。"上课是件神圣的事，只要天上不下刀子，都不能因为自己的原因耽误学生的一堂课。"邓志丹开着玩笑说。

教学工作乐趣无穷

"他是位好老师，教学从来不是为了考试。""邓老师教给我们的绝不仅仅是高数知识，还有如何做人。"教过的学生对邓志丹的评价都很一致。

课堂上，为了弥补自己行动不便板书少的缺憾，邓志丹给每个班都开设了QQ群答疑，只要学生在群里提出问题，无论多晚邓志丹都会随时解答。

邓志丹还喜欢和学生"套近乎"，任课班里有三名维吾尔族学生，他就和学生学起了简单的维吾尔语"你好""再见""请回答"，拉近与学生的距离。已经毕业的维吾尔族学生艾力江感动地说："我们师生就像父亲和儿子一样。"

邓志丹教的是基础课程，和学生接触的时间不如专业课老师长，但是很多学生逢年过节都要发来祝福短信，大家都忘不了邓志丹在课堂中告诉他们的"数学之美"。只要是邓志丹教的班，学生的课堂出勤率和学习风气都有了明显的改变，很多学生一见邓老师来上课，擦黑板、放课件，都争着来给邓志丹服务。

看到同事工作量大，邓志丹主动承担起毕业生的指导工作，一般教师带2个毕业生，他带了5个。有人劝他少干点，他说，要对得起自己领的这份工资。

郭龙建：不求巨匠之名，只为匠人之心

——2019年第四届"感动江大"人物事迹

周尚飞、刘春生、马正军、牛瑞东、李军强……这些"牛人"，都是我校

的杰出校友，在校期间都有着共同的经历，都经过创新创业大赛洗礼，都是“创青春”大赛“总教头”郭龙建的弟子。

时隔多年，每每提起母校，最令他们感念一生的人还是传授他们知识、教他们做人、引领他们走上创新创业之路的郭龙建老师。

与“创青春”有不解之缘的“总教头”

1999 年，工商管理学院 1996 级的汤科等三位同学站在郭龙建面前，希望他能成为他们参加首届“挑战杯”中国大学生创业计划竞赛的指导老师。此时，对于郭龙建来说，创业计划只是一个抽象的概念，完全可以一拒了之。

“作为老师，不能辜负学生对我的信任和期待，也绝不能容忍他们的梦想还未尝试就在我这里遭遇挫败。”按照自己的理解，郭龙建和学生一起设计了创业计划的框架，那次参赛他们获得了一个优秀奖和两个鼓励奖。

通过此事郭龙建寻找到理论教学与企业实践之间的契合点，发现了“为学校争光、陪伴学生成长”的一个平台。从那时起，在课堂教学之外，郭龙建投入时间最长、花费精力最多的就是指导学生进行创新创业实践。

从 1999 年到 2018 年连续 20 年，郭龙建指导学生参加了全部共 10 届“挑战杯”大学生创业竞赛省赛（2014 年改为“创青春”大学生创业大赛），获得 34 个奖项；参加了 11 届挑战杯国赛，获得了 23 个奖项，更创造了连续四届双金奖的辉煌成绩。2016 年和 2017 年郭龙建指导学生团队参加了“互联网+”大学生创新创业大赛，获得省级一等奖 2 项、二等奖 2 项，国家级银奖 1 项。

指导学生做“大创”是一项非常枯燥繁重的工作。校学工处处长杨道建给我们算了一笔账：竞赛每两年一次，从学校比赛开始走到国赛，作为指导教师，指导一届历时一年半，每届指导学生训练不下 200 次，一次指导最少要半天时间，不论严寒还是酷暑都要全身心投入。除了这项工作，教师还有自己的本职工作。这么大的工作量，没报酬、没名分、没考核、没工作量，全凭良心干活。一个人做一年两年甚至三年五年还可以理解，20 年，就连校团委书记都换了六任，可郭老师却坚持下来了，甚至在他创造了连续四届双金奖的好成绩时，有人劝他趁功成名就“见好就收”也没打动他。

离学生最近的老师

位于三江楼1404的营销系教研室，满面有历史感的照片墙往往会吸引来人的目光。这满墙的照片，是市场营销专业学生的毕业照和返校时的留影，30多年过去了，学生每次活动的点点滴滴，郭龙建都用照片记录着、保存着，而且能清晰地回忆起照片背后的故事，叫出每一个学生的名字。不仅如此，郭龙建还按地域按行业组建了“龙门俱乐部”QQ群、微信群，里面都是曾和他朝夕相处的学生，共1200多人。每当学生有想了解的各种信息在群里咨询或需要帮助时，他总会耐心回复、有求必应。“他们是我的学生，工作顺不顺利，生活过得好不好，有没有困难，通过这种方式，容易了解他们的状况，尽己所能地提供帮助，同学们也可以互相帮助，同时让其对母校有一种归属感。”郭龙建道出了设立照片墙的初衷。

“一日为师，终身为师。”只要成为郭龙建的学生，他就会一直关注你的成长和发展。陈峰是2000级营销系的学生，现在在管理学院做教师。她时常会提起郭龙建是改变她人生轨迹的恩师。大学毕业时，因是独女远离父母，家人一再要求她回到父母身边，可当时她已被保送我校研究生。在面对两难抉择之际，郭龙建伸出了援手，他看到了陈峰身上的潜力，希望她能继续深造。在小陈和父母的商讨中，郭龙建在QQ上从晚10点敲字回答陈峰的问题，一直聊到第二天凌晨3点。“多年后，我也做了老师，到现在我都不能确定自己能否陪一个学生聊5个小时。”陈峰说。

郭龙建和学生的感情，在学生中是有“统一认证”的。周尚飞说，毕业之后自己一直从事自主创业，他始终与郭老师保持着联系，这一路走来的酸甜苦辣都伴随着恩师当年的教导教诲。他感叹道，学生有心会记得老师；老师有心，能记得这么多年教过的学生，实属不易。

教师节，和许多人晒鲜花秀照片不一样，郭龙建在朋友圈发了一段话：“有学生才有老师，学生给了教师职业的意义！是桃李自会芬芳，学生给了教师幸福的体验！能成才必为栋梁，学生给了教师天下有我的至尊感受！”话里透着学生在他心里的中心位置和学生带给他的职业自豪感，这也许就是学生喜爱他的原因。

曾经参加“挑战杯”、师从郭龙建、现任能动学院院长的王军锋说：“几十年来，郭老师不求巨匠之名，只为匠人之心，他对学生的影响除了学问和知识，岁月积淀的豁达和人品的滋养更是给予学生的宝贵财富，也是对教师这一崇高职业的最好守护！”

魏志祥：魏爸爸、“严老师”与勤务员

——2019 年第四届“感动江大”人物事迹

有这样一位老师，他是学生可以 24 小时呼叫的“特殊 110”，是温暖的魏爸爸；他对学生的事情丝毫不马虎，是一丝不苟的“严老师”；他是同事心中随叫随到的贴心“勤务员”，是可信赖的“老魏”。他就是马克思主义学院副教授、可亲可敬可爱的魏志祥老师。

1990 年 7 月，魏志祥从合肥工业大学毕业，身背简单的行囊，胸怀对教育事业的满腔热忱与美好畅想入职江苏理工大学（现江苏大学）。魏志祥的本职工作是思想品德修养与法律基础课程专任老师，是马克思主义学院党委委员、思想道德修养与法律基础教研室主任。从入职那天起，魏志祥还是贴心的、慈爱的、可亲可敬的本科生班主任、兼职辅导员、思政科科长，多年来他从未离开过一线学生工作岗位。

“特殊 110”、魏爸爸

“魏老师心系学生，对学生有爱，对工作敬业，干起辅导员的工作来激情昂扬，似乎永远没有疲倦期。”马克思主义学院党委副书记、副院长钟小惠这样说。

“我的电话是‘特殊 110’，遇到什么问题都可以随时拨打。”魏志祥把自己的手机号码、家庭电话、办公电话、QQ、微信、电子邮箱统统给了学生，以确保学生可以全天候联系到他。

思政（师）1801 班孟诗婷同学，来自甘肃农村，家境困难，自卑胆怯。魏志祥对她的关爱，不仅仅是学业上的指导，更有生活上的关照、心灵上的安抚和精神上的鼓励。由于家在偏僻的农村，无法买到开学时间的车票，孟诗婷只能提前两天到校。买好车票，孟诗婷忐忑不安，她不知道自己提前返校后住在哪里，和谁做伴。临出发前，抱着试一试的态度，孟诗婷拨通了魏志祥的电话，魏老师帮忙联系了宿管科，安排孟诗婷住进了大四学生的宿舍。

汉语 1701 班的丁婉丽是魏志祥思修课的学生，第一次负责学生会活动时，

现场遇到了问题，她急得手足无措，万般无奈下拨打了魏志祥的“万能无敌求助电话”。看着魏志祥风尘仆仆地特地赶来活动现场解围，丁婉丽明白了“特殊 110”的含义。

年届“知天命”的魏志祥，把学生当成自家孩子，花在学生身上的时间比花在自己孩子身上的还多。魏志祥的爱人常说：“在他的心里，工作比家庭重要，学生比家人重要。”

有原则的“严老师”

生活中无微不至、随叫随到的“魏爸爸”，在学生的学习上可一点儿都不马虎，摇身一变成为一丝不苟、讲究原则的“严老师”。

布置作业并严格督促检查是魏志祥作为辅导员的一大特色和传统。“刚考上大学那会儿，我们还没有去学校报到，暑假作业就已经布置下来了。”思政 1801 班的王辰颖告诉记者，“魏老师要求每天背 20 个英语单词，每周写一篇作文。目的是督促学生为大一的英语四级考试早做准备。”不仅仅是新生，大二、大三、大四的学生都如此，每个年级有每个年级的作业，看书、做读书笔记、写读后感、查阅文献、准备“大创”和科研课题等，形式多样，富有针对性。

在魏志祥的严格监督和耐心帮助下，他所带班级的学生英语四级通过率 100%，英语六级通过率在全校也名列前茅，毕业生就业率 100%，还培养出了江苏省三好学生史叶婷、江苏大学十佳青年学生冯梦婷、江苏省大学生年度人物佘梅溪等优秀学生。特别值得一提的是，魏志祥所带的思政（师）1201 班学生在 2016 年硕士研究生入学考试中，成绩斐然，27 人中参加考研（含保研、报考农村硕）的比例为 77.78%，上线率 59.26%，考取率 51.86%，多人考取了南京师范大学、河海大学、上海大学及江苏大学等国内知名大学，创下“十二五”以来马克思主义学院该指标的最好成绩，在全校名列第一。

有事情，找老魏

“有事情，找老魏”是马克思主义学院师生经常挂在嘴边的话。在同事心目中，老魏是永远值得信赖的“勤务员”。无论是日常办公室事务还是同事家婚丧嫁娶，大事小事，老魏总有办法，也总愿意帮同事排忧解难。

每一次教研组开会，魏志祥都会早早到场，提前做好准备工作，学期开始和结束后，他主动与学生一起把教研室打扫一遍。一到假期，大家就会收到魏志祥的温馨提醒：关闭电源、检查门窗……马克思主义学院党委书记王征说：“魏老师以学院为家，心中有宏观大局，缺位补位，分内分外的工作只要找到他，他从不回绝。”

2017年新进教师肖建国由于腰椎间盘突出，做了手术，要拄着拐杖上课。魏志祥在排课时，细心为他考虑，并在生活上尽可能地为他提供便利。教研室韦岚老师也很感激魏志祥：“要是没有魏老师几次发信息提醒，我差一点因为年龄压线而放弃申报。能够成功拿到这个项目，很大程度上归功于魏老师的耐心与鼓励。”

皮庆元：用音符谱写教育人生

——2019年第四届“感动江大”人物事迹

她是一名普通的教育工作者，却引导了无数学子找到人生路的方向；她是一名普通的老师，却成为众多家长口中“金不换”的班主任。她承担着学生的教育工作，也是学生生活中的“知心妈妈”，她是江苏大学附属学校直属党支部书记皮庆元。

乘着歌声的翅膀，向着更高处飞翔

作为音乐教师，皮庆元是当之无愧的优秀教师，她勇于打破传统中小学音乐教材条条框框的束缚，大胆引进“奥尔夫”音乐教学法，“从头到脚玩音乐”，真正让孩子爱上音乐。“正是因为这第一次独唱，我迈出了人生的重要一步。”她的学生这样说。

皮庆元始终坚信：“音乐学习不是为音乐而音乐，而是在学习一种生活方式，让自己富有生活的激情和诗意。”为了提高教学水平，皮庆元多次自费向国际大师学习世界音乐教育的先进理念。她注重课堂教学的真实生成，在市级、区级公开教学活动中，从不搞“试教”，杜绝教学“预设”，力求学生获得最真实的音乐学习与享受。这需要笃定的专业技能作为支撑，也是扎实功底的显现。多年来的勤奋努力，皮庆元得到了教育局的认可，她曾经在京口区音乐赛课活动中斩获一等奖、第一名等荣誉。

她所授课的班级，每个都是不错的合唱团，《蓝色多瑙河》《美丽的梦神》《当我们小的时候》等歌曲让孩子们记忆一生。她参与组建了江苏大学教职工艺术合唱团，指导、指挥合唱团多次在镇江市和学校比赛中获特等奖、一等奖，为江苏大学文艺事业作出了应有的贡献。

静静等待每一朵花的绽放

在皮庆元眼中，每个学生都是一朵花，只要用正确的方式引导，给他们足够的陪伴和呵护，总有一天他们会绽放属于自己的美丽。

在皮庆元的班级里，“高效作业”是她坚持多年的传统。从一年级到初三，整整九年时间里，她作为班主任，倡导学生放学后留在教室，把家庭作业做完再回家。为了培养学生高效学习的学习习惯，皮庆元宁可放弃自己的家庭事务，牺牲休息时间，饿着肚子，无怨无悔地坚持陪伴学生们。无论多晚，她都会在最后一名同学离开后才安心回家。“陪伴是皮老师对孩子们最好的帮助，担心孩子饿着，皮老师就从家里带来饼干，分给班上写作业慢的孩子们吃。”学生家长孙颖颖激动地告诉记者。在皮庆元的关心与呵护下，学生们不仅形成了良好的学习习惯，更对皮庆元产生了深厚的感情。

“‘诗人气质，王者风范’是我们的班训，也是皮老师对我们的要求。”吴易衡是今年刚刚高考完的大一新生，他从一年级到九年级的学习生活都有皮庆元的默默陪伴。在学习上，吴易衡由于先天手部肌肉发育不良，导致书写困难。家长和其他老师一开始都认为是他学习态度不端正，不好好写，唯有细心的皮庆元发现了真相，心疼他。皮庆元如获至宝地发掘出吴易衡对生物的兴趣和天赋，鼓励他坚持对生物学科的热情。不出她所料，吴易衡在高中荣获奥林匹克生物竞赛一等奖，拿到东南大学和南京林业大学两所高校的自主招生资格，找到了适合自己的发展方向。

身兼数职，努力推动附校事业发展

“皮庆元对工作有着一股湖南妹子的辣劲儿，担任附校行政工作、管理初中部教育教学条口、当班主任、抓学生心育及家庭教育指导工作，一样都没少。”附校校长卢金星这样称赞。皮庆元的手机上有 8 个工作群，开展党务工作、政治学习、团体心理辅导……她分享正能量，传播古典音乐，让学生、家长受益匪浅。

“外表娇小，谈到工作浑身充满无穷的力量。”这是江大附中体育老师蒋俊对皮庆元的评价。在学校里，皮庆元有很多个角色，她不仅是学校的好书记、学生的好老师，更是心育教育的领头人。2009 年，皮庆元偶然听说了心育体验这项活动，从此便对心育教育产生了浓厚的兴趣。皮庆元放弃休息时间，到各地学习、参加有关的心理教育培训。她认真学习、积极探索，仅整理出来的笔记就有厚厚的四五本。她将自己所学全部传授给学校的老师和家长，定期进行班主任培训。在她的带领下，附校形成了较为成熟的心育教育体系。

在教育方面，皮庆元有自己的思路和想法，具有很好的前瞻能力。2014年，教育局发布重要文件，重点推行学生的心育教育工作，皮庆元多次应邀担任“镇江市中小学、幼儿园教师心理健康教育资格认证”培训（团体辅导活动）指导教师。在皮庆元的影响下，江大附校拥有心育教育资格证的初中部班主任教师达到85%以上，小学部达到50%。皮庆元靠一己之力推动了整个学校的心育教学工作。

陆菁：愿做一盏明灯，照亮每一个迷路的孩子

——2019年第四届“感动江大”人物事迹

她是国家注册心理师，善于倾听、真情陪伴，用一颗心灵精心呵护另一颗心灵；她是江苏省心理讲课比赛一等奖获得者，课堂上妙语连珠；她还是学生们口中的“小鹿姐姐”，嘴角洋溢的温暖直抵人心。她叫陆菁，江苏大学心理健康教育中心一名普通的教师。今年，是她从事心理工作的第18个年头。18年间，在一方小小的访谈室里，她迎来送往；她是倾听者，也是引路人，为迷失方向的学生点亮心灯、照亮前行的道路。

心似明灯，她倾心守护见证青春蜕变

九月初秋，细雨迷蒙。晚上九点，学苑楼顶楼心理咨询室的灯光依然亮着，陆菁接待完最后一名来访学生，“我们沟通得不错，我相信他能很快走出低谷，重新开始新的生活”。锁好门，裹紧外衣，走上回家的路，昏黄的路灯下，陆菁的身影被拉得越来越长。

从2001年心理健康教育中心组建到现在，无论是白天还是晚上，在心理访谈室里最常看到的是陆菁的身影。学生心里有了解不开的结、绕不开的弯，都喜欢找这个笑容温暖的老师聊一聊。

18年间，陆菁温柔而坚定地呵护着每一颗需要被看见的心灵。已经顺利

毕业的研究生张亮（化名）记得，读研三年，是陆菁的心理辅导一步一步让他从当初那个对外界充满戒备的孩子蜕变为自信青年；曾经对生活失去希望的女孩童林（化名）记得，连续四天的半夜里，是陆菁不厌其烦地聆听她的电话倾诉，把她快要“爆表”失控的心灵拉回正常轨道；实习时遭遇性骚扰导致“创伤后应激障碍”的方芳（化名）记得，无数个周末，是陆菁陪着她一点一点回溯过往，找寻成长的契机与动力……

爱如明灯，她 24 小时待命无怨无悔

“心理中心的老师，基本都是 24 小时待命，一有突发情况，都是立刻赶到现场。”原心理中心主任张世兵告诉记者。

爱人刘大勇清晰地记得，2015 年的一天深夜，一阵刺耳的铃声惊醒了睡梦中的一家人。“陆老师，我们班有位女同学情绪不对劲，现在在宿舍楼道一会儿哭一会儿笑……”电话里传来辅导员急促颤抖的声音。听完描述，陆菁立马起身换衣服准备出发，半梦半醒的女儿“哇”的一声哭了出来。那一刻，陆菁的心揪了起来，可她知道学生的事就是天大的事，来不得一点儿耽搁。很快，她见到了女孩，正散着头发，在洗手池边开着水龙头哼着歌。“同学，你好！”……她和女孩拉家常式地谈着话，凭着多年的工作经验，她评估这个女孩的逻辑思维已经出现了混乱，需要尽快转至精神卫生中心做进一步诊断。在取得家长的授权后，她和辅导员将女孩送到了精神卫生专科医院，等他们走出医院大门，天空已经露出了微微晨光。

18 年间，这样的不眠夜对陆菁来说已是平常，这样的突发事件也不止一起。手机铃声一响，无论是白天还是夜里，无论是吃饭还是睡觉，对她而言，就是一声召唤。

情是明灯，她以情启智全方位助力

从课堂到活动、从线上到线下、从入学到毕业，作为一名专职的心理工作者，陆菁 360 度全方位倾情为学生助力，一步步走进了学生心里。

在她的课堂上，学生永远是“老大”。很多学生至今仍记得被她和课程触动的瞬间。在教师教育学院 2015 级研究生王晓燕的记忆中，陆老师进行团体辅导时，有时一个团体里有 30 多人，陆菁两三天就能全部认清。“没太多技巧，就是在脑子里一遍遍默念，因为能叫出学生的名字是对他们最好的尊重。”“老师你超级亲切，课程相当生动，五星好评。”“老师，您的课堂实验可真的是惊心动魄啊！我看好你哦！”……这些都是学生写下的真实留言，一字一句见证着她的用情走心。

在她的心目中，每一名学生都是可以优秀的。从 2012 年起，陆菁陪伴了 800 多名学习上暂时出现困难的同学去参加素质拓展，鼓励他们重新审视自己。杨涵（化名）至今仍记得陆老师这句话——“你们都是‘潜力股’，将来前途不可限量！”这番话语深深印刻进他心里，回校后，他咬牙发奋，两个学期共修完 81.5 个学分，最终顺利毕业。跟他一样，在陆菁的帮助鼓励下，重新开启人生的“潜力股”还有很多很多。

京江新校区后勤服务保障团队：不畏开荒苦，甘做铺路人

——2019 年第四届“感动江大”人物事迹

满地沙土、杂草丛生、没水没电的施工现场，有一群人在艰苦环境中，克服困难，勇担使命。他们特别能吃苦，特别能战斗，特别能奉献；他们是京江学院新校区后勤服务保障团队，由二十余名甘于奉献、勇于担当的年轻人组成，平均年龄 33 岁。

全力以赴，承诺就是责任，时间就是命令

2018 年初，学校决定由后勤处（集团）负责京江新校区搬迁的后勤保障工作。后勤处（集团）高度重视这项工作，“我们要不计成本、不计代价，保证 2018 级京江新生顺利开学，要调用各岗位精干、能干、肯干的中坚力量来全力以赴做好这项工作”。后勤管理处处长、总经理沈良钧一声令下，发出了保障京江学院新校区开学工作最后冲刺和决战的“动员令”。

“京江新校区的如期启用，事关京江学院 5200 余名师生的学习和生活，每一个环节都不能出纰漏，后勤保障尤为重要。”作为京江新校区服务保障团队

的领头人、校区物业总管周晓巍深知责任重大，他带领 20 多名队友，向学校立下“军令状”，保证在开学前完成任务。

“刚到新校区时，由于道路还没有铺设完成，施工现场漫天尘土，感觉我们是到了沙漠。”周晓巍至今还记得第一眼看到的场景。因为设施不够完善，断水断电成了家常便饭。保洁工作离不开水，周晓巍就带领大家一起人工运水，一层一层往上运，衣服被汗水浸湿，拧了一次又一次，一天下来，衣服上结了一层盐渍。开荒保洁中，手和脚被钉子划破和戳中是常有的事，周晓巍的脚被钉子戳破后依然咬着牙、忍着痛，坚守岗位。炎热的天气导致伤口恶化，以至于很长一段时间，他的左脚前趾都没了知觉。在最为关键紧迫的时刻，周晓巍的儿子出生了，家里正是需要人手的时候，他毅然选择了工作，20 多天没有回家。

与周晓巍一起并肩作战的还有杨山、汤祯和王盛，他们号称“恒昌第一天团”，每个成员都发挥着重要作用。公寓 10 号楼 429 个房间、11 号楼 431 个房间、13 号楼 158 个房间、18 号楼 286 个房间，每个宿舍检查 3 分钟，全部 1304 间房检查下来就花费了近 65 个小时。杨山负责的是新校区学生公寓的配电、供水、维修工作，在供电设备调试期间，5 号楼一送电就跳闸，杨山凭借扎实的专业功底，及时排查出原因。

工期紧迫，他们以工地为家，与时间赛跑

9 号宿舍楼的蹲坑极难打扫，层层的污物和沙石堵塞了全部的管道，这让保洁员不知如何下手，也下不去手。教学区主管汤祯毫不犹豫，戴上口罩和手套，带领六名成员进行疏通工作。他亲自做示范，用钳子把表层的污物和沙石夹出，底层的污物全部戴着胶皮手套用手疏通。

恶劣的环境、极高的劳动强度让汤祯和很多员工当场就吐了，一天都没有胃口吃饭。保洁协管徐凌直到把最后一个蹲坑打扫完毕才伸展了一下早已麻木的腰背。难以想象，生活中妆容精致、身材娇小的汤祯干起保洁工作来格外泼辣爽利，“管理人员要带头干，一级带着一级干”。说起这事，汤祯只是云淡风轻地一句带过。

宿舍楼未通水，汤祯带着保洁员人工运水，一层一层地抬到楼上，十层楼这样的高度让很多女同志体力不支，于是她们采取轮流抬水的方式。饿了，她们就蹲在地上吃泡面；累了，她们就以地为床，躺在地上休息。

初出茅庐，他们恪尽职守

在团队中，不仅有“恒昌第一天团”的冲锋陷阵，还有一支刚毕业的新进大学生队伍。

白皙干净、文静瘦弱的吕佳负责食堂原材料的保管工作，她说："一开始没有想到工作环境会如此艰苦，仓库清理了3天，整个食堂的建筑垃圾装了整整10卡车。"新食堂没有网络与电脑，她手工登记了一千多种货物，做了5本账本。

在后勤工作中，员工信息的整理和录入、与劳务公司的沟通协调工作至关重要，刚刚大学毕业的杨依然担起了这项重任。"由于现场工作条件非常恶劣，很多工人坚持不下去，人员的流失、变动很大。"杨依然无奈地说。很多时候，她前一天的工作成果会在后一天变得毫无用处，她咬牙坚持了下来。

"那段时间，孩子就没见过妈妈。"张媛媛的爱人告诉记者，张媛媛也是今年刚加入京江新校区后勤保障工作队伍的，她的孩子刚一周岁。每天早出晚归，孩子见到妈妈时的那种陌生感，让张媛媛心中充满了内疚，"咬咬牙就坚持过来了，5200名新生，就是5200个家庭，我们要'舍小家，为大家'"。

绿色化学与化工技术创新团队：愿做春泥护花红，甘为人梯助腾飞

——2019年第四届"感动江大"人物事迹

1个团队、20人，3名国家优青、1名青年长江学者、2名教育部新世纪人才……他们既是开拓创新的科研工作者，更是严谨求实、春风化雨的良师；他们除了"导科研"，还"导思想""导人生""导生活"；他们的团队，独创"望闻问切"的方式，把学生思想脉、望学生之言行举止、闻学生之谈吐心

声、问学生之关注所在、切学生之成长困难。这个团队就是我校绿色化学与化工技术创新团队。

研师导“思”是惯例

闫永胜是这个团队的“灵魂人物”。第一次和研究生见面，闫永胜通常会问学生两个问题，分别是：“你跟清华大学的学生比有什么区别?”“毕业的时候，你和清华大学的学生同时竞争一个岗位，你能行吗?”看到学生摇头，闫永胜问：“为什么不能呢?”他总告诉学生：“不管你来自什么学校，从今天开始奋斗，毕业的时候不比名牌大学的学生差。”思想认识统一了，再在课题和论文的训练平台上实战演习，直至炉火纯青，闫永胜显然不是在和学生吹牛。他带的研究生中，有的已经成为“985 工程”高校国家重点实验室负责人，有的硕士毕业后就去高校当了老师，有的提前一年就达到了博士毕业标准，被多所高校争抢。

入学谈心不仅仅是团队负责人闫永胜的独门“秘技”，而且已成为团队的例行科目。本科就读于京江学院的博士生刘金鑫还清晰地记得，自己对做科研没有信心，研一入学不久，潘建明老师便约他谈心，开导他：“年轻就是资本，一定要定好目标，当你攀登上一座高峰的时候，这还不是你的终点，你应该想着接下来要征服哪座高山!”在随后的科研生涯中，他一直把这番话作为激励自己的名言。每当贪图安逸的想法占据脑海时，这番话语总能鞭策他耐住寂寞、专注于研究。

“私人定制”成流行

团队的研究方向很多，但每一位青年教师都有自己的绝活，每一位研究生也都有适合自己的独特方向，并且都能出成果。谈及此事，团队成员霍鹏伟告诉记者，“私人定制”在团队挺流行的。无论是青年教师还是研究生，团队都会根据他们各自的特点，群策群力为其量身定制科研方向和研究计划。

团队成员潘建明的副教授、教授职称均是破格提拔，2017 年潘建明被修正的目标是“争取获批国家级人才项目”。面对这个“量身定制”的目标，他一度也很忐忑，但也正是有了这样的目标鞭策，他才能憋着一股劲，最终获批国家优秀青年基金。团队成员、青年教师朱文帅也是受益“私人定制”的典型代表，自 2009 年留校任教后，朱文帅在短短数年内成长为我校教授、博士生导师、国家“优秀青年科学基金”获得者。

这样的“私人定制”从青年教师一直延伸到研究生培养。2011 级博士生逯洋的硕士专业是计算机，跨专业学习遇到的挫折比较多，团队导师们为其

“私人定制”了计算-化学交叉课题，并制订了细致的科研计划，助其构建化工知识体系，一旦遇到困难，导师们便组织力量进行反复研讨快速解决，最终逯洋高质量完成了博士学位论文。

甘为人梯是风尚

2004 年以来，闫永胜第一作者署名的论文一篇没有，他总是把第一署名的位置让给更需要的年轻人。他默默地影响着团队的每一个人，无论是科研攻关还是日常事务，团队成员们没有一个人计较个人得失，甘为人梯渐渐成为这个团队的风尚。

青年教师孟敏佳自刚刚留校起就开始申请基金，但两三年过去了始终没有申请下来，一度非常沮丧。此时，闫永胜提出，能否改变研究方向？霍鹏伟、潘建明分别抽出时间详细分析了她的申报书，最终提出让她结合自己原有的研究基础进行基金申报，并帮助她最终选择了青蒿素分离的方向。之后的七天，从早到晚，他们反复斟酌字句，帮助孟敏佳一字一句修改申报书。在群策群力下，孟敏佳拿到了自己生平第一个国家基金，最终也奠定了自己新的研究方向的基础。

这一群为师者，在引领年轻后辈走上科研的道路时，折叠了光阴，模糊了年轮。他们的心中有一座“岛”，既是科研的乐土，也是实现个人价值的理想沃土；他们的心中有一座“城”，在这里，资源共享、利益共享、机会均等；他们的心中有无限的“爱”，在这里，他们怀着对事业的无限热爱和对学生的无私奉献，在育人的道路中化作春泥、甘为人梯，见证着一个又一个成果和奇迹。

“四点钟学校”：莫道桑榆晚，为霞尚满天

——2019 年第四届“感动江大”人物事迹

这是一群特殊的志愿者，他们个个年逾古稀，曾经在三尺讲台辛勤耕耘，而今退休后的他们依然继续坚守着心中的教育圣地；这是一群可敬的老人，他们数年如一日，在一间小小的教室倾心守护着“别人的孩子”。八年风雨无阻，八年孜孜不倦，他们坚持和演绎着自己的信念，谱写了一篇篇感人而又温暖的“爱心乐章”。

八年如一日，“老园丁”情系学生娃

9 月，新学期的第一周。一缕阳光悄悄透过玻璃窗照进江大附校中学部一

楼最西边的一间小小的屋子，勾勒出温馨的一幕：一位白发苍苍的老人陪着几个孩子在书架旁挑选书籍，还有一些学生在奋笔疾书，一位面容和蔼的老奶奶不时地走过去轻声指点。这是江大附校“四点钟学校”一个普通的瞬间，也是一群退休老人默默坚守了八年的“事业”。

2012年，为了解决困扰我校众多青年教职工的“孩子放学没有去处”这一问题，我校关工委与附属学校联合成立了“四点钟学校”，组建了一支主要由附校退休教师组成的志愿者队伍，由他们在附校放学后去学校轮流值班。附小学生均可报名申请上“四点钟学校”，申请得到批准的50余名小学生放学后会自动集中到教室，在值班退休老教师的照顾下先完成当日作业，然后自行阅读课外读物、做手工等，直到父母下班来接。这个由二十多位平均年龄70岁以上的退休教师组成的团体，八年如一日地坚守在那间小小的教室，每周一到周五下午四点开始，陪伴着这些孩子度过放学后的时光。

他们每两周值一次班，每次一个半小时。尽管都年逾古稀，有的甚至已至耄耋之年，但老教师们一直践行这样一种温暖的理念：为了孩子们的健康成长，我们责无旁贷！80多岁高龄的杜玉清患腿疾多年，但自加入这个团队以来，她从未因为自己的不便而耽误值班；丁玲患过癌症，装了五个支架，但她始终坚持不离开“四点钟学校”，病情稍有好转就主动要求上岗；年近80岁的孙月芬、张淑英，一个腰疼得厉害，一个几次住院，但从未耽误过值班；辛竑一次不小心摔断了胳膊，她打着石膏、吊着胳膊坚持到教室值班，没请过一次假；年逾80的林书萍每到值班时，便会和老伴一起专程打车从养老院赶回学校辅导孩子们；景兴华也已年过80，为了兼顾“四点钟学校”的孩子和因为生病腿脚不便的老伴，她一般都会在值班当天推着轮椅上的老伴，一起来到教室；“我爱这份工作，我爱这些孩子，等我好了，我还要去值班”，刘鉴月重病在床的时候，还依然惦记着孩子们……目前，总共有400余名附小学生受益于“四点钟学校”，平均每学期都有50多名小学生在这里受到照顾。

数载弹指过，“好长辈”助力新成长

在“四点钟学校”，记者见到一摞厚厚的值班记录。“今天实到41人，同学们来到教室大部分能认真写作业，有少数同学不断讲话，经过教育有所改进”……工整的字迹记录着这群退休教师的点滴付出，记录着这些长辈们的殷殷期许！

虽说这是一份义务工作，但老教师们干起来却毫不马虎。他们每天及时点名，对学生的出勤、纪律情况都做详细的记录；他们认真维持自修教室的秩序，耐心解答小朋友提出的疑问。除此之外，时刻纠正孩子的坐姿、帮他们检查作业、默写单词生字、修改文章等也是老教师们每天必做的“功课”。如果发现孩子身上的问题，值班老师也会及时找他们谈话，给他们提要求，并与家长交流孩子的教育问题。

谈起“四点钟学校”的老教师们，图书馆青年教师李文娟充满了感激：“孩子送到学校两年，变化真的挺大的。以前回到家做作业最快也要八点多才能完成，在‘四点钟学校’里面，有老教师辅导孩子作业，基本上五点半孩子就能完成大部分作业。最关键的是，帮助孩子养成了及时完成家庭作业、不拖拉的好习惯。”良好的学习习惯使得她家女儿成绩直线上升，四年级时期末总成绩进入全班前十名。

莫道桑榆晚，为霞尚满天。风风雨雨八载余，附小的学生换了一拨又一拨，而这群退休老教师们始终坚守在这里。他们用年迈的双脚丈量着从家到学校的距离，用真诚的话语在孩子们心中留下了美丽的印记。更可喜的是，在这些德高望重的老教师们的影响和带动下，一些大学生也陆续加入到志愿者队伍中，为孩子们不定期开展科学实验、手工制作等素质拓展活动。

江苏大学研究生支教团：用一年青春换一生无悔

——2019年第四届“感动江大”人物事迹

2015年7月，我校首届（全国第17届）研究生支教团（以下简称研支团）正式来到青海省海北州门源县，进行为期一年的定点支教扶贫。此后，一批又一批江大青年学子来到这里服务，至今未曾间断。“用一年青春，换一生无悔”，5年间，支教团团员们在一线课堂支教，到村里家访、调研乡情，为当地中小学生募捐图书……正如第 20 届支教团团长王阳在写给父母的家书里所书："初为人师，诚惶诚恐，我不想只是匆匆路过，我想竭尽所能地上好每一堂课，教给他们更多更多，为他们铺一张做梦的床，为他们打开一扇远眺的窗……"他们把实实在在的精准帮扶、朝向明天的希望和一生的牵挂播撒在祖国西部的土地上。

跨越 2160 公里的无悔选择

从江苏镇江到青海门源，2160 公里的山川跋涉。每一年，研支团成员跨越的不仅仅是空间距离，更有从平原到高原，从发达地区到相对落后地区的种种不适应。

在第 19 届研支团团长曲洪川的记忆中，研支团成员初到门源都出现了不同程度的不适症状，他自己感冒，连续吃药两周才康复。两名女生宋陈烨和陈珂，因为高原反应、饮食差异，抵达门源的最初两个月，体重都下降了十多斤，但是没有一个成员叫苦叫累、耽误课程教学。陈珂承担了七年级历史教学的任务，带 4 个班级 200 多名学生；土木工程专业的宋陈烨则当起了多面手，先后上过七至九年级的英语、数学、地理等课程。第 20 届研支团团长王阳也告诉记者："门源气候十分干燥，我们到那儿的第一个月，流鼻血是常有的事儿。""既然选择了支教这条路，就要坚定地走下去，半途而废不是研支团的风格。"谈起支教，两位团长不约而同地笑着说。

写满 365 个日夜的无悔青春

青海的冬天，寒冷异常，第 19 届研支团成员、机械学院的潘亦琛每天早晨 5 点就要起床，吃完早饭，从门源二中宿舍出发，走 2 公里的路，在 6 点之前赶到门源一中，开启一天的教学工作。晚上 9 点陪学生上完晚自习，回到宿舍已接近 10 点，他还要拿出教案，认真备课，每天基本上要到 12 点以后才能睡觉。这是研支团成员在门源最普通的一天，也是平凡的 365 天中的一天。研支团的成员来自不同的学院，没有做过真正的老师，当地学校在排课的时候并不能完全按照他们的专业分配，他们往往是跟学生同一天拿到课本，连夜备课是常事。如果学校的老师请假了，他们还要及时顶上去。

“我们带的班级总是会跟当地老师带的有些差距。”第 20 届研支团成员、在门源二中教初二英语的张雨晗一开始总是有些沮丧。不能体罚，又要保证基础薄弱的学生成绩不下降，张雨晗绞尽脑汁，最终摸索出因材施教、分类指导，激发同学的学习兴趣等一套好方法。原本英语成绩倒数的班级，在张雨晗的带领下，逐渐名列前茅。更可喜的是，原本只有体罚才能震慑住的孩子，在张雨晗的鼓励和正面管教下，开始主动反思，学生们会眼含泪花，逐个到老师那儿就自己的不当言行道歉。

为了 1000 个梦想的无悔奔波

为了激励当地孩子走出高原，研支团成员经常向他们描述美丽动人的外部世界，门源的孩子们听着、向往着，可到底这些地方都什么样？谁也没有见过。“老师，我们什么时候才能去看看你们讲过的飞机和高铁?”孩子们的话语让支教团成员们意识到，孩子们的成长需要开阔的眼界和开放的思维。

近几年，在为千余名学生进行正常教学活动之余，支教团成员还为了他们的梦想四处奔波。2017 年，在曲洪川、宋陈烨、陈珂、潘亦琛组成的第 19 届研支团成员的努力下，门源县第三初级中学 10 名品学兼优、家庭贫困的孩子到北京游学一周，参观了天安门、北京大学等。从未出过远门的孩子们在日记中激动地诉说自己的心情：“我这次回学校后，要给同学们讲一讲这次去北京的感想，讲一讲我们伟大的首都是怎么样的。” “世界那么大，我想去看看。”……自此以后，“接力圆梦”成为研支团一个不成文的规定。2018 年、2019 年，“门源县中小学生江苏大学素质拓展营”活动陆续开展。此外，研支团成员还注意到书籍是当地中小学生最为匮乏的资源，在他们的努力下，“精灵书屋”“爱心包裹”陆续出现在门源县的中小学校园。

整整一年，研支团成员们把青春留在了门源。这一年很长，长到他们与当地学生建立了亲密深厚的感情；这一年很短，短到转眼就到了志愿服务结束的时刻。一年的时间，传道、授业、解惑，研支团成员们用坚持诠释了他们无悔的选择，用满满的爱拓宽了自己生命的维度，赢得了当地学校和政府的广泛赞誉。

榜样江大

前进的路上从来不是一帆风顺

成功的榜样

也曾经历荆棘坎坷

坚持、努力、创新才是成功的秘钥

张美山（冶金专业 1968 级）：四十年开创奇迹人生

张美山，曾任江苏银茂控股集团有限公司董事长兼总经理。他 20 岁进入南京栖霞山矿场，从一个普通的下矿工人开始，逐步成长为整个集团的掌门人，他将一生最好的年华都奉献给了这家企业。

踏实勤奋　20 年换来人生飞跃

“毕业后我就被分到了栖霞山矿场——那时是叫作南京铅锌银矿。”张美山说道，“当时是服从分配，属于工人编制，第二天就下井干活了，安排做什么就做什么，我干得还是很积极的。”

不久后，张美山被选入政工部开始负责团委的筹建工作。1976 年入党后，张美山又被提拔为中层干部，任企业团委书记。1978 年，张美山作为公司代表前往大庆，参观学习当地企业的管理模式和企业精神。回来后，他便着手展开企业整顿工作。这一年他兼任了办公室副主任，从此开始介入行政工作。

两年之后，张美山进入党委办公室。1983 年，他进入宣传科，正逢当时党校开始正规化办学，党校成为国有企业干部的培养基地。张美山说：“我在党校学了两年的马克思原理，后来就喜欢上了，里面说的许多哲学道理完全可以应用到现实生活中。现在很多的年轻人对此不屑一顾，其实是不理解其中的精髓。”

1987 年，张美山荣任工会主席兼党委副书记，主要处理行政事务，这份工作他只做了一年多，但相当关键。1988 年 9 月，他凭借出色的行政能力，升任南京铅锌银矿副矿长，全面负责组织工作。1989 年，张美山转正，成为铅锌银矿矿长，这标志着由他掌舵的铅锌银矿业新时代的到来。至此，张美山来栖霞山矿场已经整整 20 年，这个过程中没有天赐的幸运，没有一步登天的云梯，有的只是一步一步清晰可见的脚印。

整合资源　卓越思路化解老厂危机

南京铅锌银矿自 1987 年“小矿改造”达产后，常常出现“矿源紧张”的情况，迫使企业需要大量外购矿石。长期以来，矿场仅仅是不亏不盈。张美山当机立断，用寻求跨越式发展的超前思维，统一了厂矿领导层“大投入、大产出”的观点，准备进行20万吨/年的扩建改造，力求产量翻番。

审时度势之后，在中国工业总公司的支持下，张美山与沈阳、葫芦岛的两家下游厂商（总公司直属企业）达成共识，由这两家厂商拆借1800万元支持张美山实施大矿改造。直接相关的上游矿山与下游冶炼厂的结合，实现了“资源整合”一体化的优化模式，张美山打了一场精彩的融资战。

1994年10月，技改工程全线投产后，当月就达到了生产预期，年采矿量最高时达到24万吨，完成改造后的企业资产总额达到1.16亿元/年，推动矿场上了一个大的台阶。

1995年，随着采矿量的节节攀高，在矿场效益明显好转之时，高达4600万元巨债的还款期也如期而至。张美山随即提出了“债改股”的模式，将之前的债务转为投资，在矿场现有资产的基础上成立有限责任公司。1995年5月18日，南京铅锌银有限责任公司正式挂牌，危机再次被化解。债转股方式在如今是司空见惯，在当时可是新鲜事物，《南京日报》在头版头条位置作了重点报道。

“改革、创新都是被逼出来的。车到山前必有路，路在哪里，是要开动脑筋自己去找的。”谈起这段经历，张美山感慨万千地说。

远见卓识　打造多元化企业集团

2000年，南京铅锌银矿有限公司被列入南京第一批国有企业改制名单。至2001年4月，国有资产全部退出，改制完成。新公司注册资金768万元，张美山成为新公司股东代表大会选出的首任董事长兼总经理。

要金山银山，更要绿水青山。张美山主导的二次技改工程，依靠不断的科技进步和技术改造，逐步研制开发出一系列成套新技术、新工艺、新装备，做到了废石、废渣、废水的三个零排放，实现了资源的高效开发和对产业结构的优化调整，经济效益与社会效益并举，营造出矿场与栖霞山风景区和谐共处的矿区环境。

但采矿业属于资源依赖型产业，一旦资源枯竭，企业就失去了赖以生存的依托，多元发展就成了张美山运筹企业的必然选择。经过梳理与重组，目前南京铅锌银矿有限公司成为一个集矿业、精细化工业、机械加工业、房地产业、服务业、木业、高科技产业七业并举的大型企业集团。

当然这还不是他的全部目标，“这里有我以前的老领导、老同事，有他们的子女，有1500个兄弟姐妹在这里兢兢业业工作，我没有理由不把企业做好”。这一份厚重的社会责任感就是张美山把企业做大做强最直接的动力。

舒英钢（机制专业1978级）：百炼成精钢

舒英钢，1982年毕业于江苏工学院（现江苏大学）机械制造工艺与设备专业，浙江菲达机电集团有限公司党委书记、董事长，浙江菲达环保科技股份有限公司董事长；教授级高级工程师，获得国家科技进步二等奖1项、中国机械工业科技进步一等奖2项、浙江省科技进步一等奖1项、中国环境保护产业杰出贡献奖1项，是享受国务院特殊津贴专家、浙江省有突出贡献中青年科技专家、浙江省劳动模范。

百炼成精钢

毕业后的舒英钢被分配到了诸暨机床厂。

刚来诸暨机床厂的舒英钢，凭着扎实的专业知识和满腔的报国热情，很快就获得了厂里同事的认同。次年3月，实习仅近9个月的舒英钢就提前结束实习期，正式加入该厂设计科。

在人生的第一个岗位上，他迎来了一次锻炼自己、展现自己的机遇。诸暨机床厂承担了建厂以后第一次省级重大科研开发项目C9232电机端盖车床的研制，而舒英钢作为主要设计人员之一负责设计液压、半自动部分，同时担任主任助手协助总体设计。在当时，因为难以用通常的类比法设计，C9232电机端盖车床的设计难度极大。然而，一年多后，凭着团结协作和勤奋钻研，舒英钢与他的同事们克服困难，成功地研制出该型机床并达到国内先进水平。

首战告捷的舒英钢很快得到厂长章作邦的青睐，升任为办公室主任，开始了他在诸暨机床厂的生产管理生涯。勤奋出悟性，勤奋出成绩。不久，舒英钢又升任机床厂副厂长，负责常务工作，成为该厂的二把手。在加入诸暨机床厂的九年间，舒英钢渐渐从一个刚入行的愣头青成长为可以独当一面的领导人才。钢，已经炼精了！

华丽转身　涉足环保

此时的舒英钢，面临着一个能够影响他一生的抉择：是留在诸暨机床厂还是前往浙江电除尘器总厂（菲达集团前身）？不少人觉得舒英钢应该留在诸暨机床厂。

他在机床厂的工作已经得心应手，而老厂长亦是五十九岁高龄，不出意外，留下的话他便是这个厂的新厂长，前途光明而稳健。而若前去浙江电除尘器总厂，不说当时该厂内部危机重重，就说一切工作重新开始，他就要面对无数前所未有的挑战。

一条光明坦途，一条荆棘曲路，寻常人都会选择前者，可舒英钢却选择不走寻常路。1993 年 8 月，三十四岁的舒英钢怀着坚定的决心和产业报国的热情，来到了浙江电除尘器总厂。

面对浙江电除尘器总厂的内忧外患，舒英钢有条不紊地步步展开工作。他先是用近三年的时间深入基层，避开敏感问题，从基础管理入手，经过耐心地走访调查、召开各部各层会议，舒英钢掌握了大量的第一手资料。从企业的档案看，一方面，前两任厂长虽然引进了国外的环保型除尘器产品，却因消化吸收不足而使产品质量不够硬；另一方面，由于缺乏足够的制度保证和高层重视，厂里前些年发生了几起安全事故，造成了不小的伤亡。舒英钢清楚地知道：科研技术是核心，质量是生命，安全生产是保证——这三个基础环节，缺一不可，弱一不行。1994 年初，舒英钢决定带领浙江电除尘器总厂创建国家特级安全企业，通过了浙江质量体系认证和法国 BVQT 质量体系认证。短短两年，浙江电除尘器总厂不仅因此成为机械工业部第三家通过特级安全验收的企业、国内第 17 家获得这项荣誉的企业和浙江省至今唯一的特级安全企业，也成为全国该行业中率先通过国际国内双认证的企业。

有了安全和质量这两把保险锁，舒英钢将目光转向了员工福利待遇这支强心剂。人心稳定了，凝聚力也增强了，舒英钢开始带领全厂走上了科技创新之路。

“创新因子”引领发展

舒英钢抓住机遇，大胆出击。1994 年夏，宁波北仑港电厂的一台由美国 CE 公司制造的一号机的 60 万千瓦燃煤机组除尘器烟囱上冒出了滚滚黑烟，有关部门不得不决定对其进行全面改造。舒英钢敏锐地捕捉到改造旧除尘器的商机，一遍一遍跑到宁波进行沟通和谈判。功夫不负有心人，通过实地考察，舒英钢和厂里的科技骨干们抓住了问题的关键。几个月后，凭着超人的胆魄和惊人的技术，舒英钢厂里的改造班子终于战胜了困难——旧除尘器改造非常成功，除尘效率达 99.86%，超过原设计要求和改造要求。浙江电除尘器总厂这一举动，填补了我国对进口电除尘器改造的空白。如今，我国电力行业再也不用进口大型除尘器设备了，这不得不说有舒英钢的一份功劳。

1995 年 12 月，浙江电除尘器总厂改名浙江菲达机电集团有限公司。企业改名是改革的信号灯，不久，舒英钢的大手笔改革拉开了帷幕。

1998 年，在国家提倡发展高新技术产业的号召下，一向节俭的舒英钢派人花费几百万的巨资从国外引进 ABB、FLAKT 和 NID 技术，发展烟气脱硫技术。好强的舒英钢不信中国人自己解决不了脱硫问题，他带领集团科研人员经过几年潜心钻研，终于在新千年得偿夙愿。2001 年，舒英钢组织完成了巨化热电厂 8 号机组除尘、输灰、脱硫总成套工程，其中应用本厂自主研发的循环半干法脱硫效率达 91%，而除尘效率达 99. 8%，该法开创了用电石渣做脱硫剂的以废治废的国际先河。而他亲自主持实施的国家重大技术装备研制项目即垃圾焚烧尾气处理技术和装备也在同一年大展拳脚。创新无极限，舒英钢的目光又转向开发污水处理设备。2003 年，已开发拥有一流污水处理设备和技术的舒英钢作出又一重大决策：组建菲达宏宇环保设备集团，收购湖南浏阳污水处理厂和诸暨污水处理厂。

1996 年，舒英钢提出在菲达实施上不封顶、下不保底的新计件制。实践证明，它有效促进了职工的工作激情，工厂的生产效率提高了 4 倍。1999 年，舒英钢又在菲达全公司实行事业部制管理。2002 年，舒英钢又排除万难，放弃其个人股份，使得菲达以国有独资企业的身份成功上市。通过上市，菲达建立了与国际接轨的经营机制和企业管理制度——舒英钢又一次为国家贡献了一份巨力。2006 年，舒英钢创办了菲达学院，让每个菲达员工有继续学习和深造的机会。如今的菲达，在舒英钢的领导下，“保护环境、造福人类、环保产业报国”。舒英钢在“立足国内最佳，争创世界一流”的美丽蓝图上挥洒着青春和智慧。

赵剡水（拖拉机专业 1979 级）：心怀感恩，志存高远

赵剡水，1983 年毕业于江苏工学院（现江苏大学）拖拉机专业。第十三届全国人大代表，国机集团科学技术研究院有限公司副总经理、原中国一拖集团有限公司董事长。

心怀感恩

赵剡水出生于山西，父亲早逝，母亲于他既是慈母也是严父，一方面采用

夸奖和鼓励的教育方式，一方面对他高标准严要求。赵剡水从小就喜欢读书，成绩一直名列前茅，高中毕业后，他考入镇江农业机械学院（现江苏大学），在那里接受了系统的大学教育。

回忆自己的大学时代，赵剡水说："学校的环境对塑造人格很重要，我刚进入大学时，没有宿舍住，就在老师刚分到的宿舍里住了一年，老师对学生那真是好……"他总在不经意间流露出对母校的爱和怀念。

1983年，赵剡水毕业后进入第一拖拉机制造厂工作，1990年获工学硕士学位，两次作为访问学者进入日本北海道大学、京都大学学习深造，历任技术员、工程师、副总工程师、副总经理、总经理等职。"我们这一代人运气好，挺顺，前辈和领导的关心爱护多。"

1993年，赵剡水获得了去日本北海道大学做访问学者的机会。当时日本的农业机械比国内强很多，已经开始研究无人驾驶拖拉机。赵剡水在日本北海道大学学习期间，受益良多。赵剡水1995年回国，6个月后升职为中国一拖集团副总工程师。2000年升职为中国一拖集团副总经理。2001年，赵剡水第二次去日本京都大学做访问学者，主要学习经营管理，那里自由的学风让他感触很深。2002年，他回到中国一拖集团。有些人问他为什么还要回来，他很从容地说："是国家培养了我，是中国一拖这个平台让我成长，我没有不回来的理由。"

全力以赴

2005年，赵剡水担任中国一拖集团总经理。他认为这意味着一拖职工和组织对他的信任，意味着他对一拖职工和组织的责任。

在专业领域，他先后主持并组织了履带拖拉机改进变型及换代产品的设计、研制，他主持完成的东方红-802RT型橡胶履带推土机填补了一项国内空白，使我国农业履带拖拉机行走系在技术上达到国际同类产品的先进水平；主持完成了国家技术创新项目100马力轮式拖拉机技术开发项目，使该系列产品性能、可靠性得到很大提高，有效地阻止了国外大功率轮式拖拉机对国内市场的垄断冲击。

2005年至2009年，中国一拖集团经济总量保持较快增长，经济运行质量显著提高，销售收入增长近 1 倍，出口总额增长近 2 倍，企业呈现出良好的发展前景。

回馈社会

中国一拖集团还积极参与社会公益事业。1998 年，企业建立了“中国一拖东方红奖学基金”，用以资助和奖励陕北老区贫困学生和优秀教师，先后捐赠图书 14000 余册，在陕北佳县东方红小学建立了“中国一拖东方红图书室”。

近年来，中国一拖集团通过“唱响东方红”活动、央视“与中国农民手挽手”活动、西部促进会、向灾区捐款等活动和途径，向辽宁抚顺、江西赣州、陕北榆林、山西忻州、河南安阳等地捐助大轮拖、挖掘机、农用车、小轮拖等机械产品，支援当地“三农”建设；向北京太阳村特殊儿童研究中心捐助拖拉机和农机具，支持社会慈善事业。除此之外，还通过派医疗队义诊、捐赠文具、出资修路、为教师捐款、给特困户送粮油等多种方式，常年对洛阳嵩县等周边县区开展包村扶贫工作。

2008 年 5 月 12 日，四川汶川发生 8.0 级大地震后，中国一拖集团紧急启动“东方红情系灾区”救援工程，企业和全体职工共计向灾区捐款、捐物达 300 多万元，同时，一拖集团向灾区派出“抗灾救险救援队”，在第一时间赶到灾区，帮助灾区人民疏通道路、重建家园，受到当地政府和社会各界的好评。

20 多年来，出身贫寒的赵剡水，始终用感恩的心深情地回报社会。

2005 年，赵剡水入选“中国拖拉机工业 50 年 50 位最具影响力人物”，赵剡水是比较年轻的入选者，也是身兼技术人员、科研人员和企业家等多重身份的资深拖拉机工业人才。

心怀感恩，志存高远，这是一位学长的成长经验，是一个成功人士的智慧之举。对于我们后来者而言，虽然成功难以复制，但智慧永不过时。

蔡东（拖拉机专业 1979 级）：务实与激情铸就重卡之魂

蔡东，高级工程师。1983 年 7 月自江苏工学院（现江苏大学）毕业后进入济南汽车制造总厂。现任中国重汽集团有限公司总经理、党委副书记，中国重汽（香港）有限公司执行董事、总裁。

务实铸就重卡

蔡东，一个和中国重汽紧密相连的名字，它见证和承载了重汽的崛起。

2001 年公司重组时，重汽的国内市场占有率仅为 4%，当时一汽、二汽各占据了 40%的市场份额。2006 年重汽把市场份额追到 21.5%，三家公司的市场格局基本平衡。2008 年，中国重汽出口整车达 15000 辆；2009 年，在金融危机席卷全球、国际市场急剧萎缩的大背景下，中国重汽的出口整车仍超过 11000 辆；2010 年，重汽提出了“确保年产销整车 14 万辆，力争 15 万辆”的目标。

蔡东自进入重汽后，就把自己“许身”给了重汽。作为总经理，他每天花费大量精力查看来自市场一线的信息，亲自到市场上与用户、经销商及改装厂进行沟通，获取真实信息，以便及时对产品进行改进。同时，他又扮演了这一领域的行家及产品技术方面的决策者角色，每天繁重的工作让蔡东感到劳累，但也转瞬便释然。

“做这种工作真的很累，每天来的信息都要看，占用时间非常多，但看了才能有积累，才能对事情作出判断……必须抽取一定时间去听到真实的声音，否则会出事，会来不及处理。另外要研究某款车为什么销量差，为什么销量好，别人有什么优点，为什么能卖出这样的数量来，必须听别人讲，不能光听自己内部的信息。”

之所以始终坚持这样“勤”，蔡东有自己的想法。“企业要进步，你就要时刻有改变现状的想法，哪怕只花 10%的时间去思考。如果感觉对现状不满意或认为现在的状态没法使公司走很远，就必须去改变它，如果做不到这一点，就进步不了。”

一个人之所以风雨兼程，是因为他选择了远方；一个人之所以上下求索，是因为他胸怀理想。蔡东的理想矗在一个民族旗帜披风扬威的精神高地。

“我对自己的定位就是，为民族做点事。如果能为国家、为民族尽到一点绵薄之力，那么活这一辈子，值！”蔡东说，“这听起来是大话，但如果不这么想，很多事情讲不通。所以需要给自己找一个支撑点，让自己觉得这样干值得。”在接受《济南日报》采访时蔡东如是说。

激情铸就重卡

中华民族的母亲河黄河千百年来激流勇进、奔腾不息，孕育了中华民族的激情与梦想。与母亲河拥有同样名字品牌的中国重汽也点燃着蔡东的激情与梦想。从发动机的油耗到重卡的外形设计，从配套产业的发展到国际重卡发展的动态，他每天都在研究，每天都在探索。他不无得意地说："我们那款AOWO-A7卡车的造型，跟全国任何一款卡车造型相比，我都认为更有男人的感觉，很man，表现出一种威猛的气势。"这款车不仅体现出中国重卡世界领先的科技水平，也体现出蔡总的风格——务实与激情的结合。他在用激情做事，用激情做民族工业，用激情实现民族的梦想。在他眼里，重卡已不仅仅是载运工具，更是富有灵性的生命，承载着所有重汽人的激情与梦想，驶向全球；重卡也不仅仅只是产品，更是他与重汽人一起打造的"明星"，以其独特的风格和魅力活跃在世界经济发展的舞台上。

钱恒荣（内燃机专业1979级）：创新，业者之精魂

钱恒荣，一汽解放发动机事业部党委书记、总经理，江苏省"333"工程中青年科技领军人才，曾获"国家科技进步二等奖"。

执着自主创新，"奥威"横空出世

在一汽锡柴博物馆里，陈列着20世纪50年代到当前阶段，企业自主开发的几代柴油机产品。系列产品的更新换代书写着我国柴油机行业发展的历史，其中最引人注目的当属"奥威"发动机。原国家机械工业部部长何光远挥毫题词：奥威横空出世，大长国人志气！

1999年"奥威"开发时，钱恒荣时任分管技术的副厂长，参与并领导了开发的全过程。"那时候，大家都在走引进、合资的路，没人搞自主开发。我们决定自主开发。"钱恒荣认为，掌握不了最核心的发动机技术，发展民族汽车工业只是浮华空论；没有自主研发的发动机，自主品牌汽车企业终将受制于人。

一汽锡柴生产发动机已有数十年之久，但当时并不很清楚如何研发一款全

新的发动机。在那段寂寞甚至前途未卜的岁月里，锡柴克服了多少困难已数不清。

为了和世界上最先进的发动机技术接轨，锡柴选择与世界上最知名的发动机咨询公司奥地利 AVL 公司合作。尽管很艰难，但钱恒荣始终强调“以我为主”，每一个开发阶段都派技术人员和国外专家一起开发，阶段评审时他都亲自参与，他说“我们不光要结果，更注重过程”，这样才能完全掌握国际先进核心技术，并转化为自己的技术。

四年磨砺终见彩虹，2003 年 12 月 20 日，国内首台具有自主知识产权的四气门重型发动机“奥威”柴油机在锡柴成功下线。从构思到批量生产，“奥威”用了 50 个月的时间；而在世界顶级汽车公司，一款新发动机研发也需要 48~52 个月。

人才核心理念，成就“动力超市”

走进生产“奥威”的车间，偌大的厂房里，工人不多，但每个人都在高效地工作。2010 年以来，这里几乎是满负荷运转，生产线一天四班倒一刻不停，一台台刚生产出来的“奥威”发动机马上就被运走。尽管加班加点，仍无法满足众多持币待购的用户。

“奥威”成功开发之后，摆在锡柴面前的是更高层面的市场竞争。与国际一流水平发动机同台竞技，要如何胜出？钱恒荣目光坚定：必须走持续创新之路。“人们常说要与知识经济握手，先要和博士握手。”钱恒荣笑着说。人才核心理念一直是钱恒荣不变的理念与追求。

四年里，工厂先后派出 30 多名工艺、设计人员到 ALV 公司参与项目的开发设计，培养了一批技术骨干。此后，为扩大开发队伍的整体能力，锡柴实施了科技项目承包，成立项目课题组，实施项目化管理，锻炼出一批又一批学科带头人、技术尖子。

在人才的强力支撑下，锡柴在自主创新的道路上越走越顺、越走越快。目前，锡柴自主开发出了七大系列柴油机，功率覆盖范围 46~520 马力，已成为国内同行业中排量跨越最大、功率覆盖最宽的系列化柴油机生产企业。丰富的产品成就了锡柴“动力超市”的美名。

生命不息，学习不止

从校园毕业后，钱恒荣不仅先拿下了硕士研究生学位，并且成了一名高级工程师。在事业有成的同时，他还去进修了 EMBA。“很多人都跟我说，你都已经有研究生文凭了，还要上这个干吗。我说：我是来学知识的，不是来拿文凭的。”钱恒荣实实在在地说道，“做品牌远比做产品难得多，做品牌要坚持住，要实现可持续发展。”

企业发展如此，树人又何尝不是？

王军华（汽车工程专业1980级）：做一名坚定的改革者和先行者

王军华，现任江苏省交通科学研究院股份有限公司（以下简称“苏交科”）董事、总经理。

改制——打破铁饭碗，捧上泥饭碗

大学时的王军华，虽然是一个工科生，但又是那么“非典型”，骨子里甚至有点人文气质，用王军华自己的话讲，就是喜欢思考文化、社会类问题。因此，与同学不一样的是，他看得更多的是社会科学类图书。在大学，王军华完成了管理知识的启蒙，对社会问题的思辨训练为他今后的转型奠定了基础，也使他比一般的管理者更能把握宏观经济形势。

现在的苏交科，全年咨询业务承接总额已经达到17亿元，员工已经达到2500余人。然而，谁能想到，12年前，苏交科的前身——1978年成立的江苏省交通科学研究院，2002年咨询业务承接总额也只接近3000万元，员工仅有100余人。从2002年到2014年，苏交科经历了两次“嬗变”，而时任主要负责人的王军华在其中都起到了关键作用。第一次是2002年江苏省全面启动省属应用类科研院所改制，当时的江苏省交通科学研究院也名列其中。作为一家国有科研院所，背靠交通行业这棵“大树”，要打破“铁饭碗”进行改制，阻力和压力可想而知。王军华利用一个星期时间跑遍了南京的主要科研院所，“发现外面的世界很精彩”，经过综合比较，王军华和时任院长符冠华大胆抛弃原先“全国有”的方案，选择了更加激进的模式，改制成完全由员工持股的民营科研企业，彻底打破旱涝保收的“铁饭碗”，捧上了装满风险的“泥饭碗”。“苏交科”告别了依靠交通行业衣食无忧的日子，率先成为全国交通运输系统省级科研院所中的第一家全部由员工持股的民营科研型企业，王军华也由副院长转变为总经理。

重塑——破除与遵守并行，严谨和活力并存

改制的形式虽然完成了，但很多老员工一时还无法适应从吃“皇粮”到纳税人的巨大落差，事业单位的思维惯性依然存在。改制也使王军华有了更多施展的空间。现在的他，犹如一艘大船的船长，在惊涛骇浪前，要准确给出航向、快速下达指令，压力可想而知。王军华将突破口定位为现代企业制度的建立，而员工思维方式的转变是关键。2004 年，在苏交科改制为企业后仅仅一年，苏交科再次做出大胆之举，高价聘请国际知名管理咨询公司为企业把脉，花了 5 个月的时间，以自身发展为案例，让经营管理层足不出户完成了一次 EMBA 课程，而且让全体员工接受了一次现代企业发展方式的思维洗礼。在这次头脑风暴中，苏交科确立了“国内一流工程咨询公司”的发展目标，明确了管理和质量是企业核心竞争力的理念。现代企业制度的建立，使苏交科步入快速发展的轨道。改制两年后，咨询设计业务就已经攀升到 2 个多亿的规模，员工数也发展到 1300 多名。

扩张——破除区域分割壁垒，推进交通科研一体化

先进的路面技术，使苏交科在公路工程领域走在了同行的前列。作为科研企业，提高科研转化率、最大范围地推广科研成果是题中应有之义。然而，王军华却发现，与长三角的经济一体化不相称的是，交通科研却远没有达到一体化。王军华研究后发现，我国工程咨询和工程承包行业一定程度上存在“条块分割、行业保护、地区封锁”的现象，省域分割严重阻碍了交流和沟通，除了设计、技术方面的壁垒，各省在软性管理方面也存在分割现象。这既导致大量的重复投入和资源浪费，也使苏交科在业务扩张上遇到了很大的阻力。一系列难题摆在以王军华为首的管理经营层面前，苏交科又面临着改制以来的第二次重要抉择。作为掌舵人，王军华身上变革与创新的基因逐步融入了苏交科，把苏交科建设成为“国内一流工程咨询公司”的使命也在召唤着王军华等迈出大胆的一步。在反复研究和酝酿后，王军华提出了布局全国，做综合性工程咨询公司的战略目标，并规划了借力政府、品牌扩张这两大战略。

通过一系列的并购重组，苏交科扩大了在全国的业务承接范围，不仅将世界领先的橡胶沥青技术推向全国，还获得了港口、航道工程等相关资质，苏交科离综合性工程咨询公司的目标越来越近，王军华交通科研一体化的梦想也越来越清晰。

上市——打造发展新平台，树立行业新标杆

如果说2002年的那场改制还有点“被迫”的味道，那2012年苏交科在深圳证券交易所的挂牌上市则是企业寻求自我突破的又一次重要“嬗变”。苏交科成为国内首家登陆资本市场的工程咨询类企业，创造了行业内的又一个第一，而王军华也成为上市公司的第二大股东。

上市为苏交科未来的发展提供了新的平台，但上市的过程也并非一帆风顺，当时包括监管部门及潜在的投资者在内，都表示对苏交科的运营、盈利模式“看不懂”。因为相对于传统的上市企业，苏交科的产品从原料到成品都是“无形”的，90%的主营业务是科研设计。然而，王军华却抓到了问题的关键，在上市筹备前期，他坚持用财务的眼光来运营整个企业，用财务的体系来审视企业的运作，这恰恰是其他科研院所所欠缺的，但却是资本市场最看重的，也是苏交科的优势所在。完整的财务报表给出了清晰的盈利模式，也给了监管部门和投资者以信心。虽然不是经济学科班出身，但王军华却显示出在管理方面的独特眼光和惊人天赋。现在，他所倡导的“财务论”被很多筹备上市的科研院所奉为圭臬，王军华又一次做了开拓者和领路人。

应义斌（拖拉机专业1980级）：深耕细作农工学科，呕心沥血立德树人

校友是大学价值的重要体现

曾任浙江农林大学校长和浙江大学副校长的应义斌，自从1980年考入江苏工学院（现江苏大学）后，就与高校、高等教育结下了不解之缘。教学、科研、行政乃至教辅岗位，他都经历过。对于大学的精神、大学的使命他一直在思索，也得出了自己的独到见解。在他看来，大学的真正价值不是校长，也不是教师，而是校友。他解释说：第一，大学存在的使命和价值就是培养学生，也就是未来的校友；第二，大学的声誉来自校友在社会上创造的声誉；第三，学校的持续发展一定依赖于校友的支持，因为世界上没有哪一所一流大学是完全靠自身的财务收入来运转的，通常大笔办学资

金都是来自校友的支持和捐赠。因此，大学应该把主要精力放在教书育人上，培养未来的校友，这才是大学最重要的功能。应义斌教授语重心长地说："我国的大学，这十年来，有点走偏了，过度重视科研，忽视教学，忘记自己的根本使命，教育过于技术化，侧重于灌输知识，与古人的'传道、授业、解惑'相比，还仅仅停留在解惑上，十分值得关注。"

在 2013 年浙江大学的"双代会"上，应义斌教授提出了一个令浙大乃至全国一流高校深思的问题：浙江大学（高校）发展到今天，是不是到了一个可以静下来思考自己根本使命的时候？

虽然科研任务繁忙，但应义斌始终不忘教学一线，始终坚持言传身教，即使在 1994—1997 年担任浙江农业大学农业工程学院副院长和院长以后，仍然坚持担任本科生导师组组长、本科生导师，开展"本科生-教授 1 对 1 辅导计划""指导教授和本科生科研训练计划（SRTP）"指导教师等。据统计，他先后为本科生和国内外研究生开设了 15 门课程，其中有 4 门用英语授课。与长江特聘学者及国家技术发明二等奖、国家杰出青年科学基金获得者这样的学术荣誉相比，应义斌更看重自己全国模范教师、国家教学名师、国家级教学成果一等奖等在教书育人领域所取得的成绩，那是对自己教育理念和实践的最好肯定。

天才就是持续不断的忍耐

没有人能否认应义斌教授在学术科研上所取得的成就，他办公室所在楼层的走道两侧，挂满了智能化生物产业装备创新团队的介绍。从 1994 年团队组建到今天，从原有的 3 位教师到目前的 16 位教师，整整 20 年，应义斌教授带领他的团队一直在做同一件事情，那就是农业工程。

"天才就是持续不断的忍耐"，这是被誉为"法兰西思想之王""法兰西最优秀的诗人"和"欧洲的良心"的伏尔泰的一句话，也是应义斌最欣赏的一句格言。多年来，应义斌一直在农业领域深耕细作，哪怕在涉农研究不被看好、涉农专业被大批调整的 21 世纪初，应义斌也没有动摇过。如今，坚持结出了累累硕果，浙江大学农业机械化工程学科被批准增列为国家重点学科，实现了生物工程食品学院国家重点学科零的突破，2002 年又率先提出并创办了我国第一个生物系统工程新专业，带领农业工程学科转型升级，这些都是"天道酬勤"的最好注释。

师道传承是自己最大的信念

谈到大学里印象最深刻的老师，应义斌教授几乎是脱口而出：周孔亢老师。周老师治学严谨、爱生如子的高尚师德至今还影响着应义斌。大学四年间，周老师的无悔付出深深影响着年轻的应义斌，尤其是他对工作的负责和对学生的深切关怀！他感慨道："一个好老师对自己一生的影响是很深远的!"现在，应义斌虽然已经不再从事与拖拉机相关的学科研究，但是周孔亢老师的精神特质却在学生身上得到了传承和发扬。从周老师身上学到的精神加上这么多年的个人感悟和思考，应义斌最终将优秀的人性作为自己从教的最终追求，将砥砺品行作为"传道"的第一目标。他认为，教育不只是传授知识，更在于塑造生命品质，培育个体的"生命自觉"，成为一个在人性意义上优秀的人。从 2008 年至 2011 年连续四年间，他所指导的博士生中，每年均有一位获得全国优秀博士论文奖或者提名奖，2012 年又有一位合作指导的博士生获得了浙江大学竺可桢奖学金。

风气是团队的灵魂

说到自己的智能化生物产业装备创新团队，应义斌教授仿佛在谈论自己的孩子，掩饰不住内心的自豪。这个在原有课题组的基础上组建的团队，倾注了应义斌教授大量的心血，经过整整二十年的努力，目前已建成为一个稳定的跨研究所、跨学科，具有很强凝聚力和战斗力的交叉互补型创新团队，不仅在全国同行中具有一定的学术影响力，而且成功入选浙江大学"211 工程"三期重点建设的十大学术团队。应义斌教授也凭借在教学改革和团队建设的成功经验，在 9 年间两次荣获国家级教学成果一等奖。

说到团队建设的"秘诀"，应义斌始终强调两个字：风气，尤其是学风。在他眼里，"学风"有了更多的内涵，不仅包括治学、研究的风气，更包括做人的风气，因此，它是"团队的灵魂、气质和立足之本"。经过长期的凝练，应义斌教授将"以人为本、求是创新、开放合作和共同超越"作为团队的队训，将"宁静致远、求是合作"作为团队的共同价值追求。

肖奋（铸造专业 1982 级）：用"爱"和"付出"感悟人生

肖奋，深圳市奋达科技股份有限公司董事长兼总裁，1982 年考入江苏工学院（现江苏大学）铸造专业。

多次创业，乘风破浪会有时

毕业后，肖奋被分配至深圳市宝安铸造公司，历任质量技术部技术员、助

工、部长。但肖奋并不满足于朝九晚五的铁饭碗。1989 年，肖奋在工作之余与两位朋友合作创办了深圳市宝安源发电子器材厂，他打算继续在原单位上班，工厂由他的两位朋友去经营。可没想到，工厂在半年时间里就负债 40 万元，摊到肖奋头上的债务是 8 万元，每个月的利息就是 2000 多元，这对于当时和妻子每月的工资加起来才 600 多元的肖奋来说，无疑是一个天文数字。这个时候，妻子的一句话“男子汉大丈夫，要走就走，要留就留，不要磨蹭”让肖奋深受鼓舞，毅然辞掉原国有企业部门经理的职务，全身心地投入创业。半年时间工厂就扭亏为盈，又经过三年多的不懈努力，企业由负债 30 万元变成净资产达 300 万元。1991 年，肖奋和原来合伙的两位朋友成立了深圳宝安源音电光技术有限公司，这是宝安县（现深圳）第一家民营股份合作企业。但到了第二年，由于三大股东对于公司的价值观不同，对于公司的不少决策也出现了分歧。为避免冲突，他选择离开，没有带走任何客户，把该留下的也都留下了。

面对创业中的一大挫折，肖奋并没气馁，而是迎难而上，他选择了再次创业，这是他人生中极其重要的一步。1993 年，肖奋向朋友借来 30 万元资金创建了深圳奋达实业有限公司，注册后资金便被朋友抽走了，因此肖奋第二次创业其实只有 5000 元资金，只够买一个手提焊机、一个砂轮切割器和一个手电转钻，当时连工作台都买不起，只能用桌子将一块大木板撑起来将就着用。与简陋的生产条件相比，开拓市场才是真正巨大的挑战。虽然肖奋没有业务员那么专业，但他却利用自己对音响技术的了解，遇到问题能够帮助客户当场解决，很快赢得了客户的信任。

天生我材必有用，付出努力终有所获。通过自己不断地努力、不断地学习、不断地付出，肖奋给客户留下真诚、勤劳、能干的深刻印象，奋达品牌的美誉度也大大上升。现在，奋达逐步走进世界经济的大舞台，产品畅销美国、俄罗斯、乌克兰、印度等 80 多个国家和地区，并在 40 多个国家注册了商标，在国内外音响行业中拥有了较高的品牌知名度和美誉度。

奋达集团，达则兼济天下

如今的奋达已成为一家民营高新科技企业集团，拥有深圳市宝安奋达实业有限公司、深圳宝港奋达电声有限公司、广州市奋达音响有限公司、深圳市奋达塑胶制品有限公司、深圳市奋达电器有限公司、深圳市奋达电子有限公司、奋达科技（香港）发展公司等七家子公司，以及美国明尼苏达州注册的一家电声研究所。

奋达的远景目标是成为一家可持续发展、稳定繁荣的全球优秀企业。对于"优秀"，肖奋有自己独特的定义。伴随着企业的壮大和财富的增长，奋达集团始终积极承担社会进步与共同发展的责任，用肖奋的话说就是，奋达不是他一个人的，也不属于他们的公司，它是社会的奋达。

肖奋从小就受到家族积德行善的传统影响，儿时父亲多次救人于危难中的情景一直深深印在他的脑海中。随着企业的壮大，肖奋几乎本能地将社会责任作为企业发展的必选题，提出了"社会的奋达"这一理念。不论是在老家出资修路，还是捐资家乡教育，不论是设立企业互助基金，还是成立奋达慈善基金会，慈善精神已经深入肖奋的血液里，慈善理念也已经在奋达集团深入人心。这份强烈的社会责任感，一直激励着他从事慈善事业。他还承诺将用他个人全部财产的三分之一来做慈善事业，因为肖奋始终坚信：心胸有多大，事业就有多大。

江志斌（汽车拖拉机专业1982级）：中国工业工程的领跑者

江志斌，现为上海交通大学博士生导师，上海交通大学特聘教授、工业工程与管理系主任、MOOC研究院院长，教育部长江学者特聘教授，国际工业工程师学会会士，长三角服务科学与企业创新中心主任，中国机械工程学会IE分会副理事长，教育部IE教学指导委员会副主任。他是我国著名的工业工程学者，更是中国工业工程的领跑者。

新学科、新机遇

江志斌1982年从合肥工业大学本科毕业后，到江苏理工大学（现江苏大学）攻读汽车拖拉机专业硕士，后于1999年获得香港城市大学工程管理博士学位。他毕业后回到大陆，成为当时国内很少几位从海外学成回来的工业工程博士。他是中国第一个工业工程专业教育部长江学者奖励计划特聘教授，是中国大陆两位国际工业工程师学会会士之一。尽管当时工业工程专业这门学科在大陆比较新颖，但美国以泰勒的工业工程思想获得全世界的认可，美国工业工程领先世界。江志斌看到，这门将自然科学与人文科学相结合的学科有助于实现需求与资源的良好配置，随着中国的经济社会发展、工业发展的需要，工业工程学科面向国家需求、讲求资源优化配置，必然会有广阔的发展空间。

前行在创新路上

江志斌主要研究复杂生产与服务运作管理。他提出了基于变结构 Petri 网的动态生产系统建模方法和基于自治与协调机制的自适应生产调度方法，从理论上解决了生产调度应对动态生产系统时变特征的难题。他提出了大规模复杂半导体芯片制造系统建模方法，以及基于大规模问题分解和自制与协调的多种调度算法，攻克了被认为是最复杂的制造系统自适应优化调度难关。他还在国内率先开展了服务型制造运作管理研究，解决了由于服务融合于制造引起的生产与服务混合式运作管理及混合供应链管理的难题。在服务运作管理研究方面，针对协调物流优化问题，提出了多个协同运输路径优化新模型及算法，提出了集装箱运输服务链中主体间的协作模型及优化求解方法，解决了协调运输和集装箱共享两个重要的协同机制；在国内率先开展基于工作流管理的临床路径建模及变异处理方法研究，为基于临床路径的复杂诊疗工程管理奠定了基础。此外还将“System of System”的概念引入超大城市可持续发展管理研究，承担了上海交通大学与新加坡国立大学合作的新加坡政府世界一流大学合作研究计划 CREATE 项目“面向任务的超大城市可持续发展建模方法”课题研究，以及国家基金重点项目“基于价值链医疗服务资源优化配置”，力图改善中国看病难、看病贵的问题。江志斌希望可以通过创新思考与调研，为国家的医保改革提供智力支持。

江志斌先后主持了 2 项国家自然科学基金重点项目、8 项国家自然科学基金面上项目、1 项国家 863 计划项目、1 项科技部重大科技支撑计划项目及数十项其他项目研究，出版著作和译著 4 部，其中 1 部专著获得国家科技出版基金资助，发表高水平论文 250 余篇，其中重要国际期刊论文 80 余篇。

除了科学研究，江志斌潜心人才培养和教学管理工作，成就卓著。他先后培养了 20 多位博士生、40 多位硕士研究生。他获得了上海教学名师奖、宝钢优秀教师奖，获得国家级教学成果二等奖 1 项、上海市教学成果一等奖 3 项，先后获得各类国家级精品课程 4 门，领衔国家级教学团队 1 个，主持国际级教学改革项目 2 项，上海教学项目 4 项。他还从 2007 年开始担任上海交通大学教务处处长，为学校的教育教学改革作出了重要贡献。

做好中国的慕课

除了教学与科研，江志斌目前还是上海交通大学 MOOC（慕课）研究院院长。江志斌谈到，慕课起源于美国，指大规模的网络开放课程，是互联网环境下教育领域的重大变革，其目的是以新信息技术（智能互联网、人工智能、大数据及云技术）实现优质教育资源的大规模高质量开放与共享，对于解决中国优质高等教育资源不足且分布不均衡问题意义特别重大。他主持开发了中国最有影响力的慕课平台“好大学在线”，并在国内率先实施基于慕课的优质课程共享和学分认定，让“所有的人都能上最好的大学”这一梦想成为现实。

杨永清（铸造专业 1983 级）：成为备受投资者尊敬的上市公司

杨永清，铸造专业 1983 级校友，1990 年硕士毕业后进入当时的江苏省机械设备进出口公司即后来的苏美达集团工作，目前担任集团党委书记、董事长。在 27 年的国企工作中，杨永清从一个钻入书本的学子转型成为一位专于经营的上市集团法人，苏美达集团也发展成了一家以贸易为龙头、横跨多元产业的巨型企业。

带着三年标兵荣誉进入苏美达的优等生

在江苏工学院（现江苏大学）读书时，除了大四这年不评标兵之外，杨永清获得了其余三年的“学业标兵”荣誉称号。对很多人来说，大学里能评上一次标兵荣誉就很不错了，三年蝉联的杨永清不愧是那一届学生中的佼佼者。杨永清回忆道：那时的自己在上大学之前还没坐过火车，一个从农家出来的孩子很希望自己能得到认可，他经常一个人坐在教室里温习功课，优秀的成绩是自己用一点一滴的时间换来的。

有人说工科生教条不擅长做市场，杨永清就是这种谬传的辟谣人。自

1978年成立伊始，江苏机械设备进出口公司就是一家典型的贸易型企业。硕士毕业后，杨永清来到了江苏省机械设备进出口公司担任机床出口部副经理，在这个职位上工作了四年。这段时间杨永清以一位工科生的踏实和严谨对待每一笔经过自己达成的贸易，这份勤勉与章法也被他的上级所看重。

经营不会一帆风顺，狭路相逢勇者胜

参加工作6年后，杨永清担任了江苏机械设备进出口公司轻纺分公司总经理，第一次以决策者的身份主持一家公司的运营。与做外贸这种单一的业务相比，担起公司全盘的盈亏责任显然是只有老练的生意人才能得心应手的重任，果不其然，这期间发生了一件让杨永清深以为戒的事情。初次上手的杨永清一下抓住了一笔大订单——给美国客户赶制30万条裤子，当时的出口政策是配额制的，光有交易没有配额是出不了海关的，恰恰公司当时没有配额。最后只能眼睁睁看着成山的裤子堆在仓库里，这次因不熟悉政策导致的教训让轻纺公司损失了200万元，杨永清从此明白了政策合规的重要性。

回想起这件事，杨永清慨叹当时的自己涉世不深，那个年代大家都是刚从计划经济的按部就班转向市场经济的竞争比拼，改革是有代价的，社会从闭塞转向开放的时期自然会出现不可预计的问题，需要一边前行一边修正。年轻的闯劲会让成长中的经理人碰一鼻子灰，但又正是这种无知者无畏的精神使得年轻的他勇于去尝试，从碰壁中摸索出做好生意的门路。经验是通过经历获得的，此后的杨永清成了一位干练的企业家，轻纺公司的业务铺向行业的各个环节，成了今天苏美达集团战略板块的重要一环。

从红海市场中冲出成为备受尊敬的上市公司

2006年，江苏机械设备进出口集团更名为江苏苏美达集团，而在五年前杨永清已从子公司升任集团副总经理，迈入苏美达的核心管理层。回顾20世纪80年代，为了鼓励中国机电产品出口，每个省都设立了机械设备进出口公司，而今只剩下了苏美达，且年营业收入达500亿元。作为国机集团的重要组成部分，“央企市营”是苏美达的体制机制，身处完全市场竞争领域，抢抓机遇、敢打敢拼，自己找饭吃，动力从何而来？早在90年代，集团的核心子公司就实行了骨干员工持股制度，将人才这一重要资本的潜力激发了出来。苏美达以贸易和服务起家，做的是国际市场生意，天然具有国际化基因，去年集团进出口总额达54亿美元，实现逆势增长，成为江苏乃至全国的标杆。

在国机集团的筹划下，2016年苏美达实现了上市，成为在资本市场中博弈的新进企业，而在这一年，杨永清也正式接任成为江苏苏美达集团党委书记、董事长。为支撑贸易更好发展，苏美达逐步发展了自主的实业、技术、金融等关键要素，形成了“贸工技金”一体化的产业链体系。用杨永清的话来讲：和贸易见长的企业比，我们实业强；和实业见长的企业比，我们贸易强，这样就形成了一个错位竞争优势。成为备受投资者尊敬的上市公司，这是杨永清作为苏美达掌舵人的目标。

王晓秋（拖拉机专业 1983 级）：烙在生命里的“汽车魂”

王晓秋，1987 年毕业于江苏工学院（现江苏大学），博士学位，现任上海汽车集团股份有限公司总裁。

他是上海汽车集团股份有限公司的“多面手”；他是中国首款新能源中高级轿车的缔造者；他是上汽乘用车公司力挽狂澜的掌舵手；在风起云涌的汽车市场，他用自己独到的思考和果敢的行动向我们讲述了他的汽车情结。

回顾往昔校园时光，王晓秋说道，印象最深刻的还是关于学习的压力。在那个年代，走出去看看外面的大世界要比今天困难得多，年少的激情和壮志总是想突破地域的局限和安稳的舒适圈。在当时，为了避免被分配工作的命运，王晓秋的选择只有一个，那就是考取研究生。也正是因为这份走出去的坚定信念，王晓秋毕业后考取了同济大学的管理学研究生，从学校走出去，来到了充满无数未知和可能的上海，而这座城市许多年后也成为他个人奋斗史的见证者，见证着一个青春梦想的冉冉升起。

毕业后王晓秋便来到了上海汽车（以下简称上汽）集团工作，他从基层一步一步做起，在上汽大众、通用等多家子公司及多个部门任过职，获得了国际车企的先进理念和制造经验，可以说，对品质和技术的追求已经镌刻到他的 DNA 中。在上汽的二十多年里，王晓秋有许多外人所不知的心酸和不易。

2014 年 7 月，王晓秋受命担任上海乘用车公司总经理。临危受命，再度重回乘用车公司，再加上自主品牌是未来上汽集团发展战略的核心和关键，王晓秋肩上的压力自然不言而喻。凭借在汽车行业摸爬滚打三十余年的经验，王晓秋对市场趋势和消费心理有了更加灵敏的把握，以核心技术“芯动战略”做支撑，以“品位+科技”的先进理念为指引，以“尊容、体验”的品牌服务为保障，王晓秋带领上汽集团乘用车公司走出了一条不同于合资品牌的差异化之路，尤其在新能源汽车领域取得了明显的优势。2016 年，荣威系列多款新能源汽车上市，转向了环保节能的大方向，实现了电油混动；2016 年 7 月，荣威和阿里巴巴集团合作，推出了 SUV 互联网汽车，开启了汽车和互联网融合的新时代；同时上汽乘用车公司也实现了首年盈利，进入扭亏为盈的新局面。王晓秋曾戏言：“造车烧菜皆同理。”可以说，王晓秋这个新“大厨”带领团队为消费者做出了一桌“好菜”，这也预示着拥有核心技术储备的上汽集团，其乘用车业务无论是在传统车型还是在新能源车型领域，都已经走在了一条正确的轨道上，而这，仅仅是开始。

虽然身居高职，可是在上汽乘用车公司员工的眼中，王晓秋是一位很随和、愿意听取别人意见、没有架子的领导。而他们对王晓秋也有一个很亲切的称呼——晓秋总。在他们眼里，晓秋总在乘用车公司和公司的员工最需要他的时候再度“回家”，带领他们一起奋斗，硬是把一个“烂摊子”重拾起来，仅用两年的时间就缔造了一个上汽汽车的新时代。他们打心眼里感激和敬重他们的晓秋总。

面对外界，王晓秋从不轻言梦想，他更喜欢把梦想藏在心里，用优秀的产品来说话。其实，我们知道，在汽车行业摸爬滚打近三十年，对王晓秋而言，事业已经远远不能用“热爱”二字来形容，上汽集团自主品牌业务也绝不是简单的造车和卖车，还肩负着把中国由汽车大国变成汽车强国的重要使命，这才是王晓秋深藏心中并且一直在追逐的梦想。这种使命和责任感，已经不由自主地融入了以王晓秋为代表的上汽人的骨子里，用王晓秋自己的话来说：“不仅仅是靠激情，而是用生命来完成这样一种使命，成为生命里固有的一种东西。”我们更看到，王晓秋不是一个人在战斗，整个上汽的力量都在支持他和团队向前发展，目前或许困难很多，但他们终将克服困难，离梦想越来越近。

汤同奎（自动化专业 1984 级）：为自己代言，用产品说话

汤同奎，江苏大学自动化 1984 级校友，现任上海维宏电子科技股份有限公司董事长。汤同奎创立的上海维宏电子科技股份有限公司是中国运动控制领

域专业系统解决方案和服务的领先者。公司拥有雄厚的研发力量，在行业内取得了颇受瞩目的丰硕成果，曾多次获得“上海市明星软件企业”等荣誉称号。

永不言败：我要做到高分高能

1984 年 9 月，汤同奎踏入了当时的江苏工学院（现江苏大学）的校门。高中时汤同奎独爱理科，在进入大学接触到自己感兴趣的工科专业后更是如鱼得水，在学业上取得了优异的成绩。

成绩优异本是一件令人欣喜的事情，然而当时的汤同奎并不感到满足，他怕被贴上“高分低能”的标签。在他淳朴的人生观中，男孩子必须要勇敢，敢于直面挑战，因此他从小就养成了不服输、好胜心强的个性。虽然成绩优异，他却居安思危，暗自下决心要在方方面面都做到优秀，证明自己是“高分高能”。所以，汤同奎在大学期间发展了许多兴趣爱好，提升自己的综合素质。在参加江苏工学院无线电协会所组织的义务修理活动中，他展露出不凡的实力，还被当地电视台采访报道。

就这样，汤同奎的整个大学生活忙碌而充实，其状态就和当时辅导员教导说的一样——“要拼命地学习，拼命地工作，拼命地玩”，包括后来在天津大学、上海交通大学的求学过程中，汤同奎从未降低对自己的要求，始终要求自己做到最好。

做到极致：有运动控制的地方，就有维宏公司的产品

博士毕业后，汤同奎联合同学开始创业。最初他们与一家国企合作，联合成立了一家专门从事雕刻机整机业务的公司。后来因种种原因，双方终止了合作，并且冒出了一些质疑的声音，如认为博士只能写写文章搞搞研究，难以做实事等。面对外界的偏见和质疑，汤同奎从小不服输、好胜心强的个性又被激发起来，他怀着“你认为我不行，我就偏要证明自己可以”的信念，将公司转型为提供专业控制系统的科技企业，坚定地走上了二次创业之路。

维宏公司提供的产品和业务很快获得了客户的认可与接受，在发展初期走得较为顺利。但好景不长，市场上出现了大量盗版侵权行为，严重损害了维宏公司的利益。汤同奎在加大维权力度的同时，加快了产品更新换代的速度，双管齐下，盗版行为得到有效控制。目前，维宏公司的水切割控制器市场占有率达到 70%，对此汤同奎骄傲地回应道：“我们比较专业，要么不做，要么就做到行业最好，做到没有人敢来叫板。”“有运动控制的地方，就有维宏公司的产品”，这是汤同奎树立的企业发展愿景。

对待自己，汤同奎的态度是不和别人比较，专注于提升自我。因为人外有人，山外有山，自己唯有不断地努力进步，做到更加优秀。对待公司，汤同奎的态度也是如此。维宏公司在他的带领下几乎从不参加鉴定会之类的活动，他倾向于脚踏实地地做实事，用市场的反馈与选择来说话。对于荣誉，他也看得很淡，他的心目中只求不断创新，设计出优秀的产品，获得市场的认可，为“中国智造”尽自己的一分力量。

在外人看来，汤同奎是一个个性鲜明的人，在商场上他锋芒毕露，要么不做，要做就要做到极致。在生活中他却十分淡泊朴素，办公桌上的保温杯哪怕外漆脱落了他也照常使用。他对自己的过去和未来有着清醒的认识，目标清晰而坚定。在本科毕业 30 年之际回首过去，他可以自信坦然地说一声“没有遗憾”。

周青（外贸英语专业 1986 级）：从大学教师到合资企业高管的“跨界”人生

周青，外贸英语 86 级校友，现任南通中集罐式储运设备制造有限公司（以下简称“南通中集”）营销中心负责人。毕业 30 年来，他做过大学“青椒”（青年教帅的戏称），从事过外经工作。自 2000 年加入南通中集后，他将人生最黄金的时间都献给了南通中集，和南通中集共同成长，也在南通中集的事业平台上成就了自我。

自从 1986 年考入江苏工学院（现江苏大学）英语师资班（后改为外贸英语专业）后，周青就如鱼得水，在知识的海洋里畅游。虽然是工科特色院校，但当时学校里众多的人文讲座，以及担任大学生记者团团长的那段经历，让周青的能力得到了综合发展。提起当年的老师，周青如数家珍。例如：已经仙逝的张志远老师和蔼风趣，使学子们如沐春风；历史老师治学态度非常严谨，上课内容十分精彩，不仅拓宽了学生的视野，而且教会了学生独立思考和辩证分析的能力；辅导员李战军老师、班主任曹广龙老师的谆谆教诲，帮助自己树立了正确的人生观和价值观，深深影响了周青……

大三时，经过学院的选拔，周青选择了前往上海外国语学院进修，立志像自己母校的老师一样，做一名优秀的教育工作者，传道授业解惑，影响更多的人。

以优异的成绩从上海外国语学院毕业后，周青如愿以偿回到母校江苏工学院外语系任教，并和昔日的老师们成为同事。在校工作期间，他兢兢业业，深受学生的好评。1993 年年底，当时承揽了国际工程业务的镇江国际公司急需外语人员对接国外业务。即使有万般不舍，但为了更美好的未来，也为了挑战自我，周青离开了自己从事了近三年的第一份工作，加入镇江国际公司。

从宁静的象牙塔走向竞争激烈的社会，周青面临着痛苦的转折和适应。入职镇江国际公司两年半后，周青被借用至中国路桥总公司菲律宾分公司，从事海外工程承包业务。国外工作期间，由于竞争激烈，公司的中标价很低；同时，因为对当地的情况不熟悉，又遭遇了当地分包商的诈骗，周青坦言："无论是对于公司还是个人，那都是一段非常艰难的时期。"那时不仅需要经常加班加点，周青还要恶补行业知识。然而，既然选择了改变，就要一战到底。就这样，凭借在学校打下的良好基础及诚信的价值观，周青边干边学，很快在当地站稳了脚跟。公司的业务逐步走上了正轨，周青也从一名外经方面的新兵成长为一个行家里手。这一干就是 4 年。

2000 年，国外工程项目基本结束后，周青不满足于现有的成绩，选择加入南通中集这个更大的平台。当时，南通中集准备涉足罐箱业务，并组建了初创团队。初创，意味着一切从零开始。周青毅然卸去身上的光环，从公司的一个普通文员重新起步。

2001 年，周青作为营销代表兼团队翻译，和创业团队一起赴英培训和学习。语言和沟通是当时团队最大的障碍。为此，周青每天都必须在各个不同的工序，轮流为团队成员的学习和交流提供翻译支持。除此以外，为了节省公司开支，周青还要客串大厨，与当时的公司其他管理人员一起轮流给工人们做饭烧菜。回国后，周青开始负责公司的罐箱经营业务，从核价、资料文件提供、采购需求到客户接待等工作，一切都是从零开始，事无巨细亲力亲为。有时候遇到难题，周青还要克服时差，向英国合作伙伴 UBH 的老师们越洋请教。多年来，周青分别在经营、采购、供应链管理和售后等多个岗位进行了历练，和南通中集的罐箱事业共同成长。

从大学老师到对外经贸公司，再从对外经贸公司到大型合资企业，周青始终相信：一个人不管在什么样的岗位，或从事什么样的工作，只要努力付出，真正做出业绩，就一定会有回报。诚实守信的品质是周青的人生底色和坚守，终身学习的心态使周青获得了持续成长的能力，不安于现状的奋斗精神让周青的人生有了更多可能。当然，不管职业怎么变化，周青最忘不了的，还是江苏大学，这个梦最开始的地方。

彭政纲（计算机及应用专业 1986 级）：“金融 IT 第一股”领军人物

彭政纲，先后毕业于江苏理工大学（现江苏大学）计算机及应用系、中欧国际工商学院 EMBA。现任上市公司恒生电子股份有限公司董事长。

在软件行业，“恒生电子”几乎无人不晓。他用十五年的时间，成为软件业的佼佼者。从证券、基金、银行、期货、资产管理行业整体解决方案提供商，到重要的交通、CTI、电子商务和软件外包服务供应商，被誉为“金融 IT 第一股”的恒生无处不在。这位金融 IT 界的领军人物，恒生电子股份有限公司董事长，是我校 1986 级计算机及应用专业校友彭政纲。

职业一定要与兴趣相结合

谈到大学，彭政纲有些后悔在大学里没有多看一些金融财经方面的书。对此，彭政纲认为，兴趣是职业选择的关键，职业道路漫长而又艰巨，要坚持下去并取得好的成绩必须要有兴趣的支撑。所以一开始择业最好考虑到兴趣因素，不能因为想找一份谋生的工作而将就。此外，专业能力也很重要，四年的大学学习将为职业道路打下基础，选择与自己专业能力相关的工作，有足够的知识支持，能够更快地成长。“在大学，其实最重要的收获并不是知识本身，而是如何去获取知识的能力。”

严谨认真，坚持不懈：专注才能成才

在谈及取得事业上成功的原因时，彭政纲反复强调坚持的重要性。即使有小的挫折，但只要对大方向坚持不懈，同时自身努力，取得成就并不困难。创业初期，他给自己的公司定下的规定是软件这行没做到全国前三之前绝对不拓展其他业务。他们这样坚持了16年，达成了原定的目标。

彭政纲笑谈：“在我这么多年的职业生涯中，可以说遇到了很多的困难，但是我始终认为困难是自己找的。这些困难必须由你自己去克服，这是一段经历，挺过来它就会是你的一笔财富。”对于金融软件行业来说，创业初始，遇到一次次经济危机是“家常便饭”。

二十几年IT业经历，如今作为领军人物的他，早已是该行业顶尖的专家，在IT行业可谓出类拔萃，颇有影响力。彭正纲也和我们分享起成为专家的心得：首先你要瞄准一个问题，专注不放；然后要去广泛地接触该领域，不断地丰富自己在该领域的知识。“当然，专注并不是要去钻牛角尖。”他笑着补充道。

由始至终，我们可以看到，“专注”被彭政纲演绎得淋漓尽致。正是对于行业的专注不懈，他在这领域终磨一剑，取得了不错的成就。

IT行业导向：创新与创业并举

彭政纲校友告诉大家，“诊断”一个项目是不是适合创业，有两个依据：一是这个项目是否能帮助客户赚钱，二是这个项目是否能帮客户省钱。“满足其中一点，一般客户都会感兴趣。”

“有时候，客户是上帝这句话是假的。”彭政纲说，“成功的销售者并不是满足客户的要求，而是理解客户的真正需求后，加以引导。”

彭政纲拿IT公司举例，IT公司有三个层次：第一个层次是做软件系统工程，就是单纯地设计软件系统；第二个层次是做产品化的公司，就是针对某一个客户或者某一类客户而设计个性化的产品；第三个层次就是做运营。就像“腾讯QQ”，除了是聊天工具，后期还开发了偷菜、博客等功能，引导客户来使用自己的产品。

创新，就是更加深入地了解客户的需求，提供比客户想象得还要好的服务。他们开发的很多金融产品，正是顺应了市场的需求，才能得到专家和行业的认可，并成为最新的金融产品。十几年来年发展的困难，就被他这样轻描淡写地说过去了，尽管他说的很质朴，可是谁都能体会到那创业时的劳心劳力，创办公司时的举步维艰，现在担任老总时的思虑万千。

给大学生们的忠告

作为一个成功的自主创业者，彭政纲凭他在社会上的经验，对在校大学生提出了这样的建议：社会，呼唤一专多能。例如，作为计算机专业的学生，计算机就应该是我们的“专”；多能，就要求提高个人素质。他强调，在公司做软件的真正高手大多并不是计算机专业的，而是数学专业毕业的。基础要扎实，个人综合素质要提高。在校园里，和在社会上都是这样，不要去过多地考虑名利，应该更注重实际，最重要的是锻炼自己，增加自己的竞争力。

王民（管理工程专业 1992 级）：永恒的记忆，永远的江苏大学人

王民，江苏大学管理工程专业硕士研究生，现任徐工集团工程机械有限公司董事长、党委书记。曾获得江苏省劳动模范、江苏省“五一劳动奖章”、全国机械工业明星企业家、江苏省全心全意依靠职工办好企业的厂长（经理）等荣誉，教授级高级工程师，享受国务院特殊津贴的工程技术专家。

提起 1992 年起在江苏大学攻读硕士研究生的大学生活，王民至今仍记忆犹新。王民说，江苏大学是一所有着浓厚治学氛围和厚重文化底蕴的百年名校，成为一名江苏大学人，永远让自己感觉骄傲和自豪。

王民说，在母校数载的研究生教育的确让自己受益匪浅，正是在江苏大学如饥似渴地汲取丰厚专业养分，为自己走上大型国有企业领导者的岗位，做了最充分的知识准备。进入江苏大学学习时，王民已经 38 岁，他还清晰地记得，当年李光久等导师对于他们这批来自工业战线，有着较丰富实践经历的研究生给予了格外悉心的指导。王民在江苏大学的学习，前后共持续了近五年时间，让他最为怀念的是 1992—1993 年度对于基础课程的脱产学习，他说，好的老

师、好的大学，这些对自己的一生都影响巨大。

20世纪70年代，从在工厂一线磨炼，到在太原重型机械学院完成专科学习；80年代，从技术员、工程师、高级工程师，到车间主任、工厂党委书记；再到90年代初，进入江苏大学深造攻读硕士学位，把王民早期的这些人生“拐点”连缀成串，甚至可以折射出一个风起云涌、不断变迁的时代缩影。正是这些人生历练和阅历积累，赋予了王民果敢睿智、缜密严谨、坚定执着，对自己与工作严格、踏实，对他人与下属和善、宽容的个人特质，这些都成为他日后个人事业和自己所带领企业不断迈向卓越的至关重要的因素。

在江苏大学完成研究生学业之后，王民相继走上徐工集团装载机厂厂长、徐工科技总经理等重要领导岗位。1999年，在工程机械行业陷入低谷、徐工生产经营举步维艰的困难时刻，王民又临危受命担任徐工集团董事长、党委书记，当时企业经营规模已连续数年徘徊在20亿~30亿元。在王民董事长的带领下，通过徐工一万多名员工不断艰苦奋斗、聚力进取，2003年，徐工集团实现营业收入、工业销售收入双超百亿，率先成为中国工程机械行业和苏北地区首家超百亿元的大集团。2006年，再次实现营业收入200亿元的历史跨越。王民董事长以自己超人的睿智、过人的胆识与魄力，以及对事业强烈执着的追求，创造了令业界瞩目的发展奇迹，使徐工这个老国企焕发出持续旺盛的生命力和创造力，始终保持了行业排头兵的地位，并进入世界工程机械行业第16位。

回顾过去的奋斗历程，王民希望将自己的心得分享给学弟学妹们：应该早定人生的目标，这样才能将时间、精力等宝贵资源投入到最重要的领域。做事情务必要深入和专注，钻井三米，打出来的可能只是石头；钻井三十米，打出的可能会是水；而钻井三千米，打出的将可能是石油。“锲而不舍，金石可镂”的古语没有多少难以理解的哲理，却是通往成功的真正捷径。

周明（铸造专业1992级）：永攀科研高峰的开拓者

周明现为清华大学机械工程系摩擦学国家重点实验室教授。每每谈及各阶段所取得的科研成就，周明总会准确地说出每一位给予他帮助的老师，字里行间无不传递着这样的精神：在攀登科研高峰的过程中，他从未忘记过自己的母校。母校与他所热爱的科研一样，是他一生追寻与呵护的圣地！

交叉学科新思维，步履维艰新局面

1992年，一名普通的农家子弟来到江苏理工大学（现江苏大学）铸造学专业报到，或许连他自己也未曾料想到，自己会和这所学校产生如此深远而密切的联系——本硕博攻读全于江苏大学完成，后任江苏大学材料学院院长，成为第一位江大“土生土长”的“长江学者”特聘教授。周明的研究领域宽泛，其中不乏一些交叉学科领域的研究问题。周明说这得益于研究生阶段的学习，他仍记得研究锌铝合金的复合材料（锌铝合金和碳化硅）结合的难题时，由于两者之间的静电性难以解决（这也是当时学术界亟待解决的问题），周明和硕士生导师赵玉涛老师、蒋宗宇老师交流后，决定一改以往采用表面涂层的单一学科方法，通过大量阅读资料和思考，转而采用物理和化学相结合的方法，学科交叉使得思考角度得以突破。这也为今后周明科研素养的自我培养指明了方向。

在江苏大学顺利攻读完本硕博学位后，周明为进一步与学科前沿接轨，于2004年年底至2006年年初赴美国哈佛大学应用科学部做访问学者。在国际交流中，周明也确定了今后的研究方向。扎实的知识体系和材料与机械的交叉学科思维，为周明今后从事的研究领域打下基础，研究工作得到了国内外同行的高度评价。

初生牛犊不怕虎，科研崎岖攀高峰

周明对于材料学基本属于“一见钟情”，尤其是在大三、大四的毕业设计和实践环节。记忆犹新的是，大四上学期在上海实习，周明实地考察接触了很多材料及其工艺流程，程晓农老师及其他老师的启蒙使得周明认真审视了材料学科，最终决定进一步深入学习材料学。

在博士学习阶段，学术难度的增加对实验室的要求也不断提高，周明大部分实验都在校外实验室进行，因此必须提前联系预定实验室，在有限的时间完成自己预设的试验。虽然条件艰苦、课题复杂，周明依旧甘之如饴。2003年，周明于江苏大学获工学博士学位，同时毕业论文《激光层裂法定量测试界面结合强度与诊断技术研究》入选全国百篇优秀博士论文。

在江大“土生土长”的周明，身为讲师时就被评为学校的“资格教授”，曾任江苏大学材料科学与工程学院教授、院长。作为一名科研学者，周明切身体会到：实验室是科研探索的重要载体。在职期间，他积极与校方沟通，最终取得校方的支持与鼓励，成功建成光子制造科学技术中心实验室，积极开展国内外学术交流与合作等，极大地改善了江苏大学材料学的科研环境。他带领跨学科团队在光子制造科学技术领域开展了一系列研究工作，完成国家自然科学基金重点项目 1 项，国家“863 计划”项目等国家级项目 9 项。值得一提的是，周明在此期间开展的“分子水平纳米手术和生物光子学”研究是当时国内唯一、国际上仅哈佛、斯坦福、剑桥、大阪大学开展的最新研究领域，并与哈佛大学建立了五年合作协议。

二十年来成与就，矻矻求索未曾歇

毕业 20 年的周明一直从事科研工作，他取得的成果令人瞩目：作为项目负责人，先后承担国家 973 课题 1 项、863 课题 1 项，国家自然科学基金 4 项；完成江苏省重大科技成果产业化项目 3 项；发表论文 100 余篇，SCI 收录 80 余篇；获国家发明专利授权 18 项。周明说：江苏大学能为每一位有志青年的发展提供很好的平台，有一个良好的科研环境。

2011 年，基于对科研的追求与挑战的考虑，希望对热爱的科研领域进行更深入的探寻，周明前往清华大学任职。这不仅是学术平台的转变，更是为了知识体系更加完备，领略交叉学科思维以打破学科界限，为今后进一步深入科研做好准备。现在，于清华园就读或工作的江大毕业生也在不断增多，周明由衷地感慨：人才的流动与科研的合作不受学校乃至国界的限制。自己时刻心系母校，希望江苏大学人才培养和学校发展取得更大的进步！

王春生（农机专业 1994 级）：做值得尊敬的世界级企业

王春生，农机 1994 级校友，苏州安洁科技董事长，江苏大学苏州校友会会长，苏州市人大代表，吴中区工商联副主席、副会长，苏州太湖度假区商会会长，曾获“2013 苏州市十大青年创业先锋”“2014 年苏州十佳魅力科技人物”“优秀民营企业家”等荣誉。

坚韧与创新为创业插上腾飞的翅膀

1998 年从江苏大学毕业之后，王春生先后在力捷电脑中国有限公司和百得电动工具有限公司担任采购，主要负责部分机构类材料的开发和供应商管理。虽然时间不长，但王春生努力熟悉企业运营管理，为创业做准备，并在1999年年底注册成立了苏州安洁科技股份有限公司（原苏州太湖度假区安洁绝缘材料有限公司）。

人的生命，似洪水奔流，不遭遇岛屿和暗礁，难以激起美丽的浪花。王春生回忆，在他创业初期的最艰难时刻，尽管企业发展趋势一片大好，但是资金匮乏使工厂难以运转，眼看难以为继，工人的工资都快发不出来了，四处借钱也只是杯水车薪。正在一筹莫展之际，一位邻村开手套厂的老企业家向他伸出了援手——这位洪姓的老板免费将自己的手套厂车间借给王春生使用，解了他的燃眉之急。原来这位热心的老企业家无意中发现，王春生的工厂在他每天吃完早点路过时就已经开工生产，晚上他吃完晚饭出门遛弯的时候竟然还能听到机器运作的隆隆之声。老企业家经历丰富，见多识广，由此断定这位年轻人可成大事，似乎看到了当年的自己。王春生身上的坚韧感动了老企业家，也帮助自己度过了创业初期的难关之一。

依旧是在创业初期，王春生的创新理念为公司争取到了苹果公司这一大客户。“记得刚刚创业的时候，当时笔记本电脑还是机械式硬盘，那时苹果电脑的固态硬盘要贴胶，然而这个胶怎么贴都有气泡，导致噪声非常大，结果苹果公司只得召回全球10万台笔记本电脑，损失相当大。”王春生回忆道，“而那时我们正给富士康供货，富士康贴完再交给广达，广达再出货给苹果，我们安洁科技只是这整个供应链中非常非常小的一个环节，而且才刚刚起步。但我们并不妄自菲薄，发挥了创新能动性，对所有能用的资源进行了整合，设计出一种不会产生气泡的双面胶带，并申请了专利，很好地解决了苹果电脑的噪声问题。正是因为这件事苹果公司注意到了我们，于是邀请安洁科技参与到苹果公司的其他项目中。”“正是创新，让安洁科技吸引到最终客户的注意力。”王春生坦言。坚韧、创新的宝贵品质为创业插上了腾飞的翅膀：2011年11月公司成功在深圳证券交易所上市，并先后获得“2012年最佳中小板IPO上市公司”“2013年中国上市公司最佳产业型董事会”“2015年中国最受投资者尊重的上市公司”等荣誉称号。最近，安洁科技还积极布局新能源技术，成为特斯拉电动汽车的供应商之一。目前，一辆特斯拉车上就有150美元的电子部件来自安洁科技。

做值得尊敬的世界级企业

安洁科技的企业愿景——做值得尊敬的世界级企业。不论是在创业初期还是在上市之后，不论是写在笔记本上还是竖在企业厂区，这句话，已然深深根植于安洁科技发展的每一步。

关于安洁的愿景有两个关键词：一个是“值得尊敬”，二是“世界级”。把“值得尊敬”放在首位，是因为在王春生看来，一家只为了赚钱而没有社会责任感的企业，很难长久；第二个关键词“世界级”，要求企业要有全球眼光和世界格局，才能发展壮大。在“值得尊敬”方面，安洁科技尊重客户，不断创新产品，不断提高员工待遇，拥有世界级的供货能力。王春生本人也十分热心公益，他担任会长的江苏大学苏州校友会，是地方校友会中的一面旗帜；他扶贫济困，除了资助困难职工外，王春生还相继在苏州大学和母校江苏大学设立了奖助学金；每年的春节，王春生都会带领企业员工前往敬老院奉献爱心……而在“世界级”方面，目前，安洁科技的分公司已经遍布世界各地，如美国、新加坡、泰国、韩国等，同时进军世界消费前沿和新兴领域，打造了自己品牌的智能宠物、智能看护、无线充电、电动汽车等高科技家居和新能源产品。

随着我国经济发展进入新常态，制造业企业的经营环境也在发生重大变化。王春生带领着他的团队不断创新，为我国的高新制造业添砖加瓦，为我国经济发展注入了新动力，向全世界亮出“中国智造”新形象。相信王春生将在这条路上越走越远。

张凯（汽车工程专业 1997 级）：为民族汽车品牌贡献江大力量

张凯，汽车工程 1997 级校友，现任北京新能源汽车股份有限公司（以下简称“北汽”）产品总监。自 2001 年毕业后，他一直深耕在汽车行业。2009 年，张凯加入北汽集团，先后担任项目部长、产品工程总监、整车集成总监、工程质量总监等职，主持了集团首款自主品牌乘用车的开发。2014 年，张凯加盟北汽集团新能源公司，先后担任汽车工程研究院副院长、总经理助理兼采购总监等职。12 年里，他将全部精力与心血都倾注给了北汽，奉献给了民族汽车品牌，和北汽共同成长的同时也成就了自我。

以梦为马，潜心学习造就坚实根基

1997 年，张凯考入江苏理工大学（现江苏大学）汽车工程系，该系起步时间早，江苏理工大学也是当时全国仅有的拥有汽车专业博士学位授予权的几所高校之一，是车辆行业公认的高层次人才培养正规军，素有汽车“小黄埔”之称，在国内拥有较强的综合实力和影响力，直到现在也与众多汽车企业保持着长期稳定的合作关系。大学四年，张凯的专业基础知识打得十分牢固。毕业后，张凯毅然决然地选择了汽车行业。毕业于江苏理工大学汽车工程专业，是他最值得骄傲的身份。

恒定进取，引领团队聚焦同一方向

汽车行业是重资产行业，投资大、周期长，收益相对持久，诱惑更是巨大。可以说，这个行业机遇与挑战兼具，诱惑与理智并存。在担任项目总监和采购总监期间，面对来自供应商等合作对象的种种诱惑，张凯总是铁面无私，严守廉洁合规这根红线。对于团队建设，他又是温暖和人性化的。不仅支持、鼓励团队成员提升个人学历，而且对于员工的合理诉求，他也十分宽容。在张凯看来，团队合作与不断进取是汽车人最宝贵的品质。尤其是在各种造车新势力迭出的浮躁时代，沉下心来，造出叫好又叫座的汽车，是张凯和他的团队持之以恒的追求。奔着同一个方向，运用同样的工作语言，在一定时间内完成一个项目的开发，这是张凯作为一个汽车领域的专家最享受的事情。作为领导者，张凯身先士卒，同事评价他“用奔跑的速度去创新，用永恒的毅力去工作”，在他的身上总是有一股干劲，有一种不服输、敢创新的精神。

攻坚克难，与民族汽车品牌共同成长

生活不止坦途，更有艰险与陡坡。汽车研发过程中遇到瓶颈是家常便饭，整个团队会面临着巨大的压力，但是张凯从来没想过放弃。在 20 年的工作生涯中，他经历了三次转型，每一次转型都意味着一次突破和升华。

第一次是从商务车向乘用车转型。在中外合资的商务车企业摸爬滚打五年后，张凯又花了 22 个月的时间钻研乘用车项目。在没有现成经验的情况下，张凯通过在商务车研发流程中获得的经验，举一反三自我总结出乘务车的开发规律，并把它记录下来、完善起来，最终形成乘务车的管理流程和技术规范。这次转型为张凯 2009 年加入北汽集团，主持北汽集团首款自主品牌乘用车的开发打下了基础，积累了经验。不仅如此，凭借着对乘用车研发生产体系深刻的理解，张凯还为北汽集团建立起自己的乘用车开发体系、流程规范、工作语言，为汽车自主品牌的崛起贡献了力量。

第二个转变是从传统的燃油车转型到新能源汽车。加入北汽新能源后，张凯的第一个职务就是北汽新能源工程研究院副院长，主管新能源汽车开发体系的搭建和产品的研发。凭借自己及团队众人的努力，张凯又打造了完整的自主品牌新能源汽车开发流程和标准，并成功研制出相关车型。如今，该平台下的纯电动车巡航里程逐年提升，最高已达到 708 公里，能量密度和质量稳定性都在不断提升，在全国保有量已经超过 70 万辆。

第三次转型则是负责供应链的管控支持。对张凯来说，从自己熟悉的研发岗位突然转到不熟悉的管理采购岗位，他的压力巨大。用他自己的话讲，就是“基本所知甚少”。为此，他又花了两到三个月的时间去专门学习供应链的管控支持。张凯摸索着前进，一点一点地总结经验，在研发中时刻注意记录和完善数据，及时做出调整和优化，誓在绝境中开辟出一条新路。这一次转型压力巨大，但也意义深远，张凯借此成长为熟悉汽车生产全过程管理的“全才”。

智锦（信息与计算科学专业 2001 级）：从 8 本证书开始的自我超越

智锦是江苏大学信息与计算科学 2001 级毕业生，现为金融云公司杭州云霁科技创始人。云霁科技作为国内唯一融合了金融云资质与技术的新兴公司，目前已完成 5000 万元人民币 A 轮融资，在深圳、北京和上海设有分公司，并通过西雅图合伙人积极开拓海外市场。

“技术宅”怀揣 8 本证书敲开阿里大门

大学时代的智锦是一个喜欢泡在图书馆里的小伙子。在翻遍了计算机方面的书籍之后，他不仅拿下了江苏省计算机等级考试的二、三级，全国计算机的四级，软考的程序员和高级程序员，以及国家计算机网络工程师，而且作为镇江地区唯一参加考试的学员，更是一举拿下了当时含金量最高的 RHCE（红帽 Linux 认证工程师）证书。这些证书都成了他日后进入互联网领域的敲门砖。毕业后，智锦来到一家台资企业做嵌入式 Linux 程序开发员，工作了一年后，不满足于现状的智锦决定跳槽到更大的公司，怀中的资格证书为他赢得了阿里巴巴 HR 的青睐。2006 年，智锦作为公司的新人被派往支付宝团队，正好赶上电子支付平台的“火山喷发”。

一场延时的面试为他夺得了本不属于他的机会

经过支付宝短短 5 年的锻炼，智锦掌握了电子支付的前沿技术，拿着比同学高得多的薪水。然而，他敏锐地感受到电子支付的广阔前景和背后的技术市场，他渴望更大的舞台，萌生了“换个环境”的想法。

在和银行打交道的过程中，他发现当时银行网络金融平台的模式落后，这个尚未完善的市场显露出巨大的发展空间。恰好这时建设银行总行建立了数据中心，在网上挂出高级技术人员招聘信息。作为最后一名面试者，在接近中午 12 点走进面试室时，智锦看到的是面试官疲惫倦乏的面容。然而，凭借“初生牛犊不怕虎”的“愣”气，非计算机专业出身的他就网络数据平台的发展侃侃而谈，支付宝团队的工作经历不仅展现出他的专业性，更激发了面试官的百倍精神。一场自中午延续到下午的面试，让建设银行的技术团队做出一个大胆的决定：放弃原来的人选，破格录取智锦，并聘任他担任数据中心副处级专家。

智锦与 140 多人的团队历时 3 年建成了安全可靠的金融云计算系统，使建设银行成为国内第一家拥有全套知识产权信贷系统的银行，摆脱了金融数据交互系统长期依赖 IBM、惠普等国外企业的局面，智锦也因此获得银监会颁发的 2013 年度“科技进步一等奖”。

从北京回杭州的再次出发

恰逢“斯诺登事件”爆发，美国“棱镜计划”公之于众，中国决定建立自主可控的数据平台。建设银行作为唯一符合国家要求的平台，派出智锦作为代表向各家金融机构做方案介绍。有矛盾就有需求，爱思考的智锦又隐约看到了其中的商机，而且这会是比建设银行更大的平台。

经过 10 年的职场打拼，智锦已经是银行的处级干部，拥有广阔的职业前景，可谓捧上了众人眼中的“金饭碗”，然而，智锦也清楚地意识到，不满足于现状是这个行业的显著标识，而他自己也不愿意被体制所束缚。10 年来，他越来越清楚地认识到自己想要的是什么，既然建设银行的平台已经不能满足自己，甚至成为束缚，那创业就成了一件水到渠成的事情。

2015 年，智锦离开建设银行，从北京又回到了杭州，选择这互联网人才的聚集地，作为事业的起步点。这次，他以一个创业者的身份，创立了一家为金融机构提供整套数据云计算外包服务的科技企业——云霁科技。

对于公司的模式和前景，智锦很有信心，成立仅两年的云霁科技已经取得了“一、十、百、千”的业务成果。智锦始终围绕着云计算不断做深做透，未来，围绕云计算，智锦还要下一盘更大的棋，力争成为行业的翘楚，这也是他这么多年念念不忘的初心。

现在，云霁科技已经完成 A 轮融资，公司目标是占有国内 TOP 100 企业的市场，力争服务 1000 家中国公司，逐步开拓海外市场。智锦认为，科技引领业务，正在成为当下企业的增长模式，中国现在的云计算模式和技术深度领先于国外公司，在第三次互联网产业革命中，中国将会实现弯道超车。

智锦说，每一代人都有每一代人的使命，作为 80 后，面对风云变幻的科技形势和市场行情，唯有不断学习，才能成为时代的弄潮儿。10 年间，从支付宝到建设银行，再到创立云霁科技，看起来有点不安分，实际是智锦对超越自我的渴望，对实业兴邦的认同，以及对科技改变生活的信仰。

李阳（工程热物理专业 2006 级）：科研之路，唯坚唯诚

李阳，江苏无锡人，2010 年毕业于江苏大学能动学院工程热物理专业，目前在西北工业大学航天学院固体火箭发动机燃烧、热结构与内流场国防科技重点实验室工作，教授，翱翔海外学者，主要从事固体和液体火箭推进剂的详细燃烧化学反应动力学机理的相关研究。

高考结束后，李阳如愿进入江苏大学能动学院工程热物理专业。在江大的李阳，学习上认真刻苦，有好几次早上第一节课去一号楼（现在的三山楼）上课时，大门还没开，是全校第一个到的。热爱运动的李阳还参加了不少学生社团，经常在校园里贴海报、组织活动等。好学坚韧、直率认真是李阳留给老师的深刻印象，据李阳当时的辅导员李宏刚老师回忆，李阳上课喜欢坐在第一排，经常和老师交流自己的想法，乐于助人，给学习落后的同学辅导

功课。千里之行始于足下，在江大的经历为李阳以后的科研道路打下了坚实基础。

2010 年从江大毕业之后，怀有科研理想的李阳来到日本的静冈理工科大学读硕士，研究方向是生物质气化；2013 年 3 月硕士顺利毕业后，他又到日本的九州大学开始读博士，但是只读了一学期就主动退学了。谈及退学缘由，他坦言："第一个原因是自己一直想做燃烧方向的研究，但是九州大学读博的实验室是做高温等离子体处理废弃物和晶体制造方向的；第二个原因就是还是想到更远的地方、不同的地方看看，我在日本读了硕士，还想去西方、去欧洲看看，加上当时雅思过了、全奖的 offer 拿了。当然，这里面还是经过了很多思想斗争的，家人并不知道，朋友们也反对，最后还是自己做了决定。"

2014 年 1 月，李阳如愿以偿进入爱尔兰国立大学（高威）读博，研究方向是自己喜欢的燃烧化学、燃料的化学反应动力学；2018 年 2 月，博士毕业后他去了沙特阿拉伯的阿卜杜拉国王科技大学（KAUST）做博士后，研究方向还是燃烧化学。

出国留学，困难重重，摆在李阳面前的首先是语言关和生活关。为了锻炼好语言能力和赚取生活费用，在日本的 3 年时间里，他一共打过 11 份不同的工，包括从最开始的便利店摆货收银、超市蔬菜区摆货清点、餐馆端盘子做拉面、肯德基麦当劳做汉堡炸薯条、婚礼酒店调酒等，到后来日语水平提高了，去课外辅导教室教中学生英语、到料理教室给日本主妇上中华料理课等。除此之外，就是专业知识的学习，在爱尔兰研究燃烧化学，是偏物理化学方向的，和以往所学知识有些偏差，于是李阳又自学了量子化学、反应动力学等方面的知识，经常奋战到深夜。

10 年的海外求学之路，地理上，从东亚到西欧再到中东；专业上，从机械到化工再到化学；语言上，从日语到英语再到阿拉伯语。光鲜亮丽的背后是鲜为人知的坚持，正如苏轼所言：古之立大事者，不惟有超世之才，亦必有坚忍不拔之志。

谈到江大对自身的影响，李阳说："首先，在专业领域，我在江大本科是能动学院热物理系，是江大的强势学科，学院的师资力量雄厚，为我的专业知识，比如工热、传热和流体力学等，打下了良好的基础。在日本读硕士时研究的生物质气化和在爱尔兰读博士时研究的燃烧化学，所需要的基础正是我说的这些专业知识。其次，江大是一所综合性大学，学科非常全面，学生社团活动丰富多彩，比如我在本科期间结识了日语系的几个朋友，陪我练日语，我们到现在都是很好的朋友；参加学生社团活动的经历也锻炼了我与人交往的能力，这对我这么多年在海外的学习和工作帮助也非常大。”

回首往日的求学和科研经历，李阳认为“勤奋刻苦，乐于和勇于探索，耐得住寂寞，终身学习”是一个科研工作者必备的素质，没有随随便便的成功，科研上的突破源于日复一日的积累与钻研。李阳也对江大学子寄语：“选择自己热爱的，并为这份热爱付出最大的努力，尽全力，平常心。”我们也祝李阳在科学研究的道路上越走越远，越飞越高！

张志勇（对外汉语专业 2012 级）：用不甘的精神向多难的生活反抗

张志勇是江苏大学对外汉语专业 2012 级学生。由于七个月大的时候遭遇火灾，他脸上留下了去不掉的疤痕，小时候常被同龄人戏称为“花脸猫”。十三岁时因为事故失去双亲，张志勇开始了一个人的艰难生活。初中在烧烤店和麻将馆中打工以维持生计支撑自己的学业，高中奔波于两市间做辅导机构的英语老师供自己学习生活所需。高考千辛万苦考上了一本院校却又被通知因户口政策限制不能出省读大学。克服万难复读两年，经历了三次炼狱般的高考才考入江苏大学。他在大学里独自背负着学费生活费的重担，最多的时候一年打了 13 份工。大学四年里，张志勇不仅始终保持优异的成绩，将各类奖学金一一纳入囊中，同时学习了韩语和日语等，能够与外国友人顺畅交流，还在海外教育学院为留学生提供义务帮助并组建担任了海外教育学院“牵手走世界”协会会长，参加志愿者活动及出国带薪实习，在大三时得到机会去哈佛学习交流一年。张志勇本科期间完成了省级重点科研项目，发表中英文论文 6 篇，出版发行个人专著《青春圆梦——一个 90 后的成长经历与感悟》。毕业前夕，张志勇同时收到美国加州大学洛杉矶分校、华盛顿大学西雅图分校等 5 所国际知名院校的直博录取通知书，凭着突出的平时成绩和“联合国人居署青年创新创业中国赛区提名奖”“亚洲协会纽约总部优秀志愿者”“国家励志奖学金”“江苏省魅力团支书”等荣誉及超强的科研能力，张志勇最终拿到了梦寐以求的哈佛大学教育硕士录取通知书，求学期间先后在国内和美国注册成立了自己的创业公司，为国际教育的发展添砖加瓦，贡献了自己的力量。目前，张志勇正在哈佛大学攻读博士学位。

以张志勇为原型拍摄的微电影《青春圆梦》讲述了孤儿大学生张志勇在江大找到一个家，在爱心家长和学校的支持帮助下，赴哈佛大学深造的励志故事。这部微电影也获得了首届全国高校网络宣传思想教育优秀作品“微作品”特等奖。

欢迎扫码观看《青春圆梦》

徐振霞（教育技术〈师范〉专业2012级）：两赴西部，将志愿服务进行到底

她，来自周总理的故乡江苏省淮安市的一个小村庄，虽家境贫寒，却立志要成为一名“心怀家国情，胸有鸿鹄志”的优秀青年。

一树凌寒盛开的梅花

徐振霞的父母祖辈都是普通农民，家庭经济来源单一，生活拮据，还要供养她和弟弟两人上学读书。

从艰辛中一路走来的她，深知生活不易，从小就自律自强，凭借一贯的努力和勤奋，终于成为村里第一名女大学生、女硕士研究生。为了减轻家庭压力，读书期间，她做过多种兼职。经历每一次的披星戴月，面对每一次的雨横风狂，她没有气馁，没有退缩，而是把这些困难当作砥砺自己前进的动力。

她勤奋学习，积极参加各类校园文化活动，着力提升自身综合能力。几年间，从江苏大学暑期“三下乡”社会实践活动先进个人到江苏大学百优青年学生、江苏大学“耶鲁讲堂”优秀学员；从三等学业奖学金到一等学业奖学金、国家励志奖学金；从青年志愿者协会干事到学院学生科协主席、研究生会主席、江苏省教育学研究生学术联盟理事；从院三好学生到校三好学生、校励行之星、2018 年度中国大学生自强之星；从江苏大学优秀研究生干部到江苏大学优秀研究生标兵、江苏大学优秀毕业研究生……这一路，她努力成为最好的自己。

2012 年，江苏陶欣伯助学基金会开始在江苏大学设立资助，徐振霞有幸成为学校第一批“陶学子”。也因此，她与自己有一个青春约定：受人资助，我是公益的受益者；同时，我更要做公益的传播者。

用爱心播种一片春天

感恩社会，初入公益事业。大学期间，她开始担任一定的社会职务，用自己的行动去服务、影响周围的人：作为江苏大学伯藜学社活动部首任部长，她多次组织走进社区服务空巢老人、走进养老院看望孤寡老人等公益活动；参加学院青年志愿者协会，为西部募捐活动和地球一小时活动发声；先后担任校、院级研究生助理，为广大同学答疑解惑，解决生活困难，做好同学们的朋辈引路人。

明确志向，参与西部支教。本科毕业，她开启了人生的第一次远征——到西部去，到基层去，到祖国最需要的地方去。凭借出色的表现，她顺利成为江苏大学研究生支教团的一员，前往青海省门源县浩门镇第三初级中学支教一年。教学之余，她还组织并参加了多项志愿服务活动：组织开展了“以爱之名，护航青春”系列主题活动，募得各类书籍 563 册，全部捐献给门源县三所中学，帮助他们建立班级图书角……她也因此荣获“门源县优秀支教生”荣誉称号。

走出国门，讲好中国故事。对于研究生阶段的学习生活，她游刃有余，曾连续三年专业综合排名第一，独立主持省、校级科研项目，在国家级刊物上发表论文，多次参加国际学术会议并作全英文汇报。而在此过程中，她从没有忘记自己的青春约定。于她，这已成为生命中最重要的动力来源。

学业期间，受学校、学院国际化战略政策的资助，她主动报名参加了国际志愿者项目，独自一个人第一次远赴美国，来到她志愿服务的加州安大略市的 Victor Valley College。习总书记曾强调：做志愿工作，要热情参与，真情奉献。对此，她时刻谨记，叮嘱自己要做好每件小事，用自己的实际行动讲好中国故事。

将青春约定践行到底

2020 年，面对突如其来的新冠疫情，尚未返校的她，主动来到村委会了解防疫工作近况。当得知村里人手不足，她服务公益的热情又一次被点燃了。她向村领导举荐自己，成为村委会里唯一的一名大学生志愿者，协助村委会整理录入全村近2000人的基本信息数据及出入信息，提高了村委会的工作效率和防疫效果。当疫情趋于缓和，学校允许部分学生返校时，她又申请返回学校，主动帮助老师和同学们解决实际生活困难。全院研究生都知道他们有个特别热心的“振霞”学姐。正是在这一件件小事中，她践行了一名新时代青年的理想和担当。

当时间的指针越来越指向毕业季，徐振霞再次面临人生的重要抉择，而这一次，她内心的答案依旧清晰而坚定——参加西部计划，将青春约定践行到底！

夏建平（物理学〈师范〉专业2012级）：寒门走出的科研能手

夏建平，理学院物理学（师范）专业2012级本科生。他出生在江苏靖江一个普通的农民家庭，父母年事已高，没有劳动能力，他用自己的肩膀挑起了科研梦想的追求重担。他在教育部主办的第八届全国大学生创新创业年会上获评优秀论文（全国27篇，江苏3篇），在江苏省高校第十二届大学生物理及实验科技作品竞赛中获一等奖；他已发表两篇SCI二区第一作者学术论文，其中一篇发表在物理学顶尖期刊*Applied Physics Letters*上；他主持并完成大学生科研立项3项，其中国家级创新项目1项，还申请了国家发明专利3个；他刻苦学习、自立自强，获得中国大学生自强之星提名奖，获得国家奖学金1次、国家励志奖学金2次、校长奖学金1次，以及江苏大学“创新创业标兵”“三好学生标兵”“励志之星”“优秀共青团干部”等荣誉称号。担任院科协主席期间，他组织了“关爱小候鸟”志愿服务，寒假赴盐城义丰小学支教，活动被《江苏教育报》《新华日报》等媒体关注。

追寻梦想　热爱专业

读大学、成为一个博学之人，是夏建平从小的梦想。中学时代，夏建平对物理产生了浓厚的兴趣，高考报志愿时，他顶着各方压力，坚持自己的初衷，毅然选择了“不吃香”的物理专业。

踏入大学校园后，图书馆是他经常出入的场所，他用阅读填补了自己几乎所有的空余时间。除了完成课内的学习任务，夏建平广泛涉猎学科领域内的著作。他说，阅读那些科学巨人的经典名著就像与他们对话，仿佛打开了通往另一个世界的大门。夏建平喜欢找任课老师聊物理，时不时问一些“奇怪”的问题。对专业的热爱、对知识不断地发问，给夏建平日后的科研工作打下了坚实的基础，也为他自己打开了一扇向往已久的科学大门。

投身科研　刻苦攻关

大二时，由于成绩优秀，理学院孙宏祥老师邀请他加入声学超材料课题组。在课题组他接触到学科的前沿和热点，他把全部精力投入了科研活动中。

从那以后，他每天课后就埋头于实验室，整理冗杂的数据，做着复杂的材料分析，熄灯后才回到寝室成为生活的常态，甚至要通宵奋战。“我记忆最深的一次，是我在整理一份材料时，由于数据上的漏洞，导致我一直没有办法整理出来。可是我就那么坚持地一直反复计算着，结果直到太阳光照进了实验室，我才意识到自己又熬了一整夜。”他回忆道。

“做科研最困难的不是创新，而是耐住寂寞，坚持初心。”他如此评价科研工作。刚进入声学领域，夏建平就像一个懵懂的孩子，跌跌撞撞，无数次“放弃”的想法被他“再坚持一下”的信念给压了下去。为了在柱状结构中实现超声波的聚焦效应，夏建平刻苦攻关，不断试验，摸索了大半年，最终获得突破。

孙老师这样评价他：“他总是能够紧跟国际研究热点，在虚心学习总结前人研究经验的基础上，提出一些创新的研究思路，从而保证了项目的顺利开展。”

仰望星空　探求真理

经过两年的积淀，他的成果开始陆续发表。第一篇学术论文发表在*Applied Physics Letters*，该刊是SCI二区期刊，影响因子是3.515，这在全校引起了不小的轰动。他的脚步没有停止，接着又在SCI二区期刊*Applied Physics Express*上发表学术论文一篇。此外，他还在*International Journal of Thermophysics*，

Applied Physics A 以及《南京大学学报（自然科学版）》上各发表学术论文一篇。这期间他还申请了三项国家发明专利。

在教育部主办的第八届全国大学生创新创业年会上，夏建平的论文被评选为优秀论文（全国 27 篇，江苏 3 篇）。在江苏省教育厅主办的江苏省高校第十二届大学生物理及实验作品创新竞赛中，夏建平带领团队努力备战，获得了一等奖。

在科研的路上，夏建平认为自己才刚刚起步，他知道知识的海洋浩瀚无际，求知求学的路没有尽头。现在他的生活节奏没有改变，为了探求科学真理，每天依然埋首于实验室。他要用自己的努力耕耘来不断创新，多出成果，将来服务和回馈社会。

凌一洲（车辆工程专业 2016 级）：在创造中看见“看不见的美”

凌一洲，江苏省大学生年度人物、中国大学生自强之星提名奖。

玩出来的发明家

在老家江阴，凌一洲是当地的“名人”。

小学时，一杯搅动的大麦茶引起了他对万有引力和行星运动的思考，他撰写的《转速之谜》获得了全国科学小论文一等奖。

初中时，凌一洲开始捣鼓火箭模型，多次试验发射自己制作的模型火箭，9 种添加剂、40 多种配方，一次次燃烧试验和数据分析后他得出了改性 KDNX 推进剂的最佳配方，在国家级期刊上发表了人生的第一篇论文。

高中时，他在学校数字化实验室中大展手脚，用高温传感器测量酒精灯火焰不同部位的温度、探究水升温比煤油快的异常现象……利用 DIS 数字化信息系统的多种传感器，在开展各类试验的过程中他发明了单摆简谐运动演示方法、新型液体密度计等多个教学演示仪器和发明，申请专利 30 多项，一次次实验体会汇聚成的 22 万字个人专著《微科技实践录：实验探究与创意发明》

出版了。

“有兴趣，觉得很好玩，就去做了。”在父母和学校营造的宽松环境下，以兴趣为原点，以专注为路径，凌一洲在发明创造的道路上把雪球越滚越大。2016年夏天，他作为江苏省唯一的中学生代表，走进人民大会堂，参加了第十届中国青少年科技创新颁奖大会。

不仅自己“会玩”，凌一洲还组织同学一起参加科技创新活动，并倡议成立南菁青少年科技中心，主办学校科技创新大赛，以校本课程形式讲授“宇宙开发”，指导同学申请专利、发表论文……南菁中学校长杨培明评价说，凌一洲身上有这样的气质：有思想会表达，有责任敢担当，有爱心能宽容。

可视化技术看见美

在江苏大学，凌一洲学习的是车辆工程专业，而他的研究却走上了一条“非专业”的道路。一次偶然的机会，凌一洲发现网上的微距镜头很便宜，可以配合手机拍摄细微现象。正好手头有化学实验的仪器，他便拍摄了一组照片，发现微距镜头下化学反应的沉淀、气泡、变色、溶解等现象可以生动直观地表现出来。“这是一个神奇的美丽世界，能给人一种主观的愉悦感和满足感，也能吸引人去探寻美丽现象背后的化学规律。”仅用普通的智能手机配合廉价的微距镜头，他就拍出了中国科普摄影大赛三等奖的专业摄影作品。

也就在那时，凌一洲看到了“美丽科学”团队拍摄的可视化素材，他确认自己可以利用可视化技术辅助化学美育的开展，解决化学美育过于抽象、不易操作实施的问题。

大学物理实验课上，物理实验中心主任王国余得知凌一洲的想法后，主动为他提供实验场地和经费，并提出可以用凌一洲自己的创新实验代替课程。凌一洲也陆续申请到国家级大创项目、江苏大学十佳创新创业之星、十佳创业团队、创新创业一等奖学金等，并入驻学校大学生创业孵化基地。有了项目和场地的支持，他一头扑进了可视化实验技术的研究中。

凌一洲从“微”入手，开发出一个个化学实验微项目，在《化学教育》等核心期刊发表了16篇科技论文，甚至吸引了一些教师“粉丝”，发来邮件和他探讨如何开展教师演示实验。

凌一洲确定，以可视化技术辅助化学美育，可以培养学生美的感受、美的鉴赏、美的表现、美的创造、美的延伸，使化学美育工作可以循序渐进地开展。

平凡中亦有情感洋溢

这些年来，凌一洲从事创造发明、创新实验从来不觉得枯燥乏味，“过程中有微妙灵感带来的惊喜，有科学发现带来的意外，也有论文创作带来的酣畅”。现在，凌一洲所想做的就是把美的感受传递给更多的人，在他们的心中也撒下美的种子。

在江苏大学，凌一洲连续两年举办“可视化实验创新大赛”，指导学生拍摄美丽的化学反应，吸引了化学专业和非化学专业学生的共同参与；在江苏省南菁高级中学，凌一洲开设了校本课程“菁观实验：美育渗透的可视化实验”，每隔两到三周，他就从镇江赶往江阴，为学生现场授课；他又被聘请为江阴市实验小学特聘教师，在小学开设了“小液滴·大世界”校本课程……

现在，凌一洲已前往南京师范大学攻读课程与教学论专业硕士研究生，这也和他所追求的美的目标不谋而合。

蒲彦儒（工程管理专业2017级）：受助于大山，反哺于大山

蒲彦儒，中共预备党员，土木工程与力学学院工程管理专业2017级本科生，曾获得校长奖学金、国家奖学金，发表多篇SCI、SSCI论文，参加国际学术会议并进行全英文汇报，现已保送至东南大学攻读硕士研究生。

走出大山，志愿服务回馈社会

5.12汶川大地震那年，她8岁。面对突如其来的灾难，无家可归的恐惧，是一个又一个志愿者的帮助让她第一次感受到大山外的温暖。那一年，她看着无数个身披红马甲的叔叔阿姨、哥哥姐姐进山来，为她们补给生活物资，修缮受损的房屋。那一抹亮丽的红色，悄悄在蒲彦儒的心中埋下了感恩的种子，也一直牵引着她追寻大山外面的世界。

蒲彦儒学习刻苦努力，从小学开始，她就踏踏实实一步一个脚印，凭借自己的力量向更高的平台攀登。2017年高考后，蒲彦儒终于走出大山，来到了江苏大学。

大学是蒲彦儒人生转折的重要节点，更是她回报社会的重要起点。

2017 年 7 月，是蒲彦儒第一次当志愿者。她作为家乡青年志愿者协会的志愿者，协助北京理工大学自动化学院支教团开展了为期两周的乡村航模夏令营，让大山里的孩子首次体会到航空航天的秘密。支教没有想象中轻松，但她依然选择坚持，为山区教育贡献自己的力量。

2018 年 7 月，她作为一名正式的支教老师，跟随江苏大学大眼睛公益支教团远赴江西吉安长乐小学，去履行“一个地方，扎根 10 年”的诺言。

2019 年，蒲彦儒没有停下公益活动的脚步，她跟随江苏大学予爱协会参与善行“100”劝募活动。半年时间里，纵使寒风凛冽刺骨，甚至行人冷眼相对，她始终坚持按时参加劝募活动，在火车站外向一个又一个过路人介绍爱心包裹捐赠活动，为四川、青海山区一个又一个孩子送去冬天的温暖。

2020 年，新冠疫情暴发，蒲彦儒没有丝毫犹豫，毅然决然地站到抗疫物资生产前线，帮助口罩厂复工复产，为武汉送去支援。虽然重复性的工作很快就导致她疲劳、倦怠，但她依然选择与并肩作战的志愿者们共同坚持。校长在开学第一课上称蒲彦儒为“最美志愿者”，其抗疫事迹也被《人民日报》客户端、《中国教育报》和中国江苏网等多家媒体和互联网平台报道。四川省剑阁县共青团委还为她颁发了新冠疫情抗疫“优秀志愿者”证书。

受助而自立，自强而反哺。高考结束后的每一年，蒲彦儒都在以自己的实际行动感恩大山，回馈社会。

勇于攀登，逐梦科研超越自我

大一下学期，蒲彦儒就下定决心走学术科研道路，成为一名人民教师。

一次偶然的机会，蒲彦儒通过学校的科研立项，初识了学术科研的模样。她开始向往学术，对科研着迷。因此，2018 年她毅然决然地加入了导师课题组，秉持破釜沉舟的勇气，正式开启本科生的三年科研长跑。

付出总会有回报，截至 2017 年，蒲彦儒已经发表一篇 SCI 一区论文、一篇 SSCI 论文、一篇 EI 论文，作为第一发明人两项发明专利正在受理中，主持结题国家级大学生创新创业训练计划，参加了两场国际学术会议并进行全英文学术汇报……

不论是公益志愿，还是科研学习，蒲彦儒都一直在探索创新，挑战自我。因为不忘初心，她在大一就递交了入党申请书，凭借自己的努力，现在已经成为一名光荣的中国共产党预备党员。带着感恩之心和最初的梦想，蒲彦儒在人生的道路上越走越坚定，越走越自信。

活力江大

青春的颜色是五彩斑斓的

跳跃着汗水

还有欢笑

尽情绽放吧，青春！

格桑花协会

江苏大学格桑花协会成立于 2007 年，“让爱流淌，让格桑花开”是他们的口号，协会扎根于青海省门源县和江苏省连云港市赣榆区，每年暑期前往当地进行义务支教，为那边的孩子带去生活、学习和物质上的帮助！他们将格桑花文化融入工作中，宗旨是情系西部，爱心助学。为了更好地工作，更有效地做公益，他们重视思想建设，增强综合实力；加强制度建设，规范工作机制；积极开展活动，打造品牌；寻求合作伙伴，扩展格桑花协会文化。他们将团结协作、务实求是的格桑花协会精神贯彻到工作中去。江苏大学格桑花协会一直行走在公益的路上，传递爱心与温暖，永不止步……

大眼睛公益团队

江苏大学大眼睛公益团队成立于 2010 年 3 月，秉承“扎根一个地方，改变一个地方”的理念，十年来他们扎根安徽大别山区开展支教活动，帮助山区留守儿童健康成长，积极筹集资源援助山区建设。近年来，团队每年招募 100 名左右的队员，活动足迹遍布江苏连云港、江西吉安、江西赣州、河北沧州、甘肃康乐等地，形成多省多地联动的支教格局。同时，拓展了日常线上

“云教室”支教平台，以弥补假期短期支教的不足。团队还在镇江当地围绕红色文化、环境保护和关爱留守儿童等主题开展工作。

2019 年 7-8 月，大眼睛公益团队 60 余名志愿者分赴安徽金寨、江西吉安、江西赣州和甘肃康乐开展支教活动，其中在安徽金寨汤家汇镇笔架山中欧光彩小学开展支教已是第十年。团队成功申报团中央“深度贫困地区青春行”暑期实践专项，围绕学业辅导儿童成长。

欢迎扫码观看
《第七年》
《第十年》

以“大眼睛”支教团队为原型拍摄的微电影《第七年》《第十年》记录了大学生志愿者在安徽金寨支教的故事。

“爱暖西吉”公益支教团队

江苏大学“爱暖西吉”公益团队成立于 2010 年，以“使命、成长、奉献”为宗旨，以“热爱公益，投身支教”为中心，以“捧着一颗心来，不带半根草去”为精神，志愿者们用饱满的热情、坚韧的毅力投入到支教事业中，始终扎根宁夏西吉开展支教活动，真正给大山里的孩子们带去了不一样的东西，用爱与真情温暖了孩子们的心灵。“爱暖西吉”公益支教团队每年暑假都组织大学生前往宁夏西吉县，他们先后在上甘沟、泉沟垴、黑窑洞、库坊村和鹞子川的小学进行了支教活动，漫天的黄沙、匮乏的水源、毒辣的太阳每天如

针般扎着每一个外出的人，这是宁夏西吉县真实的生存环境写照。在这个被戏称为不适宜人类居住的地区，这群江大学子却因为与孩子们有一个陪伴的约定而选择放弃舒适的假期生活，以支教的方式，为西吉的孩子带去知识与温暖。团队已连续义务支教 11 年，累计组织了 140 余名志愿者参加了为期一个月的支教活动，受教育的小学生达 1200 人次，共募集资助款 20 万余元，图书 1000 余册等，与西吉县教育局和 6 所小学建立了良好的合作关系。支教活动受到当地学生、家长和有关部门的热烈欢迎，被《中国教育报》《新华日报》《光明日报》等报纸和教育部官网、凤凰网、新浪网等网络媒体转载报道。“爱暖西吉”支教团队曾连续多年获评江苏省大中专学生志愿者暑期文化科技卫生“三下乡”社会实践活动优秀团队。

伯藜学社

江苏大学伯藜学社成立于 2012 年 11 月 20 日，是由江苏大学获得伯藜助学金的陶学子（伯藜助学金来源于江苏陶欣伯助学基金会的资助，“伯藜助学金”的获得者称为“陶学子”）组成的，是由校学生工作处直接领导的校级学生社团。社团现有社员 200 余人。社团以“品学兼修、创新创业、服务社会”为宗旨，坚持自助、互助、助人、奉献的工作原则，发扬青年追梦人风格，以尊重个性、张扬个性、提倡个性、发展个性为中心。陶学子们在心理团辅活动中敞开心扉、互诉情感；在创业孵化营生存挑战赛中挑战自我，追求创

新；在伯藜辩论赛中提升语言能力、锻炼心理素质；在敬老院活动中真情付出、收获温暖……对于陶学子们来说，江苏大学伯藜学社不仅仅是一个社团，更是一个家，陶学子们就是家人。在江苏大学伯藜学社中，陶学子们都懂得：撇开江苏大学伯藜学社，陶学子们是无法讲述青春的，因为成长与亲情是点缀青春的最美的花朵。

方程式赛车队

江苏大学方程式赛车队成立于 2009 年，作为一支连续 11 年参加中国大学生方程式系列赛事的车队，他们始终保持着较高的竞技水平，代表江苏大学在赛场上奋力拼搏，与清华大学、湖南大学、吉林大学等众多优秀高校同台竞技，为学校赢得了许多荣誉，彰显了江大学生的精神风貌，展现了新一

代江大人的风采。车队队员来自汽车、机械、电气、财经、艺术等学院，现有队员 32 人。车队秉承“独立、拼搏、创新”的理念，在一年时间内完全自主设计、研发、加工、装配出一辆在加速、制动、操控、安全等方面性能优越的方程式赛车，最后代表江苏大学逐鹿中国方程式赛车大赛。在 2019 中国大学生方程式赛车大赛中成为不到 20 支完成所有比赛项目的车队之一，获得比赛二等奖并获得最具影响力车队奖、大学生方程式系列赛事连续十年参与奖。

国旗护卫队

江苏大国旗护卫队的前身是校国旗班，组建于 1996 年，是隶属于人武部的一个学生组织。2015 年 10 月，国旗班凭借“纪念全国抗战胜利暨世界反法西斯战争胜利 70 周年江苏省高校国旗班比武”契机，正式组建“江苏大学国旗护卫队”社团，归属校人武部，由校团委、学工部（处）、学生社团管理部共同领导和监督管理，人武部安排具体指导老师来培养。以弘扬爱国主义精神、培养大学生爱国情操、提高同学国防意识、促进校园精神文明建设为使命，为同学们提供学习、交流、展示和锻炼的平台。

江苏大学国旗护卫队在 2015 年江苏省高校国旗班比武活动中曾获得二等奖的好成绩，作为一个具有特殊性质的学生社团组织，他们有着强烈的社会责任感与良好的社会服务意识，竭力发挥自身作为江苏大学重要的爱国主义国防教育主阵地之一的作用，通过举办各类爱国主义特色活动，服务于校内外，得到了社会各界团体的广泛认可与褒奖。社团的发展过程是一个飞速进步的过程，现已成为学生社团中的优秀标兵、学校爱国主义教育的主阵地、校园安全与精神文明建设的助力者、校园活动的亮丽风景线。

“挑战杯”竞赛

“挑战杯”全国大学生课外学术科技作品竞赛（以下简称“挑战杯”竞赛）是由共青团中央、中国科协、教育部、全国学联和地方政府共同主办，国内著名大学、新闻媒体联合发起的一项具有导向性、示范性和群众性的全国竞赛活动。自 1989 年首届竞赛举办以来，“挑战杯”竞赛始终坚持“崇尚科学、追求真知、勤奋学习、锐意创新、迎接挑战”的宗旨，在促进青年创新人才成长、深化高校素质教育、推动经济社会发展等方面发挥了积极作用，在广大高校乃至社会上产生了广泛而良好的影响，被誉为当代大学生科技创新的“奥林匹克”盛会。竞赛的发展得到党和国家领导同志的亲切关怀，江泽民同志为“挑战杯”竞赛题写了杯名，李鹏、李岚清等党和国家领导同志题词勉励。历经十届，“挑战杯”竞赛已经成为吸引广大高校学生共同参与的科技盛会。

从最初的 19 所高校发起，发展到 1000 多所高校参与；从 300 多人的小擂台发展到 200 多万大学生的竞技场，“挑战杯”竞赛在广大青年学生中的影响力和号召力显著增强。我校在历年“挑战杯”比赛中屡获佳绩，截至 2021 年，我校连续七届（共 8 次）喜捧“优胜杯”。

“创青春”全国大学生创业大赛

“创青春”全国大学生创业大赛是“挑战杯”中国大学生创业计划竞赛的改革提升。2013 年 11 月 8 日，习近平总书记向 2013 年全球创业周中国站活动组委会专门致贺信，特别强调了青年学生在创新创业中的重要作用，并指出全社会都应当重视和支持青年创新创业。党的十八届三中全会对“健全促进就业创业体制机制”作出了专门部署，指出了明确方向。为贯彻落实习近平总书记系列重要讲话和党中央有关指示精神，适应大学生创业发展的形势需要，共青团中央、教育部、人力资源和社会保障部、中国科协、全国学联决定，在原有“挑战杯”中国大学生创业计划竞赛的基础上，自 2014 年起共同组织开展“创青春”全国大学生创业大赛，每两年举办一次。截至 2021 年，我校已连续四届获得全国“创青春”大赛“双金奖”。

全国大学生智能农业装备创新大赛

全国大学生智能农业装备创新大赛于 2015 年 12 月开办第一届，是由江苏大学发起创办的全国性大学生科技创新比赛，大赛受教育部委高等教育司委托，由中国农业机械学会、中国农业工程学会、教育部高等学校农业工程类专业教学指导委员会、江苏省现代农业装备与技术协同创新中心主办，是智能农业装备领域大学生科技创新活动中一项具有导向性的竞赛活动，每年举办一次，在行业和高校间获得广泛好评。

大赛是中国农机教育领域的一件盛事，是展示我国农业装备科技进步与人才培养成果的重要平台，大赛紧跟现代农业发展步伐，紧扣创新人才培养宗旨，对提升农业装备工程类创新人才培养质量、发展我国智能农业装备有着积

极意义。

现今，大学生智能农业装备创新大赛也成为我校“095 工程”的主要任务之一。2020 年，第六届大学生智能农业装备国际创新大赛在山东理工大学举行，江苏大学学生以总分第一的成绩连续第六次捧得“优胜杯”。

中国“互联网+”大学生创新创业大赛

中国“互联网 +”大学生创新创业大赛是由李克强总理 2015 年倡导发起，由教育部等 12 个中央部委和地方省级人民政府共同主办的重大创新创业赛事，每年举办一届。大赛旨在以赛促教，探索人才培养新途径；以赛促学，培养创新创业生力军；以赛促创，搭建产教

融合新平台。通过大赛，深化了高等教育综合改革，激发了大学生的创造力，培养造就了“大众创业、万众创新”的生力军，同时推动赛事成果转化，促进“互联网 +”新业态的形成，主动服务经济提质增效升级，以创新引领创业、创业带动就业，推动了高校毕业生更高质量创业就业。截至 2021 年，我校获国家金奖 1 项、银奖 3 项、铜奖 2 项。

全国大学生节能减排社会实践与科技竞赛

全国大学生节能减排社会实践与科技竞赛是由教育部高等学校能源动力类专业教学指导委员会指导，全国大学生节能减排社会实践与科技竞赛委员会主办的学科竞赛。该竞赛充分体现了“节能减排、绿色能源”的主题，紧密围绕国家能源与环境政策，紧密结合国家重大需求，在教育部的直接领导和广大高校的积极协作下，起点高、规模大、精品多、覆盖面广，是一项具有导向性、示范性和群众性的全国大学生竞赛，得到了各省教育厅、各高校的高度重视。该活动每年举办一次。全国大学生节能减排社会实践与科技竞赛的主要目的是激发当代大学生的青春活力，创新实践能力，承办单位一般为上届表现突出的院校。目前，全国几乎所有的 211 大学都积极参与其中。

第九届（荣威新能源杯）全国大学生节能减排社会实践与科技竞赛在江苏大学举行。大赛以“节能减排，绿色能源”为主题，以增强大学生节能环保意识、科技创新意识和团队协作精神为目的，共有300所高校报名参加，收到有效作品2839件，均创历史新高。大赛参赛作品内容涉及各行业和日常生活的多个领域，除创造了参赛高校、参赛作品历届最多之外，还得到行业企业的特别关注和积极参与，并首次设立了“荣威新能源”特别奖，为激励大学生创新创业发挥了重要作用。

“感动江大”人物评选活动

典型示范是新时期深入推进大学生思想政治教育工作的重要举措之一，先进典型能对社会起到启迪、教育、引导和激励作用。通过培育和选树师生身边的先进典型，为师生树立可观、可感、可比、可学的榜样形象，可实现受教育者与先进典型之间的良性互动，教育引导师生特别是广大学生做社会主义核心价值观的坚定信仰者和积极践行者。

一直以来，江苏大学高度重视典型示范对大学生的熏陶和引领作用，通过制度、内容、形式等多方面的不断创新，积极探索典型示范在学校思想政治工作中的创新应用。学校立足自身特色，通过四届“感动江大”人物评选活动，逐步构建起体现时代特征、符合道德文明发展方向、具有江大特色的校园文化，鼓励师生努力追寻崇高的精神境界，启示师生在立德树人的执着坚守中书写不凡业绩，成就壮美人生，进而营造出有利于培养大学生健康向上、积极进

取，促使学生发现自我、完善自我的大学人文环境。

通过“感动江大”人物评选活动，深入挖掘和宣传学校涌现出的先进典型人物，积极培育和践行社会主义核心价值观，弘扬中华民族至真至善至美的传统美德，展示了江苏大学师生员工良好的精神风貌。

“江大之春”大学生文化艺术节

“江大之春”大学生文化艺术节作为江苏大学品牌活动之一，迄今已成功举办了十九届。为深入学习党的十九大精神和习近平新时代中国特色社会主义思想，贯彻落实学校第四次党代会精神，围绕学校党政工作中心和“三全育人”综合改革要求，“江大之春”大学生文化艺术节以新颖的形式、多样的内容和丰富的内涵，营造积极健康、特色鲜明的校园文化氛围，旨在团结和引领全校青年学子传承爱国精神，弘扬优秀文化，树立时代意识，强化使命担当，切实推进校园文化建设，使大学生参加文化艺术节的过程成为潜移默化接受思想政治教育的过程，为培养德智体美劳全面发展的社会主义建设者和接班人、学校“双一流”创建和高水平有特色国际化研究型大学建设贡献智慧与力量。

活动每年持续两个月左右，包含的子项目达六十余项，涵盖文艺汇演、“十佳青年学生”“百优青年学生”评选、社团巡礼、青春故事报告会、江苏大学排行榜、网络文化节、班团风采展示大赛等形式多样的活动，极大地丰富了江大学生的第二课堂。

高雅艺术进校园

高雅艺术能陶冶情操、净化心灵，提高人的审美能力，给人带来美的享受。在当今社会文化渐趋大众化、流行化的形势下，在高校普及高雅艺术对提高校园文化建设的层次和品位、充分发挥校园文化的教育功能大有裨益。让高雅艺术走近大学生身边，让高雅艺术在校园里生根发芽，对促进大学生全面健康发展具有重要的积极作用。

2005 年开始，由教育部、文化部、财政部联合发起的“高雅艺术进校园”活动，以音乐、舞蹈、戏剧为主要内容，以“走近大师、感受经典、陶冶情操、提高修养”为主题，走进校园、走近学生。

为认真贯彻落实中共中央、国务院《关于进一步加强和改进大学生思想政治教育的意见》精神，积极响应教育部关于开展“高雅艺术进校园”活动要求，大力弘扬社会主义核心价值观，提升师生人文素养，丰富校园文化生活，亲近高雅艺术，和谐校园氛围，江苏大学自 2007 年开始正式推进“高雅艺术进校园”活动。

自活动开展以来，“高雅艺术进校园”活动始终以立德树人为根本任务，以改进美育教学、提高学生审美和人文素质为目标，紧紧围绕“走近大师、感受经典、陶冶情操、提高修养”的主题，开展了内容丰富、形式多样的活动，先后组织了高雅音乐、京剧、火花艺术、陶笛、书法、篆刻、版画、苏州评弹、古筝、话剧、交响乐等 30 余场活动。

国际文化节

国际文化节是江苏大学校园品牌活动之一，于 2011 年正式启动，目前已

开办至第十一届。为丰富校园文化生活，展示各国文化特色，促进中外学生融合，浓郁学校国际化氛围，促进学校国际化办学道路，以实际行动响应国家“一带一路”发展倡议而举办。

国际文化节主要分为开幕式、主题系列活动及闭幕式暨“最牛江大人”才艺大赛三大部分，从文化体验、学术交流、志愿公益、文体艺术和创新创业等诸多方面展现了我校国际化工作成果。中外学生通过当地艺术品展示、人文风情表演、特色美食品尝等，展示了多姿多彩的异域文化风情，活动每年吸引了众多校内外人士前来参观交流。

江苏大学“读书节”主题活动

读书是人类获取文化精华不可缺少的途径，也是增长才干与智慧的钥匙，只有多读书、读好书，勤于思考，才能不断完善人生。2012 年我校正式开展官方组织的“读书节”主题活动，以进一步丰富校园文化，创建学习型单位，弘扬人文精神，在全校范围内营造爱读书、爱学习、爱钻研的良好氛围，全面提升师生的文化修养和道德水平。每年“读书节”都持续月余，举办 30 余场读书活动。

通过“读书节”主题活动的开展，促进了我校更好地围绕学校教学、科研需要提升服务质量，更多更好地为教学科研服务、为读者服务。同时，积极

引导和鼓励全校师生走进图书馆，与书为友，养成良好的读书习惯，充分利用现代化图书馆拥有的多种类型、各种载体的文献资源，汲取知识，让书籍成为师生们的良师益友，创建与营造浓郁的校园文化氛围。

中华经典吟诵大赛

中华民族传统文化历史悠久，源远流长，蕴藏着丰富的文化价值，是几千年来中华文明不断进步的重要产物，更是人类社会不可或缺的重要精神食粮，

将其发扬光大并流传下去，是我们这代人义不容辞的责任。从由诗词、绘画、音乐等构成的中华优秀传统文化中，能找到民族精神之力，发现民族智慧之光，而它们也以多种形式得到了传承与发扬。在人才培养过程中如何逐步让广大师生吸收中华优秀传统文华的精华，进而将其内化为实践的行动力，始终都是人才培养的重要目标。就高校而言，接续中华优秀传统文化并体现其价值，需要以相应的载体作为支撑。

2016 年，江苏大学党委宣传部响应中宣部、教育部、国家语委等部门近年来关于吟诵、抢救、整理、研究、教学、推广等工作的倡议，全面落实中共中央办公厅、国务院办公厅《关于实施中华优秀传统文化传承发展工程的意见》，积极营造浓郁的校园语言文化氛围，打造弘扬传统文化品牌活动，在全校师生中举办了首届中华经典吟诵大赛。

中华经典吟诵大赛至今已成功举办 3 届，主题分别为“吟诵中华经典　体悟中华文化”“吟诵中华经典　传承中华文化——喜迎校第四次党代会顺利召开”“吟诵中华经典　致敬抗疫精神　践行强农使命”，大赛深受广大师生的欢迎，对推广中华传统文化发挥了积极作用。